KB132058

서재에
살 다

조선 지식인 24인의 서재 이야기

서재에 살다

박철상 지음

문학동네

차
례

우물이 깊으면 두레박줄도 길어야 한다

내 서재 이름은 수경실修綆室이다. 그 의미는 차치하고 두번째 글자의
독음부터 묻는 사람이 많다. 잘 사용하지 않는 글자다보니 그럴 만하다.
독음을 알고 난 다음에는 지레짐작으로 그 의미를 풀이해본다. 그러나 그
의미를 제대로 풀어내는 사람을 아직 보지 못했다. 첫번째 글자를 수양한
다는 뜻이 아니라, '길다'는 의미로 풀이해야 한다는 걸 모르기 때문일 것
이다. 아무튼 '수경'이 '긴 두레박줄'이란 설명을 듣고 나서야 고개를 끄
덕인다. 그러곤 다시 묻는다. 도대체 긴 두레박줄과 당신 서재가 무슨 관
계가 있느냐고 말이다.

부친께서는 한학을 공부하셨다. 어린 시절 집에는 신서보다 고서가 많
았고, 연필보다는 붓이 더 가까이 있었다. 갓을 쓴 노인들이 가끔씩 드나
들었고, 새벽엔 건너방에서 들려오는 부친의 책 읽는 소리가 잠을 깨웠
다. 언제부터인가 고서의 쾨쾨한 냄새는 서향으로 바뀌었고, 서향은 10대
후반의 나를 고서점으로 이끌었다. 그로부터 30년 가까운 세월이 흘렀으
니 그 사이 입수한 고서가 적지 않지만, 특별히 아끼는 책이 하나 있다. 중

국 송나라 때 시인 육유陸游, 1125~1210의 문집『육방옹전집陸放翁全集』이다. 언젠가 지방의 한 고서점에 들렀는데, 주인은 질이 맞지 않는 중국본『육방옹전집』을 내보였다. 누런 죽지竹紙에 깔끔하게 인쇄된『육방옹전집』은 명말청초의 장서가 모진毛晉, 1599~1659이 운영한 출판사 '급고각汲古閣'에서 간행한 책이었다. 모진은 당시 중국 최고의 장서가였는데, 송·원 시대에 간행된 책들을 주로 수장했다. 다른 사람보다 비싼 가격에 서적을 사들였기 때문에 "세상의 어떤 장사도 모씨에게 책을 파는 것만 못하다三百六十行生意, 不如鬻書于毛氏"는 유행어가 생겨났다. 또한 아들, 손자까지 3대에 걸쳐 600여 종의 책을 출판했다. 바로 '급고각본'이라 불리는 책들이다. 이 책들은 조선에도 상당수 유입되어 지금까지 전해오고 있다. 당시 조선으로 유입된 책들은 대부분 표지가 바뀌었다. 중국본은 표지가 약했기 때문에 능화문菱花文이나 칠보문七寶文이 들어간 조선식 표지로 바뀠던 것이다.『육방옹전집』역시 화려한 칠보문이 들어간 조선식 표지로 개장되어 있었다. 책을 펼치자 조선 최고의 장서가로 이름을 날렸던 이하곤李夏坤, 1677~1724의 장서인이 곳곳에 찍혀 있었다. 또 책 여기저기엔 감상을 적어넣은 곳도 있었다. 이하곤이 얼마나 아끼던 책이었는지 한눈에 알 수 있었다. 이하곤은 관직에 나아가지 않고 책과 서화의 수장가이자 서화 평론가로서 이름을 날렸다.

이 책을 구한 뒤 나는 '급고각'이란 단어에 궁금증이 생겼다. 왜 모진은 자신의 서고를 '급고각'이라 했을까? 그러던 중 모진이 사용한 '급고득수경汲古得修綆'이란 인장을 보게 되었다. 알고 보니 중국 당나라 때 시인 한유韓愈, 768~824가 쓴「추회秋懷」라는 시의 한 구절이었다. 한유의 시구는『장자莊子』「지락至樂」의 '경단자불가이급심綆短者不可以汲深'이라는 구절에서 나왔다. '두레박줄이 짧으면 깊은 우물의 물을 길을 수 없다'는 의미다.

『순자荀子』「영욕편榮辱篇」에도 같은 뜻의 '단경불가이급심정지천短綆不可以汲深井之泉'이란 문구가 있다. 한유는 이 구절을 녹여서 '급고득수경'이란 명구를 만들어낸 것이다. 깊은 우물에서 물을 길어올리려면 두레박줄이 길어야 하듯이 옛사람의 학문을 탐구하여 훌륭한 학자가 되려면 항심을 가지고 꾸준히 공부해야함을 경계한 말이다. 한편 '두레박줄'은 물을 긷는 수단이다. 따라서 옛것을 공부하려면 풍부한 자료, 즉 장서가 중요하다는 의미도 될 것이다. 나는 여기서 '수경'이란 두 글자를 가져다 내 서재 이름으로 삼았다. 옛사람의 학문이라는 깊은 우물물을 긷기 위해서는 풍부한 자료라는 긴 두레박줄이 필요하다는 의미를 담은 것이다.

그런데, 내 서재 이름을 탐하는 사람이 여럿 있었다. 김영진 선생은 수경실이란 서재 이름을 양도하든지, 새롭게 하나 지어달라며 들들 볶았다. 하는 수 없이 고민 끝에 '아하실雅何室'과 '초궁실楚弓室'이라는 이름을 지어 보여주었더니, 김영진 선생은 아하실을 골랐다. '아하'란 말은 다음 대련 구절에서 따온 것이다.

방은 운치가 있으면 그만이지 어찌 꼭 넓어야 하며　　　　　　　室雅何須大
꽃은 향기가 있으면 그만이지 많을 필요가 있겠는가　　　　　　花香不在多

방은 크기보다 운치가 우선이고, 꽃은 수량보다 향기가 중요하다는 뜻이다. 본래 아하란 말은 이 대련에서 가져온 것이지만, 김영진 선생의 서재를 보곤 '운치는 무슨?'이란 생각이 들어 장난삼아 지은 것이다. 책이 빼곡히 들어찬 김영진 선생의 서재는 운치와 거리가 멀었기 때문이다. 그런데 이 이야기를 전해들은 박재연 선생이 이번엔 김영진 선생에게 전화를 걸어 아하실을 내놓으라며 졸라댔다. 김영진 선생이 양보할 리 만무했고, 나는 대신 초궁실을 가지라며 그 의미를 설명했다. '초궁'이란 말에는 고사가 있다. 중국 초나라 임금이 사냥을 갔다가 활을 잃어버리는 사건이 발생했다. 신하들은 그 활을 찾느라 분주했지만 막상 임금은 태연했다. 초나라 땅에서 분실한 활이니 초나라 사람이 주워갈 텐데 무슨 상관이냐는 거였다. 이로부터 초궁은 얻고 잃음의 무상함을 비유할 때 사용되곤 했다. 연구를 위해 옛 자료를 찾아 헤매는 학자의 서재이니, 초궁의 의미와 어울릴 듯했다. 게다가 문인이라 자칫 유약해질 염려가 있으니 무인의 기상을 더한다는 의미에서 '활 궁弓' 자가 들어간 게 제격이었다. 이 이야기를 전해들은 김준혁 선생도 가만있지 않았다. 만나기만 하면 서재 이름 타령이었다. 어쩔 수 없이 '향불헌香不軒'이라 지었다. 앞에 본 대련 뒤쪽의 두 글자를 가져온 것이다. '향불'은 '향기로운가?'라고 묻는 말이다. 향기는 주변을 기분 좋게 만든다. 자신의 삶이 향기로운 삶인지 늘 자문하라는 의미를 담았다. 사람들과 어울리기 좋아하는 성격이라 적당해 보였다. 순서를 바꾸면 '불향不香', 즉 향기롭지 못하다는 의미가 된다. 얼마나 조심해야 하겠는가. 아무튼 서재 이름 쟁탈전은 이렇게 일단락되었다.

전통시대의 서재는 학문과 아취를 상징하는 특별한 장소였다. 지식인으로서의 삶은 서재에서 시작되고 갈무리되었다. 또한 서재 이름을 자신의 별호로 사용하는 경우가 많았던 데서도 알 수 있듯이 서재 이름은 곧 서재 주인과 동일시되었다. 이렇듯 서재 이름에는 삶의 방향이 담겨 있기도 하고 시대에 대한 고민이 들어 있기도 하며 기호가 담겨 있기도 하다. 당연히 서재 이름을 짓는 데 무척 신경썼다. 따라서 서재 이름은 한 사람의 삶을 이해하는 단초이자 한 시대를 이해하는 통로가 되기도 한다. 필자는 조선의 19세기야말로 지금 우리 문화의 싹이 튼 시기라고 생각한다. 어느 때보다 외래문화와 접촉이 빈번했던 시대이기 때문이다. 그만큼 지식인들의 고민도 깊었다. 그 고민의 중심에는 청나라를 배우자는 북학北學이 자리하고 있다. 서양 문물도 청나라를 통해 접했으니 그 또한 북학의 일부라 할 것이다. 북학은 시대의 화두였다. 그들이 북학을 대하는 태도는 지금 우리에게도 시사하는 바가 작지 않다. 우리는 언제나 외래문화에 노출된 채 살아가고 있기 때문이다. 19세기 지식인들의 서재 이름에서는 이전 시대의 서재 이름에서 느낄 수 없는 새로움과 친숙함이 느껴진다. 그 새로움은 이전 시대와의 다름에서 나오고, 그 친숙함은 지금 우리의 삶과 비슷한 모습에서 비롯된다. 그래서 나는 이들의 서재 이름에 담긴 의미를 통해 그들의 내면을 들여다보고, 나아가 북학과 연행의 시대였던 19세기 문화를 엿보고자 했다. 몇 편의 글을 통해 19세기 전체의 모습을 담아낼 수는 없지만, 변화의 시대를 살아간 지식인으로서 그들의 삶을 이야기하고 싶었다. 따지고 보면 19세기는 나의 삶과 밀접하게 연결되어 있다. 어릴 적 그토록 아껴주시던 나의 할아버지, 그분의 아버지와 할아버지가 활동했던 시대다. 지금 나의 삶은 19세기와 20세기를 살았던 그분들의 의식과 동떨어져 있지 않다. 결국 나의 모습은 외압으로 형성된 20세기의 의식보다는 외부의 변화를 받아들이고 삶을 변화시키기 위해 몸부림쳤던 그분들의 고민 속에서 찾아야 한다고 생각한다. 단순히 20세기에 형성된 외부 조건이 우리 모습의 전체라고 착각해서는 안 될 것이다. 그들의 서재와 서재 이름에서 19세기 지식인의 모습을 살펴보려 하는 것은 바로 이런 이유 때문이다. 서재의 이름은 조선 문화를 탐색하는 하나의 실마리이며 지금 우리의 모습을 되돌아보게 하는 매개이기도 하다.

이 책에 실린 글들은 2008년 5월부터 2010년 12월까지 2년 반 동안 『국회도서관보』 '서재이야기' 코너에 매월 연재했던 것이다. '서재이야기'는 본래 조선시대 지식인의 서재와 관련된 이야기를 실으려고 기획되

였지만, 서재 자체에 관한 기록이 많지 않은 탓에 서재의 이름을 통해 한 사람의 삶을 조명하는 형식으로 바꿨다. 게다가 내가 가장 많은 관심을 두고 있는 게 추사 김정희를 중심으로 한 19세기 인물들이다보니 자연스럽게 북학파 지식인의 서재가 중심이 되었다. 이 글을 연재할 당시 나는 매주 전라도 광주와 서울을 오르내리는 생활을 하고 있어 매월 글을 쓰는 게 무척 힘들었다. 그러다보니 원고를 늦게 넘겨 담당자를 힘들게 하는 경우가 잦았다. 그때마다 국회도서관의 황은석 선생께서 많은 도움을 주셨다. 1년 반 정도 연재를 하고 나서 그만두려 했는데, '서재이야기' 독자라며 손칠동 선생이 찾아왔다. 그의 손에는 그때까지 연재한 글을 복사해 만든 책이 들려 있었다. 그 마음에 감동하여 어쩔 수 없이 1년을 더 썼다. 연재한 글은 모두 31편인데 이 책에는 정조 이후 인물에 관한 글 24편만 골라 실었다. 그리고 거친 글을 고치고 다듬느라 다시 구민정 편집자를 고생시켰다. 끝으로 늘 말없이 나를 도와주는 아내와 아빠 노릇 못해도 투정 한번 안 하는 노진, 노경 두 딸에겐 고마움과 미안함을 말로 표현할 길이 없다. 모두가 이 책이 나오기까지 내 두레박줄이 되어주었다. 나의 글 또한 19세기 문화를 이해하는 하나의 두레박줄이 되었으면 하는 바람이다.

2014년 12월 수경실에서
박철상

정조의 홍재:

세상에서
가장 큰 서재

정조正祖는 조선 후기의 상징이다. 그것은 정치나 경제적인 측면만을 가지고 이야기하는 게 아니다. 학술과 문화에 이르기까지 최고의 시대를 만들어낸 임금이 바로 정조이기 때문이다. 조선 전기에 세종대왕이 있다면, 후기에는 정조대왕이 있다고 해야 할 것이다. 그는 군왕이자 신하들의 스승이었고, 정치가이자 학자였다. 신하들 역시 신하이자 제자였던 셈이다. 조선을 개국한 이래 초기의 임금들이 활자를 만들고 서적의 편찬과 출판을 통해 나라의 기반을 다진 사실을 잘 알고 있었던 정조는 기존 질서의 수호자를 자임한 동시에 청나라 문물의 제한적 수용을 통해 새로운 문화를 창조하고자 했다. 그리고 활자의 주조, 서적의 편찬 및 간행, 중국 서적의 수입 등을 통해 원대한 꿈을 구체화시켜나갔다. 청나라에 맞설 만한 문화적 대국을 건설하겠다는 야심에 찬 프로젝트를 진행해나갔던 것이다. 그리하여 정조의 등장은 새로운 시대의 탄생을 의미한다.

강희제와 건륭제를 배우다

임진왜란을 겪은 후 조선은 국가 시스템을 정비하기 위해 온 힘을 기울였다. 그러나 얼마 지나지 않아 정묘호란과 병자호란을 겪으면서 만주족 침략군 앞에 무릎을 꿇고 만다. 거대한 명나라도 그들의 칼날 아래 무너졌다. 임진왜란 당시 조선에 원군을 파병했다는 이유로 명나라와 특별히 우호적인 관계를 유지하고 있던 조선으로서는 충격인 결과였다. '명나라에 대해 의리를 지켜야 한다'는 '대명의리론對明義理論'이 팽배한 것도 이 때문이었다. 청나라의 등장은 조선 사회에 엄청난 파장을 몰고 왔다. 오랑캐로 여겼던 만주족에게 당한 치욕은 씻을 수 없는 자존심의 상처로 남게 되었다. 무력 앞에 자존심은 꺾였지만 명나라가 망한 마당에 문화적으로는 조선이 중심이라는 소중화小中華 의식도 나타났다. 그러는 동안 청나라는 국가의 기반을 다지는 데 총력을 기울이고 있었다. 청대 초기의 통치자들은 문자옥文字獄으로 불리는 사상통제 정책을 실시하면서도 한편으로는 '문치文治'를 표방한 서적의 편수編修와 출판 정책을 병행했다. 특히 강희제는 대신들에게 각종 서적을 편찬하도록 함으로써 국가의 사상적 통합을 꾀했으며, 건륭제 역시 방대한 출판 사업을 통해 청조 문화의 기틀을 다져나갔다. 오랑캐로만 여겼던 청나라는 어느덧 새로운 문화의 중심지로 성장하고 있었다.

이전에 어떤 사람이 당시 대통령을 정조 임금에 비유한 적이 있다. 정조 임금의 개혁적인 이미지를 정치적으로 이용하려고 그랬는지는 모르겠다. 사실 정치가로서 정조만큼 매력적인 인물도 없다. 그러나 아무나 닮을 수 있는 인물도 아니다. 그렇다 해도 당시 대통령이 맞이한 상황만큼은 정조시대의 그것과 그다지 큰 차이가 없었다는 점 또한 분명해 보인다. 왕위에 등극한 젊은 정조의 눈에 기존 정치세력은 개혁의 대상이었다. 그들은 온갖 권리는 다 누리면서도 모든 의무로부터 자유로웠다. 그들은 임금을 옴짝달싹하지 못하게 할 수도 있는 세력과 권력을 가지고 있으면서 대명의리론에 묶여 있었다. 지방과 서울의 문화적·경제적 격차는 갈수록 심해졌고, 요직은 서울 경화세족京華世族의 전유물로 전락했다. 임진왜란 때 목숨 바쳐 싸운 사람들에 대한 평가도 제대로 이루어지지 못했고, 청나라의 힘에 눌려 제대로 외교를 펼치지도 못했다. 정조는 이 상황을 어떻게 헤쳐나갔을까? 그는 대명의리론이 낡은 논리라고 무시하지 않았다. 그 대신 임진왜란 당시에 나라를 위해 목숨을 바친 인물들을 찾아내 그들의 사적을 책으로 엮었다. 충무공 이순신의 문집이 제대로 정리되어 간행된 것도 이때의 일이다. 겉으로 보기에는 오히려 대명의리론이 강화된 느낌이 들 정도였다. 지방의 유생들을 등용하기 위해 여러 가지 제도를 시행했다. 서울이 아닌 화성華城. 수원을 새로운 수도로 만들기 위해 준비했다. 그러나 한편으로는 청나라의 문물을 제한적으로 수입하여 조선의 정책에 반영하고자 노력했다. 청나라의 현황을 누구보다도 잘 알고 있었기 때문이다. 이 모든 것은 실리와 명분의 조화를 도모하고 학문과 현실의 융화를 꾀하려 했던 정조의 의지가 만들어낸 것이었다. 정조는 군사君師를 자처했다. 임금이자 신하들의 스승임을 자처한 것이었다. 그는 스스로 청나라의 강희제와 건륭제 같은 위치에 오르고 싶어했다.

북 학 의   길 을   열 다

정조의 이러한 힘은 어디에서 온 것일까? 그것은 세손 시절부터 오랫

16

정조가 읽던 책에 찍은 인장 '홍재(弘齋)'
정조는 100종이 넘는 인장을 사용했다.

동안 치밀하게 준비해온 결과였다. 정조에게는 홍재弘齋라는 호가 있다. 임금에게 무슨 호가 있을까 싶지만 그는 홍재라는 호를 썼고, 이를 인장에 새겨 자신이 보던 책에 찍곤 했다. 그의 삶은 그 자체로 위대한 학자의 생애였다. 임금이란 칭호만 떼버리면 그는 분명 조선 최고의 학자 중 한 명이라 할 수 있을 것이다. 100책이나 되는 그의 문집『홍재전서弘齋全書』가 그것을 증명한다. 그는 세손 시절부터 학문에 모든 열정을 바쳤다. 고시공부 수준의 시험 준비가 아니라, 세상을 이끌어갈 큰 비전을 준비하고 있었다. 정조는 세손 시절 자신의 서재에 홍재라는 편액을 걸고 스승인 서명응徐命膺, 1716~1787에게 그 의미를 글로 지어달라고 요청했다. 서명응이 지은「홍재기弘齋記」는 이렇게 시작한다.

왕세손 저하邸下께서는 자신이 공부하고 휴식을 취하는 곳의 이름을 주합루宙合樓라 하시고는 이렇게 말씀하셨다. "이 사람의 도道는 최고의 경지에 이르지 못했습니다. 대개 최고의 경지는 인仁을 체득하는 것만한 게 없습니다. 인을 체득한다는 것은 증자曾子께서 말씀하신 '뜻을 크게 하라'는 것인가요?" 마침내 '홍弘'자를 공부하는 곳에 편액으로 걸었다. 우빈객右賓客 신臣 서명응이 이전에 주합루의 기문을 썼다는 이유로 '홍'의 의미를 시로 짓게 하시고 아침저녁으로 경계를 삼으셨다.

정조는 이미 주합루라는 서재를 두고 그 의미를 밝힌 글을 서명응에게 짓도록 한 적이 있었다. 그런데 이번에는 자신이 공부하는 곳에 '홍재'라는 편액을 걸었다. 정조는 학문의 최고의 경지가 백성들에게 어진 정치(仁政)를 베푸는 것이라고 생각했다. 단순히 책 속에 담긴 지식을 얻기 위한 공부가 아니라, 궁극적으로는 인정을 베풀기 위한 공부가 되어야 한다고 생각했다. 하지만 자신은 아직 그 경지에는 이르지 못했다고 여겼다. 어떻게 해야 하는 것일까? 뜻을 크게 가져야 한다고 생각했다. 작은 일에 얽매일 게 아니라 세상을 크게 보고 멀리 생각해야 한다고 여겼다. 그게 정치가의 길이고 그것이 인정을 베푸는 것이라 여긴 것이다. 갈수록 자신의 책임감이 크다는 것을 느낀 정조는 『논어』 「태백泰伯」편에 나오는 이야기를 떠올렸다.

증자가 말했다. "선비는 뜻이 크고 굳세지 않으면 안 된다. 임무는 무겁고 갈 길은 멀기 때문이다. 인정의 실현을 자신의 임무로 여기고 있으니 얼마나 무겁겠는가? 죽은 뒤에나 그만둘 수 있으니 얼마나 먼 길이겠는가?"

군주는 인정을 베풀어야 하는 막중한 책임을 가지고 있다. 그런데 그 일은 군주 마음대로 그만둘 수 있는 게 아니지 않은가. 자신이 죽은 뒤에야 그 책임에서 벗어날 수 있는 것이다. 살아 있는 동안에는 결코 그 책임에서 벗어날 수 없고, 죽을 때까지 짊어지고 걸어가야 할 길이니 얼마나 멀고 먼 길인가. 정조는 바로 여기서 '홍弘'자를 가져다 자신의 서재 이름으로 삼고, 편액을 걸었던 것이다. 서재를 드나들 때마다 그 편액을 마주

한 정조는 늘 '홍'자의 의미를 새겼을 것이다. 정조는 이 호를 평생 부적처럼 가슴에 품고 살았다. 그리고 인정을 베풀겠다는 큰 뜻을 펼치기 위해 준비하고 또 준비했던 것이다.

정조는 무엇보다도 서적의 편찬과 출판에 관심이 많았다. 청나라의 문화가 강희康熙, 옹정雍正, 건륭乾隆 연간의 편찬사업을 통해 그 기반이 마련되었음을 익히 알고 있었기 때문이었다. 그 때문에 즉위 초부터 막대한 양의 중국 서적을 수입하기 시작했다. 그 대표적인 예가 5002책이나 되는 거질의 『고금도서집성古今圖書集成』을 수입한 일이다. 청나라에 사신으로 갔다가 1777년 2월에 돌아온 서호수徐浩修, 1736~1799 등이 은자銀子 2150냥이라는 막대한 비용을 들여 수입했다. 본래 정조는 연행사로 떠나는 서호수에게 『사고전서四庫全書』를 구입해 오도록 했었다. 그러나 『사고전서』는 간행되지 않아 구할 수 없게 되자,『고금도서집성』을 대신 구해온 것이었다. 정조는 이 책을 수입한 다음 비단으로 장정을 새롭게 하고, 박제가·유득공·이덕무·서이수 등 검서관에게 별도의 목록을 작성하게 했다. 그러고는 당시 명필로 이름을 날리던 송하松下 조윤형曺允亨. 1725~1799 에게는 표지 제목을 쓰게 하고, 서리書吏로 있던 김학성金鶴聲에게는 소제목을 쓰도록 했다. 조윤형이 이 책에 제목을 쓴 일에 관한 일화 하나가 유득공의『고운당필기古芸堂筆記』에 전하고 있다.

이덕무가 조윤형에게 말했다.
"공이 쓰신 네 글자를 얻고 싶습니다."
조윤형이 물었다.
"무슨 네 글자 말인가?"
이덕무가 말했다.
"'도서집성圖書集成' 네 글자입니다."
조윤형이 다시 물었다.
"무엇에 쓰려고 그러는가?"
이덕무가 대답했다.
"공께서는 본래 글씨를 잘 쓰시는데, 다시 5022번을 연습하셨으니 종요鍾繇, 왕희지王羲之보다 나을 것입니다." 배를 움켜쥐고 웃지 않는 사람이 없었다. 도서집성은 5002책이고 목록이 20책이다.

우리나라와 중국은 삼국시대 이래로 한자를 매개로 문화적 유사성과 독창성을 유지해왔다. 그 때문에 두 나라 사이의 문화 차이를 여러 방면에서 비교하지만 출판문화에서의 차이를 비교해보는 것도 흥미롭다. 조선과 중국의 출판문화는 궁극적으로 어떤 차이가 있을까. 가장 큰 차이는 민간 출판이 발달했는가, 그렇지 못했는가에 달려 있다고 할 수 있다. 중국의 경우 본격적인 출판문화가 발달하기 시작한 송나라 때에 이미 수많은 민간 출판사들이 출현했다. 이를 토대로 다양하고 수준 높은 목판본들이 출판에 출판을 거듭했다. 중국문화의 저력이 여기에서 생겨났다고 할 수도 있다. 반면에 우리의 경우는 사정이 달랐다. 처음부터 민간 출판이 발달할 여지가 그리 크지 않았다. 가장 큰 이유는 서적 수요층의 한계에 있었다. 독자층이 제한되어 있었기에 처음부터 민간 출판이 발달할 틈새가 좀처럼 생겨나지 않았다. 더욱이 조선이 개국한 후 태종太宗대에 이르러 금속활자가 만들어지면서 조선의 출판은 관官을 중심으로 한 활자본의 간행이 그 주류를 이루었다. 목판을 통한 간행은 서적의 출판에 시간이 많이 걸리고, 소량의 다양한 서적을 출판하기에 적당하지 않았기 때문이었다. 반면에 활자를 이용하면 짧은 시간에 필요한 수량만큼 다양한 서적을 출판할 수 있었다. 이런 장점 때문에 조선의 출판은 관활자본을 중심으로 발전할 수밖에 없었다. 목판본의 간행은 보조적인 수단이었다. 일단 활자를 이용하여 간행한 후, 대량의 수요가 있다고 판단되면 목판을 사용하여 다시 간행하였다. 이렇게 관활자본을 중심으로 한 출판에는 한계가 있게 마련이었다. 독자의 수요에 의한 출판보다는 국가 정책에 맞는 서적을 중심으로 출판이 이루어질 수밖에 없었다. 이것은 조선의 출판문화가 이념적으로 편향되게 하는 결과를 가져오기도 했고, 다양한 서적의 출판을 제약하는 결과를 초래하기도 했다. 그나마 임진왜란 이전에는 중국에서 간행된 책들이 곧바로 조선에서 다시 간행되어 유통되었다. 따라서 지식의 보급에는 그다지 큰 문제가 없었다. 그러나 청나라가 등장하면서 상황이 달라졌다. 중국에서 간행된 서적이 조선으로 수입은 되었지만 재간행되는 일이 거의 사라졌다. 오랑캐라 업신여기며 은근히 청나라를 무시하고 있었던 것이다. 이는 지식의 보급이라는 측면에서 커다란 문제가 되었다. 이런 문제를 풀어내려 했다는 점에서 정조의 등장은 아주 중요한 의미를 가진다.

활 자 와 출 판 , 조 선 을 깨 우 다

정조는 단순히 청나라에서 서적을 수입하기만 한 것이 아니었다. 그는 이를 바탕으로 서적의 편찬에 힘을 기울였다.『군서표기群書標記』의 기록만 살펴보아도 편찬한 서적이 153종 3991권에 이를 만큼 방대하다. 그리고 이를 간행하기 위해 활자 주조에도 남다른 열정을 쏟았다. 정조의 활자에 대한 집착은 서명응이 지은 「규장자서기奎章字瑞記」에 잘 반영되어 있다.

하늘이 대통大統을 제왕에게 주려고 하면 반드시 기물器物을 빌려서 상서로움을 표시한다. 그러므로 천구天球·대패大貝·적도赤刀(모두 중국 주周나라 때의 보물이다) 등의 물건은 실제 사용하는 것과는 관계가 없지만 고대의 제왕들은 아주 조심스럽게 이들을 보관하였고 아주 엄격하게 수호하였으며, 조회朝會나 대례大禮 때에는 반드시 계단이나 뜰에 진열하였다. 우禹임금의 구정九鼎, 솥은 죽을 끓여 먹을 수 없고, 주周나라 선왕宣王의 석고石鼓, 돌로 만든 북는 음악을 연주할 수 없는데 반드시 종묘와 태학에 잘 모셔두고서 대대로 나라의 보물로 여겼다. 심지어 이 두 보물의 얻고 잃음을 가지고 국운의 성쇠를 점치기도 하였다. 이것은 유가儒家에서 의복이나 신발을 전하는 것과 같은 일이지만 그 의의는 훨씬 크다.

우리나라의 경우는 세종世宗 시대에 만든 활자가 아마 대대로 나라의 보물이 되었을 것이다. 아름다운 옥처럼 모양이 고르고 반듯하여 그것으로 인쇄한 책이 몇백만 권인지도 모른다. 그것으로 길러낸 인재가 몇천 명인지도 모른다. 여러 번 전쟁을 거쳤지만 끝내 없어지지 않았으니 나라와 운명을 함께했다. 구정이나 석고와 비교하면 비록 크기와 무게는 다를지라도, 오묘한 효용과 신묘한 변화는 구정이나 석고가 따를 수 없다. 그리고 천구·대패·적도는 각각 한 곳에만 쓰이는 도구이므로 비교할 수 없다는 것을 알 것이다.

그러나 시간이 오래 흐르면서 지키는 사람이 조심스럽게 보관하지 못해 없어진 것이 십중팔구나 된다. 우리 임금께서는 세손 시절부터 이를 안타깝게 여기셨다. 임진년1772에 빈객賓客으로 있던 신 서명응을 시켜 대조大朝. 영조 임금께 말씀을 올리고 세종조에 이미 활자를 주조하는 데 사용되었던 목본木本. 나무로 만든 어미 활자 3만여 자를 찾아내게 하셨다. 그러고는 궁중에 보관하던 고본古本 『심경心經』 5질을 하사하여 그 남아 있는 것과 없어진 것을 따져 15만 자를 보충하여 만들게 하셨다.

이제 왕위에 올라 규장각을 세우시고 신 명응을 각신閣臣. 규장각 관원에 임명하고서 말씀하셨다. "규장각은 서적을 갈무리하는 일에만 그쳐서는 안 된다. 오래도록 서적을 인쇄한 뒤에야 사방에 그 혜택이 미치고 사람들의 지식을 계발시킬 수 있는 것이다." 그러고는 평안도 감영監營에 개주改鑄. 활자를 다시 주조하는 것를 명하여 새롭게 15만 자를 주조케 하고 규장각에 수장하였다. 이렇게 하여 내각內閣. 규장각과 외각外閣. 교서관에서 전후로 주조한 활자가 모두 30여만 자였다.

우리나라에서 대대로 전해오는 부서符瑞. 상서로운 보물. 활자를 가리킴가 우리 정조 임금이 등극하신 해에 이미 건국 초기 처음 활자를 만들었을 때의 숫자보다 훨씬 많아졌다. 이것은 보배로 여기던 구정이 잠깐 사라졌다 다시 나타난 격이고, 석고가 깨졌다가 다시 온전해진 격이다. 하늘과 사람이 함께하는 기미가 그렇게 되기를 기약하지 않았는데 그렇게 된 격이다. 아! 기이하구나!

　중국의 역사를 보면 새로운 왕이 출현하여 나라를 세울 때 상서로운 물건이 나타나 미리 알려준다. 하늘이 그것을 통해 미리 새로운 임금의 출현을 기쁘게 예언하는 것이다. 그렇지만 그것들은 상징적인 의미만 있을 뿐 실제로는 아무짝에도 쓸모없는 것들이다. 그저 상징물에 불과할 뿐이다. 그것에 비하면 조선의 '활자'는 얼마나 위대한 보물인가. 이 활자로 수많은 서적을 인쇄했고, 또 그 책으로는 얼마나 많은 인재들을 길러냈는가. 활자야말로 보물 중의 보물인 것이다. 그러나 임진왜란을 겪으면서 조선의 활자는 철저히 파괴되었다. 이후 임진왜란 이전의 수준으로 회복하지 못했다. 이것은 출판문화의 피폐를 의미하고, 인재의 부족을 의미하는 것이었다. 이것을 간파한 정조는 이미 세손 시절부터 활자를 만들기 시작했고, 보위에 오르자마자 또다시 활자 만들기에 몰두했다. 그 결과 세손시절부터 재위기간에 이르기까지 5차에 걸쳐 100만 자의 활자를 만들어냈다. 이처럼 정조가 추구했던 프로젝트의 중심에는 활자와 출판이 있었다.

정 조 의　이 름
—

　마지막으로 정조의 진짜 이름을 기억하고자 한다. 〈이산〉이라는 TV 드

김홍도, 〈규장각도〉, 국립중앙박물관 소장.
1776년 창덕궁 후원에 세운 규장각의 모습을 그렸다.

라마가 있었다. 내용은 차치하고 제목부터 흥미를 끌었다. 정조의 이름을 제목으로 붙였으니 말이다. 한자로는 '李祘'이라 표기하는데 '祘'자는 잘 쓰지 않는 글자다. 궁금하지 않을 수 없다. 정조의 지시로 편찬한 책 중 『어정규장전운御定奎章全韻』이 있다. '어정御定'이란 임금의 지시로 편찬한 책이라는 의미다. 이 책은 한자를 사성四聲, 즉 평성平聲, 상성上聲, 거성去聲, 입성入聲으로 분류하고, 중국 발음과 당시의 조선 발음을 한글로 표기한 음운서이다. 이 책에서 '祘'자를 찾아보면 '어휘御諱'라는 주석이 달려 있다. 임금의 이름자이므로 함부로 사용하지 말라는 경고인 셈이다. 또 여기에는 이 글자의 뜻이 '성姓'자와 같다는 설명과 함께 한글로 '셩'이라는 발음을 표기해놓았다. 현대식으로 발음하면 '성'이 될 것이다. 조선시대 임금 중 이름에 '祘'자를 쓴 임금은 정조밖에 없으므로 이 글자가 정조의 이름이라는 것도 자명하다. '祘'자를 '산'으로 읽는 경우가 없는 것은 아니다. 그 경우엔 '산算'자와 같은 의미로 사용된다. 정조의 이름이 처음엔 '산'으로 불렸다. 그래서 정조가 즉위하자 호조의 산학산원算學算員을 주학계사籌學計士로 바꿨고, 이산理山은 초산楚山으로 이산尼山은 이성尼城으로 고쳤다. 임금의 이름과 발음이 같았기 때문이었다. 그러나 정조는 자신의 이름에 사용된 '祘'의 발음을 '성'으로 바꿨다. 정조의 지시로 편찬한 책 속에 이 글자의 의미와 발음을 설명해놓았는데, 무슨 다른 설명이 필요하겠는가? 이후 모든 자전에서 '祘'자는 어휘라는 표시와 함께 '성'으로 표기되었다. 정조가 승하하고 등극한 순조는 이성尼城을 노성魯城으로, 이성利城을 이원利原으로 각각 고쳤다. 정조의 이름과 발음이 같았기 때문이었다. 이성보李城輔는 상소를 올려 자신의 이름을 이직보李直輔로 바꿨다. 성과 이름의 첫 자를 이어서 발음하면 정조의 이름과 발음이 같다는 이유에서였다. 정조의 이름을 '이성李祘'으로 읽어야 하는 것도 이 때문이다. 정조가 직접 바꾼 자신의 이름을 우리가 다시 고쳐야 할 이유는 없을 것이다.

정조는 위대한 정치가이자 학자였다. 그것은 그가 조선 최고의 장서가이자 저술가이며 출판가였기에 가능한 일이기도 했다. 그는 조선 역사가 책을 통해 이루고자 했던 모든 것을 실현시킨 인물이었다. 홍재는 정조 이성李祘의 서재다. 홍재는 세상에서 가장 큰 뜻을 품고 살았던 사람의 서재다. 그리고 그 안에는 인정을 베풀기 위해 고뇌했던 정조의 모든 것이 담겨 있다.

홍대용의 담헌:

유리창에서
만난 친구들

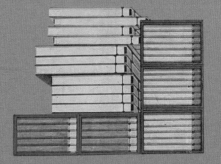

—

—

—

19세기는 북학北學의 시대였다. 북학이란 청나라의 학술과 문화를 배워야 한다는 주장이다. 이 용어는 박제가의 『북학의北學議』를 통해 공론화되었다고 할 수 있지만, 사실 그 시발점은 담헌湛軒 홍대용洪大容, 1731~1783이라 할 수 있다. 호란胡亂을 겪고 명나라의 멸망을 지켜본 조선의 지식인들에게 청나라는 상종할 수 없는 나라였다. 그들의 무력 앞에 무릎을 꿇었지만, 문화적으로는 조선이 우월하다는 자신감으로 가득 차 있었다. 조선과 청나라는 물과 기름처럼 겉도는 관계에 있었다. 그렇게 100여 년의 시간이 흐르면서 청나라에 대한 인식은 이념화되어갔다. 어린 시절 초등학교 교과서를 통해 북한 사람들의 머리에 뿔이 나 있을 거라 상상했던 것처럼, 조선의 지식인들은 청나라 사람들이 미개한 오랑캐일 거라 여기고 있었던 것이다. 해마다 연행은 계속되고 있었지만, 그런 인식은 쉽게 사라지지 않았다. 연행중에도 청나라 사람들의 부정적인 면만을 보았고, 그들의 문화를 하찮게 여겼다. 그런데 변화가 일기 시작했다. 그 중요한 계기는 담헌 홍대용의 연행으로 만들어졌다.

유리창에서 만난 사람들

—

1765년 동지사冬至使, 해마다 동지를 전후하여 정기적으로 청나라에 보내던 사신의 서장관書狀官, 중국에 보내던 사신 관직의 하나. 사행에 관한 기록을 담당했다이 된 숙부 홍억洪檍을 따라 홍대용은 연행을 떠났다. 그의 나이 35세 때였다. 연경에 도착한 홍대용은 거리를 헤매기 시작했다. 사실 그는 맘에 맞는 청나라 지식인을 친구로 사귀고 싶은 바람을 품고 있었다. 그러나 만나는 사람 대부분은 장사치들이었다. 어쩌다 글 좀 읽은 사람을 만나도 변변치 못한 부류였다. 한번은 동화문東華門 길에서 한림翰林 두 사람을 만나 이야기하다가, 그 뒤에 그 집에까지 찾아가서 이야기를 나누었지만 학식이 시원찮았다. 게다가 조선 사람에 대한 편견이 심하고 사람을 함부로 의심하는 등 도저히 교유할 사람이 못 된다는 판단을 한 홍대용은 한두 번의 만남을 끝으로 더이상 만나지 않았다.

그런데 한번은 비장裨將 이기성李基成이 원시경遠視鏡을 사려고 유리창琉璃廠에 갔다가 두 사람을 만났다. 용모가 단정하고 문인의 기품이 있었는데 모두 안경을 끼고 있었다. 이기성은 이들에게 말을 걸었다.

내가 잘 아는 사람이 안경을 구하는데 거리에서는 진품을 구하기가 어렵습니다. 그대가 낀 것이 병든 눈에 잘 맞을 것 같으니 그것을 내게 파십시오. 그대는 새로 구하는 게 어렵지 않을 것 아닙니까?

그러자 그중 한 사람이 벗어 주며 그냥 가져가라고 했다. 눈 아픈 사람을 위해 안경 하나 벗어 주는 게 뭐 대수로운 일이냐는 것이었다. 당연히 돈도 받지 않고 그냥 가버렸다. 이기성은 그 사람의 태도를 보고 자신이

〈연행도 유리창〉, 숭실대학교 한국기독교
박물관 소장.

유리창은 조선 사신들이 서책과 서화를
사기 위해 꼭 들르던 명소였고, 이곳에
서 청나라 문사들과 많은 교유가 이루어
지기도 했다.

경솔했다는 생각에 안경을 들고 그 사람을 쫓아갔다. 조금 전에 한 말은 농담으로 한 것이므로 안경을 받을 수 없다며 돌려주었다. 그러자 그 사람은 언짢아하며 이렇게 말했다.

이것은 하찮은 것이고 또 동병상련의 뜻으로 준 것인데, 그대는 어찌 이처럼 좀스럽게 군단 말이오?

　이 안경이 비싼 것도 아닌데다, 나와 마찬가지로 눈 때문에 고생하고 있는 사람을 위해 쓰던 안경 하나 준 것뿐인데 뭐 이렇게 좀스럽게 다시 돌려주느냐며 타박을 한 것이다. 그러자 이기성은 더이상 이야기를 하지 못하고, 그 사람에게 누구인지 물었다. 그 사람은 절강浙江의 거인擧人, 수험생으로 과거시험을 보기 위해 와서 정양문正陽門 밖 건정동乾淨術에 하숙하고 있다 했다. 어느 날 저녁 이기성이 그 안경을 가지고 홍대용에게 가서 이 이야기를 전해주며 화전지花箋紙를 부탁했다. 당시 중국에서는 조선의 화전지가 상당히 인기였다. 화전지란 화려하게 문양을 찍은 종이를 말하는데, 여기에 편지를 쓰기도 했고 시를 지을 때도 사용했다. 이기성은 그 사람에게 화전지로 보답하려 했던 것이다. 그러면서 유리창에서 만난 두 사람이 모두 괜찮아 보이므로 한번 찾아가서 만나보라고 권했다. 그러자 홍대용은 화전지 한 묶음을 건네주며 그 사람들에 대해 자세히 알아보고 알려달라고 했다. 다음날 이기성이 그 집에 찾아가서 부채, 먹, 한약 등을 선물로 주었더니, 그 사람은 고맙다는 사례를 한 다음에 다시 중국 부채인 우선羽扇과 붓, 먹, 담배 등의 물건을 선물로 주었다. 이기성은 돌아와서 그 사람의 모습과 말하는 게 아주 고결하다며 칭찬을 아끼지 않았다. 그러자 홍대용은 마음이 움직였다. 다음날 같이 가자고 약속했는데, 김재행金在行이 곁에서 그 이야기를 듣더니 즐거워하며 자기도 함께 가겠다고 했다.

세상 끝에서 만난 친구들

—

다음날 식사 후 세 사람은 정양문을 나와 2리쯤 가서 건정동에 도착했다. 객점客店이 있는데 천승점天陞店이라는 간판이 붙어 있었다. 두 사람이 머무는 곳이었다. 수레에서 내린 다음 마부를 시켜 먼저 들어가 알리게 하자, 두 사람이 중문 밖에 나와 맞이했다. 몸을 구부려 인사를 하는 모양이 아주 공손했다. 홍대용 일행을 안내하여 먼저 가게 했는데, 그것이 중국의 풍속이었다. 문 안에 들어서자 동쪽 벽에 발이 높은 큰 탁자가 놓여있고, 탁자 위에는 책 수십 권이 있었다. 캉炕. 중국식 온돌 한가운데는 발이 짧은 작은 탁자를 놓았고 위에는 남색 모포를 덮어놓았다. 서북쪽 벽 아래에는 가죽 상자와 나무 궤짝이 있었는데, 모두 여행용이었다. 작은 탁자 위에는 붓, 벼루와 청동 물병을 놓았고, 위에 작은 국자를 비스듬히 놓았는데 물을 벼루에 붓는 데 사용하는 것이었다. 큰 탁자와 온돌 위에는 화본畵本과 시전지를 흩어놓았다. 좌정하고 성명과 나이를 물었다. 엄성嚴誠은 자가 역암力闇, 호는 철교鐵橋인데 나이는 서른다섯이었고, 반정균潘庭均은 자가 난공蘭公, 호는 추루秋廔인데 나이는 스물다섯이었다. 홍대용이 말했다.

우리는 이공李公을 통하여 훌륭한 명성을 들었습니다. 또 시험 답안을 보았는데 문장이 훌륭하여 이공과 친구인 김생金生과 함께 찾아뵈러 온 것입니다. 당돌함을 용서하여주십시오.

그러자 두 사람은 모두 괜찮다고 했다. 홍대용은 엄성에게 물었다.

홍대용: 두 분의 고향은 절강성浙江省 어느 고을입니까?
엄　　성: 항주杭州 전당錢塘에 삽니다.
홍대용: 누각에 올라 물결 일렁이는 바다에 뜬 해를 구경하고樓觀滄海日
엄　　성: 문에서는 절강의 조수를 마주한다.門對浙江潮
홍대용: 이곳이 바로 그대의 고향입니까?
엄　　성: 그렇습니다.

홍대용은 엄성의 고향이 항주 전당이라는 말에 당나라 시인 송지문宋之問이 지은 「영은사靈隱寺」의 한 구절을 외웠다. 그러자 엄성은 바로 그 구절의 짝이 되는 다음 구절을 읊었다. 이 두 구절의 대구가 절묘하기로 이름난 시였다. 그렇게 이야기를 나누면서 두 사람은 점점 가까워졌다. 반정균은 김재행의 성이 김씨인 것을 듣고 물었다.

반정균: 당신은 귀국의 김상헌金尙憲을 압니까?
김재행: 김공은 우리나라 재상입니다. 시를 잘 짓고 문장에도 뛰어나며 도학道學과 절의節義가 있는데 그대들이 8000리 밖에 살면서 어떻게 압니까?
반정균: 그의 시구가 뽑혀 중국 시집에 들어 있으므로 압니다.

그러더니 곧 곁방에 가서 책자를 가져와 보여주었다. 책 이름은 『감구

집感舊集』이었다. 청나라 초기에 왕사정王士禎이 명·청의 모든 시를 모은 것인데, 청음淸陰 김상헌이 중국에 사신으로 갔을 때 만나 지은 시 수십 수를 뽑아 그 책에 넣었던 것이다. 이렇게 이야기가 시작되자 이기성은 먼저 돌아갔고, 이들은 말이 통하지 않았기 때문에 필담으로 이야기를 시작했다. 이들은 하루종일 앉아서 필담을 나누고 헤어졌다.

김재행: 관館에서 봄이 다 지나도록 머물렀지만, 만나는 사람이라곤 모두
　　　　장사치뿐이더니 오늘 와서 이렇게 말씀을 듣고 나니 아주 깨우침
　　　　이 컸습니다.
엄　　성: 이미 서로 친구가 되었으니 형식적인 인사는 그만둡시다. 이후로
　　　　는 마음속에 담긴 진심만을 이야기합시다.
김재행: 날이 늦었고 하인들이 돌아갈 것을 재촉하니 부득이 돌아가야겠
　　　　습니다.
반정균: 그대 하인들이 인정을 모르니 꾸짖어 쫓아버리십시오.

　　이 말을 듣자 모두 크게 웃으며 서로 손을 잡고 차마 놓지 못했다. 마침내 서로 이별하고 문을 나오자 두 사람이 급한 목소리로 조금 있으라 하더니, 엄성이『감구집』을 가지고 와서 선물로 주었다.

홍대용: 책을 가지고 가면 남들이 무어라 할까 두렵습니다.
엄　　성: 사왔다고 하면 되지 거리낄 게 뭐 있습니까?

　　홍대용은 청음의 시가 그 속에 들어 있으므로 사신 일행에게 보이지 않을 수 없다고 생각했다. 김재행과 상의 끝에 마부로 하여금 품속에 간직

하고 관으로 돌아가게 했다. 당시만 해도 북학이 유행하기 전이라 책 한 권의 선물도 마음놓고 받지 못하던 시절이었다. 더구나 김상헌의 시가 수록된 책이 있다는 사실조차 까마득히 모르고 있었던 것이다. 조선이 정보력에서 얼마나 뒤처져 있었는지 알 수 있는 대목이다. 이후 이들은 계속 모임을 가지면서 더욱 친밀해졌고, 마음속 깊은 이야기까지 나누는 친구가 되었다. 얼마 후, 엄성과 반정균은 또 한 사람의 선비를 소개했다. 육비 陸飛라는 사람이었는데, 그의 자는 기잠起潛, 호는 소음篠飮이었다. 엄성과 반정균은 홍대용 일행과의 만남을 육비에게 자랑했는데, 이 소식을 들은 육비가 홍대용 일행을 만나기 위해 찾아왔던 것이다. 이렇게 이들은 연경에 머무는 동안 마치 오랫동안 사귀었던 친구처럼 아주 친한 사이가 되었다. 이들의 만남은 사실 길지는 않았다. 연경에서 머무는 시간이 제한되어 있었기 때문이었다. 하지만 홍대용 일행은 귀국 후에도 이들과 끊임없이 편지를 주고받으며 우정을 나누었다. 이들의 우정은 이후 조선과 청나라 지식인들에게 널리 알려졌고 사람들을 이를 부러워했다. 이들의 사귐이 조청朝淸 지식인 교유의 한 모델로 자리잡게 된 것이다.

진 정 한 우 정 을 보 여 주 다
—

얼마 후 엄성은 남쪽으로 낙향했는데 민閩이란 지역에서 학질에 걸려 그만 객사하고 말았다. 엄성은 죽을 때까지도 홍대용이 보낸 편지를 가슴에 품고 홍대용이 보낸 조선 먹의 냄새를 맡으며 숨을 거두었다고 한다. 그의 형 엄과嚴果와 그의 아들은 그 전말을 자세히 적어 북경에 있던 반정균을 통해 홍대용에게 전해주었다. 그 소식을 들은 홍대용은 무척 놀라고 애통하여 어찌할 바를 몰랐다. 홍대용은 위패를 마련하여 향불을 피우고 제문을 지어 바쳤다. 그러고는 중국 친구인 손유의孫有義에게 부탁하여 8000리 밖에 있는 엄성의 가족에게 그 애사를 전해주도록 했다. 그런데 공교롭게도 그 제문이 유족에게 전달된 날은 바로 엄성의 대상大祥일이었다. 즉, 초상을 치른 뒤 두 돌 만에 지내는 제삿날이었던 것이다. 사람들은 고인의 마음이 통하여 이런 일이 생긴 것이라 여기며 홍대용의 제문을 읽어 망자의 영혼을 달랬다. 이 이야기를 들은 중국 강남의 선비들 가운데 두 사람의 교유를 칭찬하지 않는 사람이 없었다. 후대까지도 이들의 우정은 청나라와 조선 지식인들의 심금을 울리며 감동을 주었다.

이후 1783년 홍대용이 세상을 떠나자 연암 박지원은 「홍덕보 묘지명洪德保墓誌銘」을 지어 그의 죽음을 애도했다. 그 묘지명에는 바로 그 전후의 이야기가 실려 있다.

덕보德保가 세상을 뜬 지 사흘째 되던 날 손님 중에서 연행 사절단을 따라 중국에 들어가는 사람이 있는데, 그 노정에 따르면 삼하三河를 통과하게 되어 있었다. 삼하에는 덕보의 친구가 있는데, 성명은 손유의이며 호는 용주蓉洲라고 하였다. 지난해 내가 연경에서 돌아오던 길에 용주를 방문하였으나 만나지 못하고, 편지를 써놓게 되어서 거기에 덕보가 우리나라 남쪽 지방에서 벼슬을 하고 있는 것까지를 자세히 말하고 또 가져간 토산물 몇 가지를 놓아두어 마음을 표하고 돌아왔다. 용주가 그 편지를 펴보면 당연히 내가 덕보의 친구인 줄을 알았을 것이리라. 그래서 손님 가는 편에 그에게 부고를 냈다.
"건륭 계묘년정조 7, 1783 모월 모일에 조선 사람 박지원은 머리를 조아리며 삼가 용주 족하足下에게 아룁니다. 우리나라 전직 영천 군수榮川郡守 홍담헌

洪湛軒, 이름은 대용, 자는 덕보가 금년 10월 23일 유시酉時에 세상을 떠났습니다. 평소에 아무 탈이 없었는데 갑자기 중풍으로 말을 못하더니, 얼마 뒤에 곧 이런 지경에 이르렀습니다. 향년은 53세요, 아들 원薳은 통곡중이라 정신이 혼미하와 손수 글을 올려 부고를 하지 못하고, 또 양자강 남쪽은 보낼 인편이 없었습니다. 부디 바라건대, 이를 대신하시어 오중吳中에 부고하여, 천하의 지기知己들로 하여금 그의 별세한 날을 알게 하여 죽은 이와 산 사람 사이에 한이 없게 하여주십시오."

손님을 보내고 나서 손수 항주 사람들의 서화와 편지 그리고 시문 등을 점검하니 모두 10권이었다. 이것을 빈소 곁에 늘어놓고 관을 어루만지며 통곡하였다.

"아! 슬프다. 덕보는 막힘이 없고 민첩하였으며, 겸손하고 우아하였다. 식견은 원대하고 이해는 정밀하였다. 더욱 율력律曆에 장기가 있어 혼의渾儀 같은 여러 기구를 만들었다. 사려가 깊고 한 가지의 일에 골몰하여 독창적인 기지機智가 있었다. 서양 사람이 처음 지구에 대하여 논할 때 지구가 돈다는 것을 말하지 못했는데, 덕보는 일찍이 지구가 한 번 돌면 하루가 된다고 하여 그 학설이 묘미하고 심오하였다. 다만 저술에까지는 이르지 못했으나 만년에 이르러서는 지구가 돈다는 것에 대해 더욱 자신을 가졌다. 이에 대하여 조금도 의심이 없었다. (…) 언젠가 그는 숙부가 서장관으로 중국에 갈 때 따라가 유리창에서 육비, 엄성, 반정균 등을 만났다. 세 사람은 다 집이 전당에 있는데 그들은 모두 문장과 예술의 선비였으며, 그들이 교유한 이들도 모두 청나라의 유명한 인물이었다. 그러나 모두들 덕보를 학문이 뛰어난 훌륭한 선비라 하여 떠받들었다. 그들과 더불어 필담한 수만 마디의 말은 모두 경전의 뜻, 성리학, 고금의 벼슬에 나아감과 물러나는 도리에 관한 변론이었는데 대단히 훌륭하여 말할 수 없이 즐거웠다. 그리

엄성이 그린 홍대용의 초상.

고 헤어지려고 할 때, 서로 보고 눈물을 흘리면서 말하기를, '한번 이별하면 다시 보지 못할 것이니 황천에서 서로 만날 때 아무 부끄러움이 없도록 맹세하자' 하였다. 덕보는 엄성과 특히 뜻이 맞았는데 그에게 '군자는 자기를 드러내고 숨김에 때를 따라야 한다'고 충고하였다. 이에 엄성은 크게 깨달아 뜻을 결단하였다. 그후 남쪽으로 돌아간 뒤 몇해 만에 민이란 땅에서 객사를 하였는데 반정균은 덕보에게 부고를 하였다. 덕보는 이에 애사哀辭를 짓고 향과 폐백을 갖추어 용주에게 부쳤다. 이것이 전당으로 들어갔는데, 바로 그날 저녁이 대상이었다. 대상에 모인 사람들은 서호西湖의 여러 군에서 온 사람들이었는데 모두들 경탄하면서 '지극한 정성이 하늘을 감동시킨 것이다'라고 하였다. 엄성의 형 엄과가 향을 피우고 애사를 읽어 제사의 첫 술잔을 올렸다. 엄성의 아들 앙昻은 덕보를 백부라고 써서 그 아버지의 『철교유집鐵橋遺集』을 부쳤는데, 전전하다가 9년 만에야 도착하였다. 유집 중에는 엄성이 손수 그린 덕보의 작은 영정이 있었다. 엄성은 민에서 병이 위독할 때 덕보가 보내준 조선산 먹의 향을 맡고 가슴 위에 얹은 채 세상을 떠났다. 마침내 먹을 관 속에 넣어 장례를 치렀는데 오하吳下. 지금의 장苏성 사람들은 유별난 일이라 하여 성대하게 전하며, 이 일을 다투어 시문으로 지었다. 이에 대한 사실은 주문조朱文藻란 사람이 편지를 보내 말해주었다."

담 헌 에   부 친   뜻
—

　홍대용의 본관은 남양南陽, 자는 덕보德保, 호는 담헌湛軒이다. 1731년영조 7 음력 3월 1일 충청도 천원군 수촌마을에서 태어났다. 아버지는 목사를 지낸 홍력洪櫟이며, 어머니는 청풍 김씨로 군수를 지낸 김방金枋의 딸이다. 여러 번 과거에 응시했으나 실패했고 1774년 음보蔭補. 과거를 통하지 않고 조상의 덕으로 관직에 나아가는 것로 세손익위사시직世孫翊衛司侍直이 되었고, 1777년에는 태인 현감泰仁縣監, 1780년정조 4에는 영천 군수가 되었다. 사실 관직에는 별로 관심이 없었다고 할 수 있다. 어려서는 김원행金元行에게 수학했지만, 수학이나 천문학 등을 깊이 연구했다. 지동설을 주장하기도 했다. 연행에서도 연경의 천주당天主堂을 찾아가 선교사로 머물던 서양인들과 필담을 통해 서양문물에 대한 견문을 넓혔다. 이처럼 홍대용은 연행을 통해 서양 문물에 깊은 관심을 가지게 되었고, 당시로서는 금기시되었던 청나라 지식인들과 깊은 우정을 나누게 되었다.
　홍대용은 담헌이란 서재를 가지고 있었다. 반정균은 그 담헌에 기문을 썼는데, 여기에는 홍대용의 진솔한 모습이 담겨 있다.

해강(奚鋼)이 그린 엄성의 초상화. 과천시 소장.

중국의 밖에 조선이 있는데 그 나라의 풍속이 예절을 알고 시를 이해할 줄 알아 다른 나라와는 다르다. 당나라에서부터 지금까지 그 풍요風謠를 채록하는 사람들이 여기서 취하였다. 병술년1766 봄에 내가 연경에 와서 담헌 홍군을 만났다. 사신을 따라 들어왔는데 중국 성인의 교화를 흠모하여 중국의 특출한 선비와 친구를 맺으려고 수천 리 길을 멀다 하지 않고 찾아온 것이다. 내 이름을 듣고 나를 찾아왔다. 주인과 손님이 이런저런 이야기를 필담으로 나누었다. 아울러 도의로써 서로 힘쓰고 군자의 교유를 하였다. 아! 이 또한 기이한 일이구나. 홍군은 식견이 넓고 기억력이 뛰어나며 보지 않은 책이 없었다. 음악과 역법曆法, 진법陣法, 전쟁할 때 군대를 배치하는 방법에 관한 책, 주자학의 종지宗旨를 연구하지 않은 것이 없었다. 시문에서부터 기술에 이르기까지 못하는 게 없었다. 이 사람과 함께 지내보니 옛날의 순정한 도리를 굳게 지켜 진정한 선비의 기풍이 있었다. 이런 사람은 중국에서도 쉽게 볼 수 없는 사람인데, 뜻하지 않게 먼 진한辰韓, 조선을 가리킴의 땅에서 보게 되었다. 하루는 내게 말했다.

"나는 서울 사람인데 마음에 품은 게 보잘것없어 충청도 수촌壽村으로 물러가 농부들과 어울려 지내고 있습니다. 집 몇 칸, 누각, 연못, 다리 등이 있는데, 연못에는 배를 띄울 만하고 나무 그늘에는 말이 있어 타고 거닐 만합니다. 이 방에 들어가면 천문을 관측하는 옥형玉衡, 시각을 알리는 시계, 그리고 거문고가 있습니다. 장차 무슨 일을 하려면 점을 치는 시초가 있고, 밭 갈고 독서하고 남은 시간에는 활을 당깁니다. 지극한 즐거움이 그 속에 있으니 그 밖의 것은 바라지 않습니다. 미호渼湖선생이란 분은 제 스승이신데, 그 집의 편액을 '담헌湛軒'이라 해주시기에 나는 다시 그것을 가져다가 제 호로 삼았습니다. 그러니 그대가 나를 위해 기문을 하나 지어주십시오."

나는 이미 그 사람됨이 고고하다고 보는데, 다시 그 연못과 집의 경관에 관한 이야기를 들으니 한번 가서 그 아취를 모두 보고 싶었다. 다만, 만리 밖에 있어서 갑자기 어쩔 수가 없었다. 옛날에 외국의 사신이 예고사倪高士가 청비각淸閟閣을 지었단 이야기를 듣고 찾아갔지만 보여주지 않아 구경할 수 없자 두 번 절하고 탄식하며 돌아갔다는 이야기가 있는데 오늘 내 상황이 이와 비슷하다. 아니 나는 반대로 찾아가지 못해 볼 수 없다. 그러나 그 집의 이름을 지은 뜻은 알 수 있다. 군자의 도는 마음에 잡됨이 없고 사물에 대해서도 흔들리지 않는다. 그 몸은 청명淸明하고 그 집은 허백虛白하니 아마 '담澹'자의 의미에 가까울 것이다. 홍군은 매번 나와 성리학에 대해 이야기할 때면 그 말이 아주 순정하였다. '담澹'자의 뜻을 체득한 사람일 것이다. 내가 비록 문장력은 없지만 군자의 도에 힘을 써서 좋은 친구에게 지지 않도록 하겠다. 아울러 홍군의 문장과 덕행을 중국의 친구들에게 널리 알리는 일인데 어찌 감히 별 볼 일 없는 솜씨라고 사양하겠는가? 다만 미호 선생께서는 내 말을 들으시면 어떻게 생각할지 모르겠다.

반정균은 담헌의 '담'에는 청명과 허백의 의미가 담겨 있다고 풀이했다. 청명이란 몸가짐이 깨끗하다는 뜻이다. 허백이란 마음속이 텅 비어 깨끗하다는 의미다. 몸과 마음이 매우 깨끗하여 물욕에는 전혀 뜻이 없다는 의미다. 반정균은 홍대용이 바로 '담'의 의미를 제대로 터득한 진짜 선비임을 강조한 것이다. 바로 그러한 점이 처음 만난 청나라 지식인들의 마음을 사로잡았고, 그들은 그 진정성을 인정했다.

19세기는 북학의 시대였다. 원수처럼 여기던 나라의 지식인들과 조선의 지식인들은 이렇게 가까워질 수 있었다. 홍대용은 높은 벼슬을 한 관료가 아니었다. 그는 단지 진정한 친구를 사귀고 싶다는 아주 소박한 꿈을 가지고 연행에 따라 나섰다. 그리고 그 진정성은 청나라 지식인들을 감복시켰고, 이후 이들의 우정은 두 나라의 지식인들은 감복시켰다. 그리고 그 시작은 미약했지만, 홍대용의 진정성은 19세기를 북학의 시대로 만들었다. 물론 홍대용은 자신의 행동이 훗날 그렇게 엄청난 사회적 변화를 가져올 줄은 꿈에도 몰랐을 것이다. 지식인의 진정성이란 학문적인 것만을 의미하지는 않는다. 지식인이란 라벨이 붙는 순간 그의 모든 것은 한 국가와 사회의 대표성을 지니기 마련이다. 그리고 그러한 사람들이 지녀야 할 중요한 덕목 중의 하나가 '담'이란 사실을 홍대용은 말하고 있다. 지금 우리 시대 지식인의 진정성이 바로 다음 세대의 흥망을 좌우한다는 것을 홍대용은 아주 잘 알고 있었던 것이다. 지식인의 사회적 책임이란 것이 그렇게 중요하다. '임중이도원任重而道遠', "책임은 무겁고 길은 멀다"는 공자의 말은 바로 지식인의 사회적 책임에 대한 통렬한 지적이다.

박지원의 연암산방:

웃음을
쓰다

—

—

—

우리의 일상은 늘 웃음에 싸여 있다. 텔레비전을 켜도, 신문을 펼쳐도, 인터넷에 접속해도 '웃기는 것들'은 언제나 우리를 에워싼다. 하긴 웃음은 이미 돈으로 환산되고 있고 전문적으로 웃음을 만들어내는 직업이 커다란 산업으로 자리잡은 마당에 당연한 일이기는 하다. 상황이 그렇다보니 환경은 지나치다 싶을 정도로 우리에게 웃음을 강요한다. 그리고 우리는 고달픈 삶을 달래기 위해 웃음의 대가로 기꺼이 돈을 지불한다. 조선시대 지식인도 마찬가지였다. 그들 역시 지친 삶을 달래줄 웃음에 늘 목말라했고, 그들의 웃음은 그들이 남긴 문학작품 속에 다양한 형태로 남아 있다. 그중에서도 연암 박지원은 대표적이라 할 것이다. 그는 명실상부한 조선 최고의 문학가로서 그가 끼친 영향은 형언키 어려울 지경이다.

『열하일기』, 세상을 흔들다

내가 일찍이 연암을 따라 박남수朴南壽, 1758~1787의 벽오동정관碧梧桐亭館에

熱河日記
篇次目錄
渡江錄
馹汛隨筆
漠北行程錄
傾蓋錄
審勢編
黃教問答
孔作倫布
幻戲

盛京襍識
關內程史
太學留館錄
忘羊錄
鵠汀筆談
班禪始末
山莊襍記
避暑錄

『열하일기』 필사본, 규장각 소장.
북학의 시대 19세기에 가장 영향력 있는 책이었다.

모였는데 이덕무, 박제가도 모두 자리에 있었다. 그날 밤 달이 밝았는데 연암은 느릿한 소리로 그가 지은 『열하일기熱河日記』를 읽었다. 이덕무와 박제가가 둘러앉아 듣고 있었다. 박남수가 연암에게 말했다. "선생의 문장이 뛰어나기는 하지만 소설 나부랭이에 불과합니다. 이제부터 순수한 고문古文은 사라져버릴 것입니다." 연암이 취하여 말했다. "네가 뭘 안다고 그러느냐?" 그리고는 다시 전처럼 읽어내려갔다. 그때 박남수도 취한 상태라 자리 옆에 있던 촛불을 가져다가 그 원고를 불태우려 하였다. 내가 급히 말려서 그만두게 되었다. 연암은 화가 나서 몸을 돌려서 드러눕더니 일어나지 않았다. 그러자 이덕무는 거미 그림 한 폭을 그렸고, 박제가는 병풍에다 초서로 「음중팔선가」를 써내려갔다. 종이가 곧 떨어지려 할 무렵 나는 그림과 글씨가 모두 절묘하니 연암께서 발문을 하나 쓰면 삼절三絶이 되겠다

49

박지원 초상화, 실학박물관 소장.
연암의 손자 박주수(朴珠壽)가 그렸다.

고 말했다. 그 마음을 풀어주려고 그랬던 것인데, 연암은 더 화가 나서 일어나지 않았다. 새벽이 밝아오자 연암은 술에서 깨어나 복장을 정리하고 바로 앉더니 말했다. "산여山如, 박남수의 자는 앞으로 오거라. 내가 세상에서 오랫동안 곤궁하게 지내다보니, 문장의 힘을 빌려 내 뜻대로 하지 못하는 불만을 한번 쏟아버리고 싶었다. 맘놓고 장난 한번 쳐본 것이지 어찌 좋아서 그랬겠느냐? 산여와 원평元平, 남공철의 자은 모두 나이도 젊고 자질도 뛰어나니 문장을 공부할 때 나를 배우지 말고 바른 학문을 진흥시키는 것을 자신들의 책임으로 여겨라. 그러면 훗날 임금을 보필하는 신하가 될 것이다. 나는 당연히 그대들을 위해 벌주를 마실 것이다." 그러고는 다시 술잔을 가져다가 마셨다. 이덕무와 박제가에게도 권하여 마침내 크게 취하고 즐겁게 놀았다.

남공철이 지은 「박산여묘지명朴山如墓誌銘」에 실린 기록이다. 어느 날 박남수의 집에 여러 사람이 모였다. 하룻밤 즐겁게 파티를 벌이기로 한 것이다. 연암을 비롯하여 이덕무, 박제가, 남공철 등 쟁쟁한 문사들이 모였다. 그런데 문제는 술에 취한 박남수가 연암의 불후의 명저 『열하일기』를 불에 태우려 한 것이었다. 박남수는 『열하일기』가 대단히 좋기는 하지만, 소설 나부랭이에 불과하다며 폄하했다. 선비가 써야 하는 글은 이런 글이 아니라 순정한 고문인데 이런 글을 우리가 배워 뭐하겠느냐는 것이었다. 이미 『열하일기』의 유행으로 고문이 설 자리를 잃어버릴 지경이 되었는데, 이런 글들은 아무 쓸모가 없다는 불만의 표출이었다. 박남수의 이런 말은 단순히 한 사람의 의견이 아니었다. 그것은 이미 상당한 사람들이 『열하일기』의 문체를 문제삼고 있었다는 것을 암시한다. 연암은 화가 났지만, 참고 해명을 한다. 불공평한 세상, 내 맘대로 뭘 할 수도 없는 세상, 힘없는 내가 할 수 있는 게 무엇이 있겠느냐? 그저 문장의 힘을 빌려 나의 이 답답한 심사를 쏟아냈을 뿐이다. 그냥 한번 웃자는 것이다. 뭐 내가 본래부터 이런 걸 좋아해서 썼겠느냐? 하지만 너희들은 젊고 재능도 있으니, 나를 배우지 말고 순정한 고문을 익혀서 임금을 잘 모시도록 해라. 이것이 연암의 해명이었다. 하지만 정조는 끝내 『열하일기』를 문제삼았다. 정조는 당대 선비들의 문체가 예스럽지 못한 것을 두고, 그 책임을 연암에게 물었다.

요즘 문풍文風이 이러한 것은 박 아무개의 허물이다. 『열하일기』는 나도 읽어보았으니 어찌 감히 속이고 숨기겠느냐? 『열하일기』가 세상에 유행한 뒤로 문체가 이와 같으니 당연히 결자해지하여야 한다. 빨리 순정한 글 한 편을 지어 올려 『열하일기』의 죄를 속죄한다면 용서하겠지만, 그러지 않으면 무거운 벌을 내릴 것이다.

『열하일기』의 위력이 얼마나 대단했는지 알 수 있는 대목이다. 이 책 한 권이 세상이 유통되자 세상의 문체가 달라질 정도였으니 말이다. 그렇다면 연암의 문체는 무엇이 문제였을까? 그중 하나는 다름아닌 해학이었다. 이전의 고문들은 근엄한 글자만을 사용하여 엄숙하고 건조한 문체였던 데 반해, 연암의 문체에는 해학과 유머가 넘쳤다. 한마디로 재미있는 책이었다. 그 재미가 문제가 되었다. 요즘으로 치자면 당연히 본말이 전도된 이야기일 뿐이다. 아무튼 연암은 정조의 명에 따라 글을 지어 올렸는데『과농소초課農小抄』가 그것이었다. 글마저 맘대로 쓸 수 없던 시대에 살았던 것이다.

초 정 , 돈 좀 꿔 주 게 나

연암의 해학은 그의 작품 곳곳에서 나타난다. 조선 후기 개혁사상가이자 시인인 초정 박제가와 주고받은 편지글 한 편은 그중에서도 손꼽을 만하다. 어느 날 연암이 초정에게 편지를 썼다. 그런데 편지를 읽다보면 가슴 깊은 곳에서 울려나오는 슬픔과 함께 웃음이 절로 묻어나온다. 먼저 연암이 박제가에게 보낸 편지다.

공자가 진채陳蔡 지역에서 큰 곤경에 처했던 것은 자신의 정치적 이상을 실현하려다가 그렇게 된 것이 아니었고, 내가 감히 누항陋巷에서 생활하던 안회顔回의 삶을 따라해보고자 했던 것은 그가 즐거워했던 것이 무슨 일이었는지 알아보고자 함이었네. 그렇다면 내가 이렇게 오랫동안 무릎을 굽히지 않은 것이 어찌 좋은 관리가 되는 것만 못한 일이겠는가? 정말 부탁하고 부탁하네. 많을수록 좋다네. 여기 술병도 보내네. 가득히 보내주시는 게 어떠한가?

사실 이 편지는 연암이 자신의 어려운 처지를 박제가에게 알리며 돈 좀 꿔달라는 이야기다. 그런데 선비 입장에 어찌 돈 이야기를 입에 담을 수 있겠는가? 그래서 연암은 말을 돌려 공자를 들먹인다.

공자는 제자들과 함께 자신의 정치적 이론을 실천하기 위해 여러 곳을 여행한 적이 있었다. 그러다가 한 번은 진陳, 채蔡라는 지역에서 심한 곤경에 처하게 되었다. 그런데 그것은 공자 자신의 정치적 이상을 실현하기 위해 무슨 일을 하다가 그런 것이 아니라, 식량이 떨어졌기 때문이다. 천하의 공자였지만 먹을 것 때문에 곤경에 처했던 것이다. 또 공자의 제자 중에서 최고의 인물로 꼽히던 안회는 빈민들이 사는 곳에서 어렵게 생활했다. 공자는 그가 물 한 그릇에 주먹밥 하나로 생활을 하면서도 그 속의 즐거움을 알고 있다면서 칭찬했다. 도대체 무슨 즐거운 일이 있다고 그런 생활을 즐겼단 말인가? 연암은 그게 궁금했다는 말이다. 천하의 공자라도 식량이 떨어질 때가 있으며, 또 내가 이렇게 어렵게 생활하는 것은 안회처럼 물 한 그릇에 주먹밥 하나를 먹고 생활한다면 무슨 즐거움이 있는지 알아보고자 했다는 것이다. 가난이 무슨 죄란 말인가? 연암 자신이 그런 생활을 하고 지내는 것도 훌륭한 관리가 되어 백성들을 잘 다스리는 것만큼이나 가치 있는 삶이란 의미가 된다. 꼭 취직해서 많은 돈을 벌어야만 잘 사는 것인가? 그런 삶을 살기 위해 꼭 남에게 무릎을 굽혀야만 하는 것인가? 연암 자신의 삶에 대한 변명을 늘어놓고 있다.

그런데 문제는 연암 자신에게도 비슷한 곤경이 닥친 것이다. 쌀이 떨어졌다. 집안 식구들이 모두 굶게 생겼다. "여보게 초정, 부탁 좀 하세. 우리집에 쌀이 떨어졌네. 모두 굶어죽을 지경일세, 제발 부탁하네. 좀 도와주시게! 많을수록 좋다네." 하지만 어떻게 그런 부탁을 직접 할 수 있겠는가? 할 수 없이 공자와 안회의 일을 끌어들여 자신의 상황을 설명했다. 공자나 안회와 같은 인물도 모두 그런 곤경에 처한 일이 있는데, 공자는 그 위기를 제자들의 도움으로 무사히 넘겼고, 또한 안회는 그런 생활을 지겹다 여기지 않고 오히려 즐기지 않았던가? 그런데 편지에 그런 내용만 써서 보내기엔 자존심이 허락하지 않았던지, 한마디 더 써넣었다. "여보게, 술병도 하나 보내네. 술도 한 병 가득 보내주시게." 세상에 집안사람이 모두 굶고 있는 마당에 웬 술타령이란 말인가? 연암이 알코올중독자라도 된단 말인가? 물론 천만의 말씀이다. 술 이야기를 통해 부탁하고 있는 자신의 입장과 부탁을 받는 초정의 난처한 입장을 묘하게 중화하고 있는 것이다. 술 이야기가 없었다면, 자칫 딱딱한 부탁으로 끝나고 말았을 이야기를 아주 매끄럽게 끝맺고 있는 것이다. 여기에서 그의 해학의 단면을 엿볼 수 있다.

그럼 이런 부탁을 받은 박제가는 어떻게 했을까? 당연히 연암에게 답장을 보냈다.

열흘이나 계속되는 장마 속에 밥을 싸들고 찾아가는 친구가 되지 못한 것이 부끄럽습니다. 十日霖雨, 愧非裹飯之朋
편지를 전달하는 종놈 편에 돈 200전을 부쳐드립니다. 二百孔方, 爰付傳書之僕
병 속에 좋은 술은 없습니다. 壺中從事烏有
세상에 양주학揚州鶴이 있겠습니까? 世間揚州鶴無

세 상 에 양 주 학 은 없 습 니 다

사실 연암의 편지는 『논어』 『맹자』 『사기』 등의 책에서 구절을 인용하여 문장을 만들었다. 그런 편지를 받고 쓴 박제가의 편지 역시 마찬가지다. 박제가는 먼저 『장자』 내편內篇 「대종사大宗師」에 실린 고사를 인용하고 있다. 자여子輿와 자상子桑은 친구 사이였다. 열흘이나 장맛비가 계속되자, 자여는 "자상이 병들었겠구나!"라고 하면서 밥을 싸들고 찾아가 그에게 밥을 먹이려고 했다. 자상의 집 문 앞에 이르자 거문고를 뜯으면서 노래를 부르는 듯 통곡하는 소리가 들렸다. "아버지! 어머니! 하늘이시여! 사람들이여!" 자여가 안으로 들어가 말했다. "자네 노래가 어찌 그 모양인가?" 자상이 말했다. "나를 이 지경에 이르게 한 사람을 생각해봐도 모르겠더군. 부모가 어찌 나를 가난하게 만들려고 했겠는가? 하늘도 땅도 만물에 대해 사심이 없는데, 어찌 하늘과 땅이 나를 가난하게 했겠는가? 나를 가난하게 만든 사람을 찾으려 했는데 찾을 수 없었네. 그러니 이렇게 곤궁한 지경에 이른 것은 운명이겠지!" 누구를 원망하랴! 모두가 내 탓인 것을. 초정은 이 고사를 인용하면서 연암의 곤궁한 처지를 미리 헤아리지 못한 자신을 책망하고 있다. 자여처럼 친구의 어려운 처지를 미리 헤아려 밥을 싸들고 찾아갈 수 있는 친구가 되지 못한 것이 부끄럽다는 말이다. 그리고는 편지를 전하는 종놈에게 돈 200전을 들려 보냈다. 얼마 되지는 않지만 우선 이 돈으로 쌀을 사서 허기나 채우시지요. 그러나 초정 역시 여기서 편지를 끝맺지는 않았다. 이대로 편지를 마친다면 도움을 받는 연암의 자존심은 어떻게 되겠는가? 그래서 한마디 더한다. "하지만 술은 없습니다. 세상에 양주학이 있겠습니까?" 무슨 말일까?

『세설신어世說新語』란 책에는 이런 이야기가 실려 있다. "환공桓公에게는 술을 잘 감별하는 사람이 있었다. 술이 있으면 먼저 맛을 보고 좋은 술에 대해서는 '청주종사靑州從事'라 하고, 나쁜 술에 대해서는 '평원독우平原督郵'라 했다. 청주에는 제군齊郡이 있고, 평원에는 격현鬲縣이 있었는데, 종사라고 한 것은 술이 배꼽(臍)까지 잘 내려가고, 독우라 한 것은 술이 잘 내려가지 않아 가슴(膈) 위에서 딱 멈추기 때문이었다." 따라서 종사는 좋은 술을 가리키는 말이 된 것이다. 결국 연암이 좋은 술도 함께 보내달라고 술병을 보내왔지만, 술은 보내지 못한다는 말이다. 왜 그럴까? 다음에 나오는 양주학이라는 말이 그것을 설명하고 있다.

옛날에 네 사람이 함께 앉아 자신의 소원을 이야기하고 있었다. 한 사람이 말했다. "나는 양주자사揚州刺史가 되고 싶네." 또 한 사람이 말했다. "나는 허리춤에 1만 관貫을 차고 다니는 부자가 되고 싶네." 다른 한 사람은 이렇게 말했다. "나는 학鶴을 타고 다니는 신선이 되고 싶네." 그러자 나머지 한 사람이 이렇게 말했다. "나는 허리춤에 1만 관의 돈을 차고, 학을 타고서 양주 하늘을 날고 싶네." 양주자사가 되는 것도 어려운 일이고, 부자가 되는 것도 쉬운 일이 아니다. 그리고 학을 타고 하늘을 나는 일은 더더욱 실현하기 어려운 일이다. 인간의 욕망 중에서 정치적 힘을 상징하는 관官, 경제적 능력을 나타내는 부富, 그리고 장수를 의미하는 선仙은 겸하기가 어려운 법이다. 그렇기 때문에 인간은 이런 욕망을 더욱 갈구하는지도 모른다. 양주학은 바로 인간의 그런 욕망을 나타낸다. 세상에 어찌 양주학이 있을 수 있단 말인가? 돈 200전을 마련하는 것도 내게는 힘에 부치는 일인데, 어찌 술까지 보낼 수 있겠습니까? 미안하지만 술은 보낼 수 없습니다. 빈 병으로 돌려보냅니다. 하지만 사실 이 말은 연암의 입장을 생각한 초정의 깊은 배려라고 생각된다. 그리고 빈 술병을 받은 연암은 초정의 우정을 마음 깊이 새겼을 것이다. 그 빈 술병 속에는 연암의 자존심과 초정의 우정이 가득했을 것이기 때문이다.

　연암 박지원, 그는 조선 후기를 대표하는 문호다. 그리고 연암산방燕巖山房은 바로 그의 문학의 산실이다. 그의 서재는 산골짜기 연암골에 있었지만, 그곳은 그의 일생을 지배한 마음의 고향이었다. 그곳엔 연암의 해학과 유머가 가득했고, 이는 그의 작품 속에 고스란히 녹아들었다. 그는 19세기를 북학과 연행의 시대로 이끈 선구자였지만 그의 삶은 그리 평탄치만은 않았다. 그런 속에서 그의 문학은 탄생했다. 그의 문학에 담긴 해학과 유머가 우리에게 위안을 주는 것도 그 때문일 것이다. 힘들고 어려울수록 웃음이 필요한 것도 같은 이유일 것이다. 연암산방 이야기를 하면서 자꾸만 양주학이 떠오르는 것은 무슨 까닭일까?

유금의 기하실:

음악이 있는
과학자의 서재

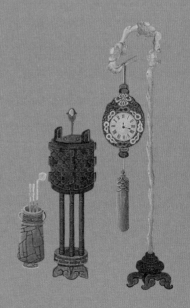

우리는 옛사람의 삶에 대해 오해하는 경우가 종종 있다. 때론 그들의 지적 수준이 떨어질 거라 생각하기도 하고, 때론 그들이 앞뒤가 꽉 막힌 답답한 사람들이었을 거라 생각한다. 그들의 삶이 지금 우리의 모습과는 전혀 달랐을 거라는 막연한 추측도 그런 오해에 한몫할 것이다. 이렇게 빚어진 오해 중의 하나가 선비들은 대부분 도덕군자가 되기 위해 성리학만을 공부했을 거란 생각이다. 물론 옛 선비들의 취직이란 게 관직을 통해야만 가능한 일이었고, 관직은 대부분 과거시험을 거쳐야만 나아갈 수 있었으며, 과거시험이란 게 요즘으로 치면 작문作文의 수준과 경학經學의 이해 정도를 물었던 것이므로 그렇게 생각하는 것도 무리는 아니다. 하지만 옛 선비들에게도 전공이란 게 있었다. 경학이나 시문을 공부하여 문과에 합격하는 게 선비들 대부분이 꿈꾸던 일이지만, 장군의 길을 가기 위해서는 무과에 응시하고, 통역관이 되기 위해서는 역과에 응시했다. 이밖에도 천문학, 의학, 법학 등 다양한 분야의 전문 시험들이 있었다. 다만 문과를 통해 관계에 진출해야 고위직에 나아갈 수 있었기 때문에 대부분의 양반은 문과를 등용문으로 삼았던 것이다. 그러나 과거를 치르기 위해

하는 공부와 학자가 되기 위한 공부는 그 길이 달랐다. 과거에 급제하고 난 다음에도 각 분야에서 뛰어난 업적을 남긴 경우도 많았지만, 상당수의 학자들은 과거를 포기한 채 학문에만 매달렸다. 그들 중에는 경학을 연구하는 학자도 있었고, 농학이나 천문학을 깊이 공부하는 학자들도 있었다. 각기 자신이 관심을 가지고 있던 분야에 몰두했던 것이다. 따라서 그들의 서재는 당연히 보통 선비들의 서재와는 달랐다. 서가에 놓은 서적의 종류가 달랐고, 서재 이름마저도 달랐다. 그런 선비 중 한 명이 유금이란 인물이다. 그는 평생 관직에 나아가지 않고 학문과 예술을 즐기며 살았다.

중국에 조선을 알리다

유금柳琴, 1741~1788의 본래 이름은 유련柳璉이다. 자는 연옥連玉 또는 탄소彈素이며 호는 기하실幾何室이다. 조선 후기 대표적인 학자 중 한 사람인 유득공의 숙부이기도 하다. 박지원, 홍대용, 박제가, 이덕무, 이서구, 서호수 등과 교유했다. 이를 보면 그가 조선 후기 북학파의 일원임을 알 수 있다. 또 서호수의 두 아들 서유본, 서유구의 가정교사를 지내기도 했다. 그는 거문고를 좋아하여 자를 탄소라 하고, 유금으로 개명했다. '탄소'는 '탄소금彈素琴'의 준말로 '소금素琴을 연주한다'는 의미다. 이것은 중국 진나라 도연명의 고사와 관련이 있다. 도연명은 음악을 잘 몰랐지만 소금 하나를 가지고 있었는데 줄이 없었다고 한다. 그는 술이 거나하게 오르면 그 소금을 꺼내 어루만지며 자신의 마음을 표현했다. 그러면서 도연명은 이렇게 말했다고 한다. "거문고의 흥취만 알면 그만이지, 줄에서 나는 소리를 들을 필요가 있겠는가?" 도연명의 고사에서 알 수 있듯이 소금은 이처럼

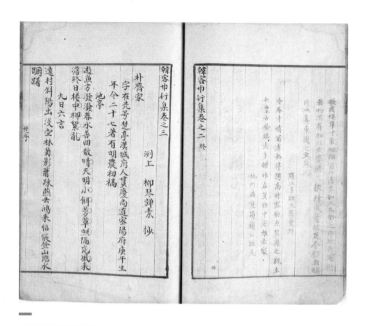

『한객건연집』 필사본, 수경실 소장. 유금이 편집했다.

유명무실한 거문고였다. 이런 거문고를 어루만지며 연주하는 것처럼 흉내를 내는 것은 일종의 아취였던 것이다. 유금이 자신의 호를 탄소라 한 것 역시 도연명의 아취를 따르고 싶었기 때문일 것이다. 유금은 실제로도 음악을 잘 알고 거문고 연주도 잘했다고 한다. 뿐만 아니라 전각篆刻을 비롯하여 수학, 천문학, 율력에도 재능을 발휘했다. 그러나 유금의 위상을 가장 드높인 것은『한객건연집韓客巾衍集』이었다.

조선 후기 문화사, 학술사에서 가장 의미 있는 사건 하나만 들라면, 나는 서슴지 않고『한객건연집』의 편찬과 이를 둘러싼 조선과 청나라 문인들의 교유를 꼽는다. 사실 조선은 명나라가 멸망한 후에도 대명의리론, 즉 임진왜란 때 군대를 파병하여 조선을 구원해준 명나라에 대한 의리를 지켜야 한다는 논리를 내세우며 청조와의 교류에 이중적 태도를 취하고 있었다. 그랬던 조선의 입장에서는 청조 문물의 수입이 쉽지 않은 문제였다. 하지만 해마다 연행 사절단이 왕래하면서, 연행을 통한 청조 문사들과의 교유는 하나의 풍조로 자리잡아갔다. 특히 홍대용이 연행에서 엄성, 반정균, 육비와 교유한 일은 조선의 문사들에게 큰 영향을 끼치게 된다. 사후까지 이어진 그들의 우정은 조선 문인들의 부러움을 샀고, 청조 문인들에 대한 인식을 새롭게 하는 데 큰 역할을 했다. 미개한 오랑캐로만 알았던 청나라가 문치의 깃발을 내걸고 서적의 편찬과 출판을 통해 이미 새로운 문화국가로 탄생했다는 것을 알게 된 것이었다. 청나라의 존재를 인정해야 한다는 생각들이 고개를 들기 시작했다. 유금이 연행에『한객건연집』을 휴대한 사건은 당시의 그런 분위기를 잘 전해주고 있다.

유금은 1776년 사은부사謝恩副使 서호수를 따라 연경에 갔다. 이때 『한객건연집』을 가지고 갔는데, 연경에서 청나라의 문인 이조원李調元. 1734~1803과 반정균을 만나 그들의 서문과 비평을 받아 귀국하게 된다. 이때부터『한객건연집』은 조·청 문인 교유의 결정적인 모델로 자리잡게 된다.『한객건연집』은 네 사람이 죽은 후에도 수많은 문인들의 애독서가 되었고, 네 사람의 고사는 조선 문인들의 꿈이 되었다. 누구나 자신의 시를 중국 문사들에게 보이고 비평을 받고 싶어했다. 이들의 고사를 모방하여 청조 문사들에게 자신들의 시에 대한 비평을 요구하기도 하고, 시선집詩選集을 만들어 비평을 부탁하기도 하는 풍조가 유행하게 된 것이다. 유금은 바로 이런 조·청 문인들의 교유 모델을 만든 주인공이었다.

인장을 새겨 후대에 전하리

—

유금은 인장을 새기는 일도 잘했다. 연암 박지원과도 친하게 지내는 사이였는데, 그는 자신이 수집한 고금의 인장을 모아 인보印譜를 만들고 박지원에게 서문을 부탁했다. 박지원의 「유씨도서보서柳氏圖書譜序」는 바로 유금의 부탁으로 쓴 글이다.

연옥은 인장을 잘 새긴다. 그는 돌을 손에 쥐고 무릎으로 받친 다음 어깨를 비스듬히 하고 턱을 늘어뜨린 채 눈을 껌벅이며 입으로는 돌가루를 분다. 누에가 뽕잎을 갉아먹듯이 먹선을 따라 파들어가는데 실처럼 끊어지지 않는다. 입술을 오므리고 칼을 밀고 나가다가 눈썹에 힘을 준다. 한참을 그렇게 하다가 허리를 손으로 받치고 하늘을 바라보며 긴 숨을 내쉰다. 이덕무가 잠깐 들렀다가 그 모습을 보며 위로했다.

"자네는 그 단단한 돌멩이를 다듬어 무엇을 하려는가?"

연옥이 대답했다.

"세상의 모든 물건에는 그 주인이 있게 마련이고, 주인이 있으면 이를 증명할 신표가 있어야 한다네. 그래서 열 집밖에 되지 않는 작은 고을의 수령이나 백 명밖에 안 되는 군졸을 통솔하는 백부장百夫長까지도 자신의 지위를 입증하는 신표를 가졌던 거라네. 주인이 없으면 흩어져버리고, 신표가 없으면 어지러워지기 때문이지. 내가 무늬 있는 좋은 돌을 구했는데, 돌의 결이 반질반질하고 크기가 사방 한 치인데 옥처럼 빛이 나더군. 손잡이 꼭지에 쭈그리고 앉아 새끼에게 젖을 물리며 사납게 으르렁대는 사자를 새겨놓으면, 내 서재를 지켜주고 그 안에 있는 문방사우를 보호할 것이네. '아조헌원씨유명련我祖軒轅氏柳名璉'이라는 여덟 글자를 아름답고 우아하게 종정문鐘鼎文, 석고문石鼓文, 조전鳥篆, 운전雲篆의 서체로 새긴 다음 서책에 찍어 내 자손들에게 물려주면 흩어지거나 없어질 염려 없이 수백 권이라도 다 보전될 걸세."

이덕무가 웃으며 말했다.

"자네는 화씨의 구슬을 어떻게 생각하는가?"

"천하의 지극한 보물이지."

"그렇지. 옛날 진시황이 6국을 통일한 뒤에 그 옥돌을 깨뜨려 옥새를 만들었지. 위에는 푸른 용을 새기고 옆에는 움츠린 붉은 용을 새겨 이것을 천자天子의 신표이자 온 세상을 통일시킨 상징물로 삼았지. 또 몽염蒙恬에게는 만리장성을 쌓아 이를 지키게 하였지. 이 어찌 '2세, 3세로부터 만세萬世에 이르기까지 영원히 전하라'는 의미가 아니겠는가?"

연옥이 고개를 숙이고 아무 말 없이 앉아 있다가 어린 아들을 무릎에서 밀쳐 내려놓으며 말했다.

"어찌 네 아비의 머리를 희게 만드느냐?"

하루는 그가 전에 수집했던 고금의 인본印本을 모아 한 권의 책으로 만들고는 내게 서문을 부탁했다. 공자께서는 '나는 그래도 예전에 사관史官이 의심 나는 내용은 기록하지 않는 것을 보았는데, 지금은 그렇지 않다'고 했는데, 이는 당시의 세태를 마음 아파한 것이다. 여기에 함께 적어 책을 빌려주지 않는 사람에 대한 깊은 경계로 삼는다.

유금의 본래 이름은 '련璉'인데, 이 글자를 파자破字하면 '연옥連玉'이 된다. '연옥'은 '구슬이 이어져 있다'는 말인데, 옛날의 인장은 옥으로 만들었기 때문에 인장을 의미하기도 한다. 따라서 인장 새기기를 좋아했던 유금은 연옥을 자신의 자로 삼았던 것이다. 어느 날 열심히 인장을 새기던 유금에게 이덕무가 찾아왔다. 이덕무는 힘들게 인장을 새기던 유금에게 인장을 새기는 목적이 무어냐고 물었다. 유금은 세상의 모든 물건에는 주인이 있게 마련이고, 그 주인을 표시하는 방법으로 인장의 필요성을 설파했다. 유금은 마침 인장 새기기 좋은 돌을 구해 자신의 이름을 새기던 중이었다. 유금은 그 인장에 '아조헌원씨유명련'이라 새긴 다음, 자신이 가지고 있던 책에다 장서인으로 찍을 요량이었다. 그렇게 책에다 자신의 인장을 찍어 후손들에게 전해주면 잃어버리거나 사라질 염려가 없을 거라는 얘기였다. 그러자 이덕무는 진시황의 이야기를 전해준다. 천하를 통일한 진시황이 화려한 옥새를 만들고, 만리장성을 쌓아 나라를 지키려고 했지만, 결국은 얼마 가지 않아 망해버리지 않았느냐는 것이다. 결국 인장이 있다고 보전되고, 없다고 보전되지 않고 하는 문제가 아니라는 이야기다.

　이덕무의 이야기를 통해 유금의 이야기를 하던 박지원은 갑자기 책을 읽지도 않으면서 인장만 찍어두고, 정작 필요한 사람에게는 빌려주지 않는 세태를 비판하고 나선다. 공자가 자기 당대의 풍조를 비판했듯이, 박지원 또한 당시의 시대 풍조를 비판한 것이다. 박지원이 말한 공자의 이야기는 『논어』「위령공衛靈公」편에 보인다. 그런데 사실 박지원은 그다음에 나오는 구절을 생략했다. 그 다음 구절은 '有馬者, 借人乘之'이다. "말을 가지고 있는 사람이 다른 사람에게 빌려주어 타게 한다"는 의미다. 옛날에는 말을 가지고 있어도 그 말을 제대로 길들일 능력이 없으면, 말을 잘 길들이는 사람에게 빌려주어 자신의 말을 길들였다는 것이다. 박지원은 여기서 '말' 대신에 '책'을 대입하여 이야기했다. 책을 가지고 있어도 그 책을 제대로 볼 능력이 없으면, 책을 볼 줄 아는 사람에게 빌려주어 그 의미를 제대로 이해해야 하지 않겠느냐는 뜻이다. 책에 자신의 소유권을 표시하는 인장만 찍어두고 읽지도 않으면서 남에게 빌려주지도 않는다면 무슨 필요가 있겠는가. 당시 청나라에서 신간 서적이 수없이 들어왔지만, 제대로 읽지도 않고 서가에 쌓아두고서 빌려주지도 않는 사람들이 많았던 모양이었다. 박지원은 바로 그런 시대적 풍조를 비판했다. 하지만 정작 본인이 하고 싶던 그 말을 자신의 글에서는 쏙 빼놓았다. 아무튼 유금은 인장 새기기를 좋아했고, 다른 사람들이 새긴 고금의 인본을 모아 책으로 엮었지만, 지금은 전하지 않는다. 뿐만 아니라, 그의 장서인이 찍힌 책도 전하는 게 없다. 진시황의 진나라만 일찍 망한 게 아니라, 유금의 장서 역시 일찍이 사라진 모양이다. 박지원의 시샘 때문이었을까?

내 전공은 수학이오

—

그런데 사실 유금의 특기는 천문학, 역산曆算, 수학 등에 있었다. 서유구가 지은 「기하실기幾何室記」를 보자.

나는 일찍부터 탄소 유금과 친구로 지냈다. 그는 사람됨이 정밀靜密한 것만을 좋아했다. 무언가를 배우다가 제대로 알지 못하면 배우기를 그만두지 않았고, 생각하다가 깨닫지 못하면 생각을 그만두지 않았다. 정밀하게 연구하고 세밀하게 살피는 사람이었다. 내가 종남산終南山 기슭에 있는 그의 집을 들렀다가 그 집의 편액을 살펴보니 '기하실幾何室'이었다. 방에 들어가 그 사람에게 싫은 소리 한마디를 했다.
"그대는 듣지도 못했나? 육예六藝는 도道의 끄트머리이고, 수학은 육예 중에서도 끄트머리일세. 자네가 공부하고 있는 게 이렇게 별 볼 일 없는 것이라네."

유금이 만든 아스트롤라베. 실학박물관 소장.   아스트롤라베에 새긴 유금의 인장 '유씨금(柳氏琴)'

그러나 그의 얼굴빛을 살펴보니 부끄러워하는 기색이 없었다. 좌우에 있는 것이 모두 천문과 역수에 관한 책이었는데, 즐거워하는 게 마치 모든 것을 깨달은 사람처럼 보였다. 아마 그의 성품이 본래 그렇기 때문일 것이다. 나는 그런 그의 태도를 보고 사과하며 말했다.

"자네는 명성을 얻고자 자신의 성품을 바꾸는 사람이 아니었네. 온 세상 사람들이 큰 것에만 매달릴 때 그대는 홀로 작은 것을 부끄럽게 여기지 않으니 '혼자 우뚝 서 있는 사람'이라 할 만하네."

이미 탄소는 나를 지기知己로 여겼으므로 내게 서재의 기문을 지어달라 부탁했다. 내가 이렇게 말했다.

"그렇군. 자네는 타고난 성품대로 사는 사람이지, 이름을 얻으려 쫓아다니는 사람이 아니기 때문에 비록 얼굴을 보지 않은 사람이라도 자네의 학문을 들으면 자네를 잘 알 수 있을 걸세. 하물며 나와는 아주 오랫동안 친구로 지냈는데 어찌 침묵할 수 있겠나."

마침내 글을 써서 주었다.

유금은 수학과 역수에 관심이 많았다. 그래서 자신의 서재에 '기하실'

이란 이름을 붙였던 것이다. 본래 '기하幾何'라는 말은 『기하원본幾何原本』이라는 책에서 처음 사용되었다. 이 책은 마테오 리치가 유클리드의 『기하학원론』 전반부를 구술하고 서광계徐光啓가 한문으로 기록하여 만들었는데, 수학과 역산학曆算學, 책력과 산술에 관한 학문에 관심이 많았던 유금은 여기서 '기하'라는 글자를 가져다 자신의 서재 이름으로 삼았던 것이다. 당시 대부분의 선비들은 성리학 이외의 학문을 연구하는 것을 달갑게 여기지 않았다. 서유구 역시 뛰어난 학자였지만, 그런 사회적 분위기를 잘 알고 있었기에 유금을 떠보기 위해 일부러 유금에게 싫은 소리를 했던 것이다. 그러나 유금은 당당했다. 유금은 진정으로 자신이 연구하는 학문에 대해 자신감과 자긍심이 있었던 것이다. 남들이 뭐라 하든지 신경쓰지 않겠다, 내가 연구하는 것이 세상을 경영하는 큰 학문은 아니지만, 나는 나대로 나의 학문이 쓸모가 있다고 생각한다, 이것이 유금의 생각이었다. 결국 서유구는 그의 진지한 학문적 태도에 감복한 나머지 자신의 발언을 사과할 수밖에 없었다. 하지만 안타깝게도 유금의 학문적 업적을 확인할 만한 자료는 전하지 않는다.

그런데 '아스트롤라베'라는 휴대용 별시계가 77년 만에 고국에 돌아왔다는 신문 기사를 접했다(동아일보 2007년 12월 7일자). 과학사를 연구하는 전상운 선생이 일제강점기에 일본인이 가져갔던 아스트롤라베를 구입하여 다시 한국으로 가져온 것이었다. 아스트롤라베는 별의 위치와 시간, 경도와 위도를 관측하는 휴대용 천문기구인데, 조선 전기에 제작된 혼천의가 고정용 천문관측기구라면 아스트롤라베는 휴대용 천문기구에 해당된다. 주로 아라비아에서 제작되었는데, 동아시아에서 제작된 것으로는 처음이라고 한다. 하지만 신문기사에는 이 아스트롤라베를 만든 사람이 누구인지는 밝혀놓지 않았다. 만든 사람이 누구인지 나타나 있지 않기 때문에 알 수가 없었던 것이다. 나는 그 기사를 쓴 기자와 평소 친분이 있던 터라 연락을 하여 사진을 얻어 볼 수 있었다. 사진을 받아 검토하던 중 놀라운 사실을 발견했다. 아스트롤라베 손잡이 부분에는 '乾隆丁未爲約菴尹先生製'라는 글자가 새겨져 있었다. '1787년 약암 윤선생을 위해서 만들다'라는 의미다. 그런데 그다음에는 글자 대신 네모진 인장이 하나 새겨져 있었다. 판독해보니 바로 '유씨금柳氏琴'이었다. 이해는 유금이 죽기 한 해 전인데 약암 윤선생이란 분을 위해 아스트롤라베를 만들었던 것이다. 서유구가 그토록 칭찬했던 그의 학문의 실체가 드러나는 순간이었다. 더욱이 그는 자신이 그토록 좋아했던 인장의 형태에 자신의 이름을 새겨두었다. 영원히 자신의 이름이 전해지기를 바라면서, 그리고 영원히 없어지지 않기를 바라면서 말이다.

유금은 다방면에서 뛰어난 재능을 보인 학자였다. 거문고에 조예가 깊은 음악가였고, 인장을 잘 새기던 전각가였다. 그리고 무엇보다 수학과 역산에 뛰어난 과학자였다. 그래서 나는 그의 서재 '기하실'을 '과학자 유금의 음악이 있는 서재'라 부르고 싶다. '기하실'은 음악과 예술을 사랑한 과학자의 서재였기 때문이다.

이덕무의 팔분당:

책 병풍,
책 이불

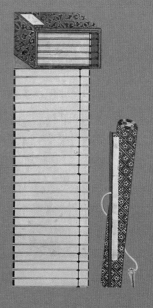

—

—

—

옛 선비들 중 책을 좋아한 인물이 한둘이 아니었지만, 이덕무李德懋, 1741
~1793처럼 책을 좋아하고, 책에 관한 일화를 많이 남긴 인물도 드물다. 『한
객건연집』이 청나라에 소개되면서 이덕무는 유득공, 박제가, 이서구 등
과 함께 사가시인四家詩人으로 이름을 날렸다. 이후 정조 임금에게 발탁되
어 규장각 검서관이 되었고, 정조시대 서적 편찬의 주역이 되었다. 특히
이덕무는 아주 많은 호를 지었고 서재 이름도 여러 가지를 사용했지만,
이 모든 게 책과 가난으로 이루어진 것이었다. 이덕무의 일생에서 책과
가난에 관한 이야기를 빼면 아마 할 이야기가 거의 없을 것이다. 그는 참
으로 책을 통해 태어나 책과 함께 살다 책 속으로 돌아간 사람이었다.

책 만 읽 는 바 보

—

이덕무는 어렸을 때부터 책에 대한 집착이 남달랐다. 책 한 권을 얻으
면 읽고 베끼느라 잠시도 놓는 법이 없었다. 그렇게 섭렵한 책이 수만 권

을 넘었고 베낀 책도 거의 수백 권이나 되었다. 여행할 때도 책을 휴대했고 종이, 벼루, 붓, 먹까지 싸가지고 다녔다. 주막에서 머무를 때나 배를 타고 여행할 때에도 책을 손에서 놓지 않았고, 기이한 말이나 특이한 이야기를 들으면 즉시 기록했다. 하지만 집이 가난하여 늘 남에게 책을 빌려다 보았다. 사람들은 소중히 보관하던 책이라도 이덕무가 빌려달라고 간청하면 반드시 빌려주며 말했다.

이덕무는 참으로 책을 좋아하는 사람이다. 이 사람의 눈을 거치지 않은 책을 어찌 책이라 하겠는가?

　어지간한 책은 이덕무의 눈에 들어오지도 않았기 때문에 이덕무가 그 책을 읽어준다는 사실만으로도 오히려 그 책이 영광스러워해야 한다는 말이다. 이 때문에 사람들은 좋은 책이 있으면 이덕무가 빌려달라고 하기도 전에 먼저 싸서 보내주곤 했다.
　이덕무는 가난했지만 독서에 대한 그의 열정은 아무도 막지 못했다. 겨울밤에 책을 읽다가 추워서 잠을 잘 수가 없자 『논어』는 바람이 들어오는 곳에 쌓아놓고, 『한서』는 나란히 잇대어 이불처럼 덮기도 했다. 이 이야기를 들은 친구가 말했다.

누가 형암炯菴, 이덕무의 호을 가난하다 했는가? 『논어』 병풍과 『한서』 이불은 비단으로 만든 장막과 화려하게 수놓은 이불에 못 미치지 않는데 말이다.

　『논어』를 병풍 삼고 『한서』를 이불 삼아 생활할 정도였으니 그의 삶이 얼마나 고단했는지는 미루어 짐작할 수 있다. 상상만 해도 측은할 뿐이다. 하지만 그는 이 모든 것을 즐거움으로 받아들였다. 그에겐 책이 인생의 전부였기 때문이었다. 그리고 그러한 독서 편력은 그를 조선 후기 최고의 저술가 중 한 명으로 만들었다. 그는 평생 자신이 보고 듣고 읽고 겪은 모든 것을 책으로 만들었다. 이 때문에 이덕무는 조롱을 받기도 했다. 책만 보았지 세상 물정을 몰랐기 때문이다. 그래서 어떤 사람은 그를 '간서치看書痴', 즉 '책만 보는 바보'라고 부르기도 했다. 이덕무가 지은 「간서치전看書痴傳」의 내용이다.

목멱산木覓山, 남산 아래 어떤 바보가 살았다. 말을 잘하지 못해 말하기를 좋아하지 않았고, 성품이 게으르고 졸렬하여 세상일을 알지 못했으며, 바둑이나 장기는 더욱 알지 못했다. 남들이 욕을 해도 따지지 않았고, 칭찬을 하여도 자랑스럽게 여기지 않았다. 오직 책을 보는 것만 즐거워하여 추운 줄도 더운 줄도 배가 고픈 줄도 몸이 아픈 줄도 전혀 알지 못했다. 어렸을 때부터 스물한 살이 될 때까지 손에서 하루라도 책을 놓은 날이 없었다. 그의 방은 매우 작았지만 동쪽, 남쪽, 서쪽에 창문이 있어 해가 동쪽에서 서쪽으로 가면 해가 가는 방향을 따라 밝은 곳에서 책을 보았다. 보지 못한 책을 보기만 하면 기뻐서 웃었으므로 집안사람들은 그가 웃는 것을 보고 그가 진기한 책을 구한 줄 알았다. 두보의 오언율시를 아주 좋아하여 아픈 사람처럼 끙끙대며 읊조리다가 심오한 뜻을 깨달으면 매우 기뻐하며 일어나 왔다갔다하였다. 그 소리가 마치 갈가마귀가 우는 것 같았는데, 어떤 때는 조용히 아무 소리 없이 눈을 크게 뜨고 뚫어지게 바라보기도 하고, 어떤 때는 잠꼬대하는 것처럼 중얼거리기도 했다. 사람들이 이런 그를 보고 간서치라 놀렸지만 기쁘게 받아들였다.

이덕무의 책에 대한 열정이 잘 드러난 글이다. 물론 간서치란 책에만 빠져 있던 그를 조롱하는 뜻으로 사람들이 붙인 별명이었다. 하지만 그는 아랑곳하지 않고 그 별명을 자신의 호로 삼았다. 오히려 이를 즐기며 글로 써두기까지 했던 것이다.

이렇게 힘든 시절, 이덕무의 인생에 변화가 생겼다. 규장각 검서관이 된 것이다. 어렵던 형편이 조금은 나아졌고, 무엇보다도 책을 마음대로 볼 수 있었다. 이후 검서관으로서 능력을 인정받게 된 이덕무는 정조로부터 큰 사랑을 받았다. 벼슬한 15년 동안 정조 임금이 하사한 물품은 서적, 의복, 식품, 채소, 과일, 곡식, 생선, 약재 등에 이르기까지 모두 139종이나 되었고, 하사받은 횟수로 치면 520여 번이나 되었다. 이를 기념하여 임금께 하사받은 물건을 기록한 『내사표內賜表』 1책을 따로 만들 정도였다. 이덕무는 정조 17년1793 1월 25일 본가에서 사망하였다. 정조는 그의 집안이 가난한 것을 알고 내탕전內帑錢 500냥을 하사하여 문집을 간행하는 비용으로 충당하게 하였다. 일개 검서관의 죽음이었지만 정조는 누구보다도 안타까워했다. 평소에 그를 아끼던 많은 사람도 자기 일처럼 나서서 도와주었다. 이렇게 간행된 이덕무의 문집이 『아정유고雅亭遺稿』다. 문집의 이름을 '아정雅亭'이란 한 데에는 사연이 있었다. 일찍이 정조는 신하들에게 「성시전도城市全圖」에 대한 시를 지어 올리게 하고 손수 평가했다. 〈성시전도〉란 한양의 전체 모습을 그림으로 그린 것이다. 이때 정조는 이덕무의 답안지에 '아雅'자를 써넣었다. 이덕무의 시가 우아하다는 평가였다. 이는 이덕무 일생에서 받은 최고의 극찬이었고, 그는 이를 기념하여 아정이란 호를 사용하게 되었다.

책 을 팔 아 밥 을 먹 다

—

이덕무는 자신의 호에 유달리 애착을 가졌다. 그 하나하나에 의미를 부여하고 언제나 마음속에 담아두었다. 일종의 좌우명과 같은 것이었다. 자신의 서재 이름도 자주 바꾸었다. 그리고 그는 이런 내용을 기록으로 남겨두었다. 이덕무가 지은 「기호記號」의 내용이다.

삼호거사三湖居士는 젊은 나이에 호방한 기개가 있었다. 장중하고 공경하는 태도가 있어야 날로 강해진다는 의미로 일찍이 호를 경재敬齋라 하였다. 뜻이 있으면 바로 목표가 있게 되는데 여기에 이르고자 하여 호를 팔분당八分堂이라 하였다. 팔분이란 사마광司馬光의 구분九分에 근접한다는 의미다. 가난하여 집은 작았지만 이곳에서 즐거워하였다. 이에 매미의 껍질이나 귤속에 구부려 있는 것 같다고 하여 호를 선귤헌蟬橘軒이라 하였다. 처지에 따라 몸을 닦고자 하여 호를 정암亭嵒이라 하였다. 숨어 사는 것을 편안히 여겨 을엄乙广, 구부려진 조그만 집이라 하고 은둔하려고도 하였다. 마음을 물처럼 잔잔하고 거울처럼 맑게 하고자 하여 호를 형암炯菴이라고 하였다. 대개 일을 신중히 처리하고 자신을 수양하면 고인古人의 경지에 가까워지고 마음은 물처럼 맑아진다. 은둔하여 작은 집에 살면서 부엌 연기가 쓸쓸해도 붓을 잡아 문장을 지으면 아침에 피는 꽃과 같다. 이 사람은 이것으로도 오히려 성에 차지 않아서 빙긋이 웃으면서 말한다. "이것은 어린아이의 재롱이다. 나는 앞으로 이를 처녀와 같이 지키려 한다." 그러고는 원고의 제목을 '영처嬰處, 어린아이와 처녀'라 하였다. 여러 사람과 함께 있을 때면 자기의 참모습을 감추고 재능을 숨기며 미련한 듯 행동하였다. 단정한 사람이나 장중한 선비에게도 기쁘게 대했으며, 장사꾼에게도 기쁘게 대했다. 대개 이

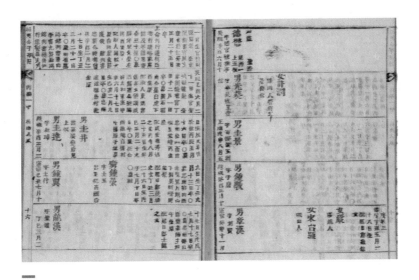

『소이공자손보昭夷公子孫譜』 목활자본, 수경실 소장.
정종(定宗)의 15남 무림군(茂林君) 이선생(李善生)의 시호가 소이(昭夷)이다. 이덕무는 이선생의 11세손이다.

것은 비유하자면 외로이 떠운 빈 배가 마음대로 유유자적하는 것과 같은
것이다. 이에 사람들이 호를 감감자憨憨子라 부르기도 하고, 범재거사汎齋居
士라 부르기도 하였다. 일찍이 삼호三湖에 거주하였으므로 스스로 삼호거
사라 하였는데 이것은 내가 처음으로 지은 호다.

　이덕무의 호 하나하나에는 삶의 지향점과 목표가 담겨 있다. 이들은 대
부분 서재의 이름이기도 했다. 어려움 속에서도 즐기며 자신의 본성을 지
키고자 했던 이덕무의 강한 의지가 담긴 이름들이다. 이 밖에도 이덕무
의 서재 이름 중에는 청장관靑莊館이 있다. 청장靑莊은 백로의 별명인데 자
기 스스로 물고기를 잡지 못해 하늘을 믿을 수밖에 없으므로 신천옹信天翁
이라고도 한다. 이덕무가 청장을 자신의 서재 이름으로 삼은 것은 자신의

『청장관전서』 필사본, 규장각 소장.
이덕무의 저술을 모두 모은 것으로 아들 이광규(李光葵)가 편집했다.

삶을 청장에 빗댄 것이다. 가난 때문에 아무것도 할 수 없어 하늘만 바라
봐야 하는 슬픈 현실을 투영한 것이다.

이덕무에겐 젊은 시절 구서재란 서재도 있었다. 그는 이서구李書九, 1754~
1825와 한마을에 살며 교분이 좋았다. 나이는 이덕무가 훨씬 위였지만 이
덕무는 서얼이었고, 이서구는 혁혁한 명문가의 후손이었다. 더욱이 이서
구는 과거에 급제하여 탄탄대로를 달리고 있었다. 겉으로 보면 도저히 어
울릴 수 없는 처지였지만, 그들은 그 모든 것을 넘어 책을 통해 마음으로
우정을 쌓았던 것이다. 이서구는 이덕무에게 받은 편지가 수백 통에 이
르렀지만 손톱만한 쪽지라도 하나하나 배접해 간직해두었다가 이덕무가
죽자 모두 그 집에 돌려보냈다. 이서구는 이덕무의 글을 무척 아꼈기 때
문이다. 이덕무가 이서구에게 보낸 편지에는 그가 그토록 좋아했던 책에
관한 이야기가 가득하다.

내가 18, 19세 때 거처하던 집의 이름을 구서재九書齋라 했습니다. 이는 바로 독서讀書, 간서看書, 장서藏書, 초서鈔書, 교서校書, 평서評書, 저서著書, 차서借書, 포서曝書를 일컬은 것이었는데, 10년 후에 그대의 이름자와 서로 부합하니 우연한 일이 아닙니다.

이덕무의 구서재는 책을 읽고, 보고, 소장하고, 베끼고, 교정하고, 평을 달고, 저술하고, 빌리고, 볕에 말리는 등 책으로 할 수 있는 모든 것을 포괄한다는 의미가 담겨 있다. 그런데 그 글자가 우연하게도 이서구의 이름을 거꾸로 한 것과 맞아떨어졌던 것이다. 우연치고도 아주 기막힌 우연이었다. 구서재는 젊은 시절 이덕무가 책을 통해 추구한 세계의 축소판이라 할 것이다. 하지만 가난의 고통은 언제나 그를 압박했다.

우리집에 좋은 물건이라곤 『맹자』 7책뿐인데, 오랫동안 굶주림을 견디다 못하여 돈 200닢에 팔아 밥을 잔뜩 해먹고 희희낙락하며 영재冷齋 유득공에게 달려가 크게 자랑하였습니다. 그런데 영재의 굶주림 역시 오랜 터이라, 내 말을 듣고 즉시 『좌씨전左氏傳』을 팔아 그 남은 돈으로 술을 사다가 나에게 마시게 하였습니다. 이는 맹자가 친히 밥을 지어 나를 먹이고 좌구명左丘明이 손수 술을 따라 나에게 권한 것과 무엇이 다르겠습니까? 그래서 맹자와 좌구명을 한없이 칭송했습니다. 우리가 1년 내내 이 두 책을 읽기만 하였던들 어떻게 조금이나마 굶주림을 구제할 수 있었겠습니까? 책을 읽어 부귀를 추구하는 것은 요행을 바라는 술책이므로 당장 팔아서 한번 배부르게 먹고 취해보는 것이 보다 솔직하고 가식이 없는 것이라는 것을 비로소 알았으니 서글픈 일입니다.

1년 내내 책을 읽어봐야 아무것도 생기는 게 없는 절박한 상황, 이덕무는 이서구에게 푸념을 늘어놓으며 굶어죽지 않기 위해 책을 팔아야 하는 자신의 고민을 쏟아놓았다. 친구 유득공의 처지도 다를 게 없었다. 서얼 출신인 그들에겐 똑같이 어쩔 수 없는 신분의 한계가 있었기 때문이다. 어쩌면 책을 통해서는 아무것도 이루지 못할지도 모른다는 두려움이 엄습해왔을 것이다.

성 인 을   꿈 꾸 며

——

그런데 이렇게 견디기 힘든 가난 속에서도 그를 지켜준 것은 바로 자신의 본성을 지키려는 노력이었다. 팔분당은 그런 이덕무의 노력이 담긴 곳이다.

이덕무의 서재는 기둥이 네 개밖에 없는 조그만 집이었다. 찾아오는 손님도 별로 없었고 찾아오더라도 잠깐 이야기하다 돌아갔다. 지나치게 누추해서 다시는 오고 싶지 않은 생각이 들 정도였다. 하지만 이덕무는 아랑곳하지 않고 아주 편안히 그곳 생활에 만족했다. 추운 겨울이 되면 바람이 문틈으로 들어와 등잔불이 흔들리기 때문에 책을 보는 데 방해가 되었다. 그러자 그림도 글씨도 없는 하얀 바람막이 병풍으로 10분의 7을 둘러막아 10분의 3은 바깥쪽에 있게 하고 10분의 7은 안쪽에 있게 만들었다. 그러고는 안쪽은 침소로 쓰고 가구나 서책 등은 밖에 쌓아두었다. 손님이 와서 방안으로 들어가 이덕무와 인사를 하려고 손을 들어올리면 병풍이 이마에 닿을 정도였다. 손님은 화가 난 얼굴로 주인을 바라보며 한마디했다.

"아이고 좁다! 이봐요 주인 양반! 지난번에 내가 방을 좀 넓히라고 부탁했는데 지금 보니 넓히기는커녕 도리어 둘러막았군. 그대가 시냇가에 살고 있을 때 그 서재가 매미껍질이나 귤껍질처럼 작다고 선귤헌이라 했던데, 지금 이 서재는 또 뭐라 하였소?"

이 말을 들은 이덕무는 웃으며 말했다.

"팔분당이라 했습니다."

"무슨 뜻이오?"

"잠깐 기다릴 테니 그대가 한번 맞혀보시죠."

손님은 잠깐 생각에 잠겨 있다가 동쪽을 돌아보더니 웃으며 말했다.

"이 벽 때문이오? 전서篆書 글씨체가 2분이고 해서楷書 글씨체가 8분인 것을 팔분체八分體라 하는데, 지금 그대가 팔분체로 글씨를 써서 걸었으니, 팔분당의 의미가 바로 이 벽에 있는 글씨 때문이오?"

"아닙니다. 거기에 어디 집이 작다는 의미가 담겨 있습니까? 다시 생각해보시죠."

손님은 뭐라고 대답해야 할지 몰라 머뭇거리다가 말했다.

"병풍의 밖에 남은 공간이 10분의 2라면 이 서재의 이름은 여기서 유래한 것이오."

"병풍의 밖은 10분의 3입니다. 그렇다면 칠분당이라 해야지 어찌 팔분당이라 하였겠습니까?"

"그러면 이 서재의 이름은 그 의미가 어디에 있는 것이오?"

그러자 이덕무가 한숨을 쉬더니 말했다.

"내가 보잘것없는 사람이지만 집의 크기를 가지고 이름을 지은 것이 아닙니다. 만약 집이 큰 것을 좋아했다면 이름을 태산지실泰山之室, 태산처럼 큰 집이라 했을 것이고, 작은 것을 최고로 쳤다면 이름을 추호지실秋毫之室, 추호만큼 작은집이라 했을 것입니다. 그러나 이런 것은 이상한 말장난에 불과한 것이므로 군자가 취할 게 못됩니다.

대개 숫자가 차면 십이 되고 백이 되고 천, 만, 억이 되는데 모두 10이란 숫자에서 벗어나지 못합니다. 사람이 처음 태어날 때에 하늘이 마음을 나누어주는데, 10분의 완전한 성선性善을 갖추지 않는 경우가 없습니다. 그러나 장성하여 어른이 되면 기질氣質에 구애되고 외부의 물질에 빠지게 되어 본연의 천성을 잃게 됩니다. 그러면 악의 세력이 급속히 확장하여 거의 8, 9분에까지 이르게 되니 10분까지는 그 거리가 얼마 남지 않게 됩니다. 아주 흉악하여 행동에 거리낌이 조금도 없는 소인배들은 악함이 10분에 꽉 찬 자들입니다. 그러나 저들 또한 당초에야 어찌 10분의 선함이 없었겠습니까? 다만 날이 갈수록 악한 짓을 더하였으므로 날마다 선함을 잃은 것입니다. 그러니 어찌 두려워하지 않을 수 있겠습니까? 보통사람은 선과 악을 5분씩 갖고 있는 자도 있고, 선과 악을 4 대 6의 비율로 갖고 있는 자도 있습니다. 선함이 7분이나 8분에서 10분에 이르는 것은 어떻게 나아가느냐에 달려 있는 것입니다.

주희朱熹는 '공자의 제자 안자顏子는 성인聖人에 9분 9리釐 접근하였다' 하였고, 소옹邵雍은 '사마광司馬光은 9분의 사람이다' 하였습니다. 성인에 버금가는 분이나 훌륭한 군자도 오히려 1리나 1분이 차지 못하였으니 10분이란 참으로 어려운 것입니다. 그렇지만 10분에 도달하는 데 다만 1리 1분이 부족할 뿐이라면 보통사람과 비교한다는 것은 또한 어려운 일입니다.

저는 어쩌면 선과 악을 5분씩 갖고 있는 사람일 것입니다. 만약 소인배 되는 게 부끄러워 죽을 때까지 선행을 해서 다행히 6분이나 7분에 도달하기를 바랄 수 있을지 모르겠습니다. 그리고 8분은 9분과의 거리가 1분일 뿐이니 무능한 제가 어찌 감히 그럴 수 있겠습니까? 그러나 5분짜리인 제가

9분에 이르기를 바라는 것은 지나치게 분수에 넘치는 일이니 이렇게 할 수는 없고, 6분이나 7분에 주저앉는다는 것은 목표가 높지 못한 것이니 어찌해야 하겠습니까? 맹자는 '나는 어떤 사람이며 순舜은 어떤 사람인가?' 하였습니다. 사람은 누구나 다를 것이 없으므로 인의를 실행에 옮기면 누구나 성인이 될 수 있다는 말이지요. 하지만 무능한 저로서는 바랄 수 없는 일입니다. 그렇지만 주돈이周敦頤는 '성인은 하늘을 바라고 현인은 성인을 바라고 선비는 현인을 바란다' 하였으니, 내 입장에서는 혹시 선비로서 현인을 바라는 그런 사람일 수는 있지 않을까 합니다. 그렇다면 아주 노력하여 따를 만한 것은 7분과 9분의 사이일 것이니 바로 8분이 아니고 무엇이겠습니까? 그러니 내가 어느 겨를에 이 좁고 답답한 집을 넓힐 수 있겠습니까?

이 말은 들은 손님은 쑥스러워 말했다.

"잘 알았소. 내 추측이 천박하였소."

이덕무는 변변치 못한 서얼 출신이었다. 사회적 차별이 심하여 사회에 대한 불만이 많을 수밖에 없었다. 하지만 그는 모든 것을 독서를 통해 해결했다. 사회의 모순에 대한 불만을 표출하기보다 독서를 통해 그것을 순화시켜갔다. 단순히 책 속의 지식만을 추구한 게 아니었다. 그의 목표는 성인의 경지에 가깝게 다가가는 사람이 되는 것이었다. 자신의 이름처럼 겉모습보다는 덕에 힘쓰는 사람이 되고 싶었던 것이다. 그래서 그는 자신의 자까지도 바꾸었다. 그의 자는 본래 '명숙明叔'이었지만 『서경』에 나오는 '덕무무관德懋懋官, 덕에 힘을 쓰면 벼슬을 올려준다'이란 구절을 따다가 '무관懋官'으로 했다. 당당한 사대부 출신이 아니었음에도 그의 꿈은 광대했다. 팔분당은 이덕무의 그런 이상을 담은 서재였던 것이다. 평생 책과 함께 살다 간 이덕무, 어쩌면 그는 책만 보던 바보가 아니라, 진짜 바보였는지도 모른다. 도대체 성인이 무엇이기에 그 불우한 환경에서도 그렇게 원대한 꿈을 가졌단 말인가? 그럼에도 그가 위대해 보이는 것은 그가 책을 통해 자신을 바꾸고 세상을 변화시키려 했던 진정한 지식인이었기 때문일 것이다.

유득공의 사서루:

임금이
내린 책

조선시대 지식인들이 책을 구하기란 쉬운 일이 아니었다. 임진왜란 이후부터 민간 출판이 조금씩 늘어나긴 했지만, 본격적으로 민간 출판사가 등장하여 책을 출판하고 판매하기 시작한 것은 19세기의 일이었고, 출판된 서적의 종류도 아주 제한적이었다. 출판이라고 해봐야 일상생활에 필요한 일부 실용서적이나 이야기책, 그리고 과거시험에 필요한 서적이 전부였다. 그러니 서사書肆라고 하여 책을 파는 곳이 있기는 했지만 취급하는 서적의 수준이 빈약한 것은 당연한 일이었다. 일종의 헌책을 취급하는 곳이었던 것이다. 쇠락한 양반가에서 흘러나온 서적이나 중국에서 수입된 서적을 취급할 뿐이었다. 따라서 지식인들이 서적을 구입할 수 있는 경로는 아주 제한적이었다. 중국에서 사행使行을 통해 수입하는 경우를 제외하면 지방과 중앙의 관판官版 출판물이 대부분을 차지할 수밖에 없었다. 그중에서도 중앙 관아에서 왕명으로 간행된 서책은 그 질이 아주 뛰어났다. 그러나 아무나 구해 볼 수는 없었다. 이렇게 왕명으로 간행된 서적은 그중 일정량을 신하들에게 나눠주는 게 일반적이었다. 그러나 하사하는 대상이 항상 달랐기 때문에 조정의 관료로 있다고 해서 언제나 서적을 하사받을 수는 없었다. 특히 간행한 서적의 수량이 적거나 거질巨帙인 경우에는 하사 대상이 더욱 축소되었다. 조선조 지식인의 장서 중 상당 부분은 이처럼 왕이 내려준 서적으로 이루어졌던 것이다. 이를 내사본內賜 本이라 부른다. 따라서 이러한 내사본을 수장하기 위해서는 대대로 청요직 淸要職에 출사하거나, 높은 관직에 있어야만 했다. 하지만 고위직에 있지도 않았고, 화려한 서울의 벌열가閥閱家도 아니었지만 누구보다도 많은 내사본 을 수장한 사람이 있었다. 바로 영재 유득공이다.

조선의 문봉

유득공柳得恭, 1748~1807은 조선 후기 학술사에서 아주 중요한 위치를 차 지한다. 그는 일찍부터 『발해고渤海考』와 『사군지四郡志』를 편찬한 역사가 로 주목을 받았다. 최근에는 중국의 동북공정이 사회적 이슈로 부각되면 서 유득공이 더욱 주목을 받게 되었다. 『발해고』에는 중국의 동북공정이 내세우는 논리에 배치되는 사실이 기술되어 있기 때문이다. 이미 200년 전에 후손들이 겪게 될 고초를 예견이라도 한 듯, 유득공은 당시 아무도 관심을 두지 않던 발해의 역사를 연구하여 우리 역사에 편입해놓았던 것 이다. 그뿐만이 아니다. 『한객건연집』을 통해 중국에까지 시명詩名을 떨 쳤다. 1776년 11월 유득공의 숙부인 유금은 『한객건연집』이라는 시집을 행장에 넣고 연행길에 올랐다. 이 책은 이덕무, 박제가, 이서구, 유득공의 시를 각각 100수씩 뽑은 시집이다. 유득공의 숙부인 유금은 이 책을 중국 문사들에게 보이고 비평을 받기 위해 가지고 갔던 것이다. 유금은 북경에 서 만난 이조원과 반정균으로부터 네 사람의 시에 대한 비평과 함께 서문

유득공이 사용한 '차진문봉' 인장.

을 받아 귀국했다. 이로써 네 사람은 세상에 사가시인으로 알려지게 되었다. 특히 이조원은 『한객건연집』에 실린 유득공의 시를 보고 동국東國의 문봉文鳳이라는 총평을 했다. 조선 최고의 문인이라는 극찬이었다.

『가상루집歌商樓集』은 재기才氣가 발랄하고 서권기書卷氣, 책을 많이 읽은 사람에게서 풍기는 분위기가 풍부하여 마치 큰 도회지에 있는 시장에 들어선 듯 각종 진기한 물품이 없는 게 없다. 타고난 자질이 뛰어난데다 수많은 연마를 통해 기발함을 만들어냈기 때문에 보는 사람의 눈을 핑 돌게 할 지경이다. 이 사람은 정말 동국의 문봉이다.

이 평어를 본 유득공은 말할 수 없이 기쁜 나머지 '차진문봉此眞文鳳'이라 새긴 인장을 만들어 사용했다. 1777년에 쓴 『중주십일가시선中州十一家詩選』의 서문에는 유득공의 이 인장이 선명하게 남아 있다.

조 선 의   역 사 를   알 리 다

시인으로서 유득공의 명성은 『이십일도회고시』를 통해 다시 한번 중국을 흔든다. 유득공의 이 시집은 일찍이 연행길에 올랐던 박제가가 가지

『이십일도회고시二十一都懷古詩』 목판본, 수경실 소장.
유득공은 이 책을 통해 청나라 문사들에게 조선의 고
대사를 알렸다.

고 갔다가 중국의 문사들에게 극찬을 받은 바 있었다. 10여 년 후 연행길
에 오른 유득공은 이 책을 통해 시인으로서 자신의 명성을 연경에서 직접
확인하게 된다. 1790년 청나라에 가는 사신의 수행원으로 연행을 간 것
이다. 연경의 지식인들은 유득공을 보기만 하면『이십일도회고시』를 구
해줄 것을 부탁했다. 가지고 간 시집을 모두 나눠준 뒤라 더이상 구할 길
이 없게 되자, 그들은 다른 사람에게서 유득공의 시집을 빌려다가 정성껏
베껴서 읊었다. 유득공이 연경에서 완원阮元, 1764~1849과 유환지劉鐶之, ?~1821
를 만나는 장면은 중국에서의 그의 명성을 다시 한번 확인시켜준다.

내가 숙소에 있을 때 두 사람완원과 유환지이 함께 수레를 타고 왔다. 뜰을 배
회하다가 맞아주는 사람이 없자 실망하여 돌아가려 하였다. 내가 캉炕에
오르기를 청하여 함께 이야기를 해보니 모두 명사名士였다. 내게 말했다.
"지난해 서길사庶吉士로서 벽을 사이에 두고 지내면서 사신들과 서로 알게

되었는데 지난해 왔던 사람은 어찌 한 사람도 오지 않았습니까?" 나는 "꼭 다시 오는 것은 아닙니다"라고 말했다. 완원의 저술 중에는 『거제고車制考』가 있는데 기윤紀昀은 그 고증의 정밀함을 극찬하였다. 내가 기윤의 말을 들어 이야기했더니 완원이 얼굴에 기쁜 기색을 보이며 내 시집을 보자고 하였다. 나는 한림 옹방수熊方受에게 한 부가 있고, 안타깝게도 지금은 가진 게 없다고 말했다. 완원은 "그곳에 가서 찾아보겠습니다"라고 말했다.

완원이 누구던가. 청나라를 대표하는 학자가 아니던가. 그런 그가 유득공을 만나 머리를 조아리고 있는 것이다. 이때 완원은 27세의 젊은이였다. 『한객건연집』을 통해 청조 문사들에게 이름이 알려졌던 유득공이 청조를 대표하는 학자로 성장하여 추사 김정희의 스승이 되는 완원과 만나 그의 학문적 깊이를 칭찬하며 격려하고 있는 모습이다. 그뿐만이 아니다. 함께 찾아온 유환지는 청대를 대표하는 서예가이며 학자인 유용劉墉, 1720~1804의 조카이자 김정희를 비롯한 조선 문사들과의 교유를 통해 『해동금석원海東金石苑』을 편찬했던 유희해劉喜海, 1793~1853의 부친이다. 훗날 김정희의 등장을 생각해볼 때 이들의 만남은 가슴 벅차오르는 느낌마저 들게 한다.

뿐만이 아니다. 그는 조선 금석학金石學 연구의 선구자였다. 조선 금석학의 최고봉이 된 김정희의 금석학은 바로 유득공으로부터 큰 영향을 받았던 것이다. 그가 금석학에 얼마나 많은 열정을 쏟았는지를 알려주는 흔적들이 곳곳에 남아 있다.

지금 양근군楊根郡 사람이 밭을 갈다가 조그만 도장을 얻었다. 전문篆文. 전서체의 글은 '선복신원禪福新院'이라 했는데, 아래쪽 두 글자는 반절이 닳아서 흐려졌다. 위에는 해서로 된 관지款識. 음각이나 양각으로 새겨진 글자가 있는데 '을묘

乙卯'라는 두 글자였다. 구리로 된 작은 함 속에 담겨 있었는데 상인이 이를 사가지고 철원군鐵原郡으로 들어갔다. 양근 군수 유득공은 기이한 것을 좋아하였다. 소교小校에게 매일 200리씩 달리게 하여 돈을 주고 그것을 구하고는 자신의 집에 수장하였다.

유득공은 금석문에 관한 전문적인 저술을 남기지는 않았지만 누구보다도 금석문 연구에 심취해 있었다. 이 이야기는 금석문 연구에 몰두했던 유득공의 모습을 고스란히 전하고 있다. 금석학 연구에 매달렸던 그의 열정을 느끼기에 충분한 일화다. 그의 이러한 열정은 조선 금석학 연구의 초석이 되었고, 추사 김정희를 거치면서 그 꽃을 피웠다.

정조를 만나다

—

그러나 유득공의 삶은 고단했다. 서얼이라는 멍에가 씌워져 있던데다, 밥을 굶는 날이 있을 정도로 가난한 집안 형편 때문이었다. 그러던 그에게도 희망의 빛이 보이기 시작했다. 바로 정조의 등극이었다. 조선 문화의 중흥을 꿈꾸며 등극한 정조는 서적의 편찬과 출판을 통해 국론을 통일하고 새로운 문화를 창조하려 했다. 이를 위해 먼저 규장각을 설립하고 실무를 담당할 검서관을 채용했다. 이때 유득공은 박제가, 이덕무 등과 함께 가장 먼저 검서관으로 선발되었다. 이후 유득공은 정조의 지극한 지우知遇를 입어 20여 년간 규장각 검서관을 비롯하여 포천 현감抱川縣監, 가평 군수加平郡守, 풍천도호부사豐川都護府使 등의 외직을 지내다가 정조가 죽은 다음 해에 관직에서 물러나 은거했다. 그리고 몇 년 후, 길지 않은 생을 마감했다. 정조의 등극과 함께 시작된 그의 삶은 정조의 죽음과 함께 막을 내린 셈이 되었다.

그의 집은 옛날 교서관校書館 자리에 있었다. 그래서 그는 서재 이름도 고운서옥古芸書屋이라 했고, 별호는 고운거사라 칭했다. 고운서옥에는 유득공의 호기심만큼이나 다양한 책과 기물이 가득했다. 하루종일 규장각 검서관으로 일을 하고도 퇴근하면 다시 연구에 매진했던 것이다. 그러나 그렇게 많은 서적 중에서도 유득공이 무엇보다도 아꼈던 것은 바로 정조가 내려준 책이었다. 유득공이 서적을 하사받는 장면은 그가 지은 『고운당필기』 곳곳에 남아 있다.

『어정육주약선』 2본을 신 유득공과 신 박제가가 임금의 명을 받들어 감독하였다. 사자관寫字官, 승문원과 규장각에서 문서를 정서하는 일을 맡아보던 벼슬 등이 선사繕寫, 저술이나 편찬을 마친 책을 정서하는 것하여 올리자 신 등에게 돈 50냥, 분주粉紬, 희고 고운 명주 1필, 황저포黃紵布, 경상북도에서 나는 삼베의 하나 1필, 부채 10자루를 내리셨다. 1797년정사 6월 12일이었다. 주자소에서 『육주약선』을 인쇄하여 올리자 다시 각각 1본씩을 내사內賜하셨다.
1799년기미 4월 1일 『태학은배시집』 2권을 내사하셨다. 대개 서적을 내사할 때는 내각內閣에서 '명제사은命除謝恩'이라 써서 반사頒賜, 임금이 녹봉이나 물건을 내려 나누어줌하는데, 이 책은 석거청石渠廳, 창경궁에 있던 건물에서 직접 내려왔다. 특별한 은덕을 베푸신 것이다.

이처럼 정조는 유득공에게 지극한 배려를 해주었다. 그러나 그 배려도 정조의 죽음과 함께 끝이 나고 말았다. 정조가 죽고 며칠 뒤, 유득공은 정조의 배려를 영원히 기억하기 위한 일을 준비하고 있었다. 내사받은 서적의 명칭과 수량을 자세하게 기록하여 후세에 전하기로 한 것이다. 조선조 전체를 통틀어서 이처럼 많은 종류의 서적을 한 임금으로부터 내사받은 경우는 그 유례가 없다. 더욱이 내사받은 서적을 목록으로 남긴 것은 더욱 드문 사례다.

' 사 서 루 ' 의   의 미

정조의 배려를 후세에 전하기 위한 유득공의 작업은 이뿐만이 아니었다. 유득공은 내사받은 서적을 보관하기 위해 이미 따로 서재를 마련해두고 있었다. 이 서재를 사서루賜書樓라 했는데, 유득공의 아들인 유본학柳本學이 지은 「사서루기賜書樓記」에는 이에 관한 이야기가 실려 전한다.

사서루는 내 선군先君, 유득공을 말함이 정종正宗, 정조의 본래 묘호대왕께서 하사하신 서적을 봉장奉藏하던 곳이다. 옛 교서관(고운古芸) 골목에 있는데, 다락은 세 칸이고 구조는 치밀하고 깨끗하다. 앞에는 작은 밭이 있고 곁에는 찔레와 앵두 대여섯 그루를 심었다. 선군께서는 퇴근하시면 늘 이곳에서 한가하게 지내셨다. (…) 정조가 1776년에 규장각을 건립하자, 규장각 학사들이 문필이 뛰어난 선비들을 선발하여 속관으로 삼자고 주청했다. 선군과 정유貞㽔 박차수朴次修, 아정雅亭 이무관李懋官이 먼저 여기에 선발되었다. 박공은 시필이 절묘했으며 이공은 박식博識으로 유명했다. 선군께서는 내원內院, 규장각을 가리킴에 드시자 임금의 은총이 보통을 넘어 안팎으로 관직을 지내시고 마침내 문학으로 집안을 일으키셨다. 20여 년을 공직에 계시면서 임금께서 하사하신 국조國朝의 사책史策, 역사서 모훈謨訓, 국가의 대계를 쓴 글과 경서

經書, 유교 경전, 동국문집東國文集, 산록刪錄, 불필요한 글을 없애고 정리한 글, 잡찬雜撰, 여러 문체의 저술이 수백 권이었다. 종이에서는 반짝반짝 빛이 나고 글자체는 가지 런했으며, 빼곡히 서가에 꽂혀 있는데 손을 대면 옥이 부딪히는 소리가 났다. 선군께서 이를 위해 건물을 지은 것은 전대에 없던 영광을 드러내고 오래도록 보존하기 위해서였다. (…) 불초한 형제本學·本藝도 선군을 이어 내원에 출사했는데, 하사하신 서적이 역시 수십 권이나 된다. 은영恩榮, 임금의 은혜를 입는 영광은 더욱 극에 이르렀지만 사실 선군께서 남기신 음덕 때문이었다. 삼가 함께 수장하고 글을 지어 기록해둔다. 그 목차는 선군께서 지으신 『고운당필기』에 모두 함께 실려 있으므로 다시 기록하지 않는다.

유득공의 기록에 따르면 교서관은 운관芸館 또는 비성秘省이라고 했다. 원래 남부南部 진고개(이현泥峴)에 있었는데, 1782년정조 6에 돈화문 밖으로 옮겨와 외각이라 불렀으며 옛 교서관 터는 무밭이 되었다고 한다. 바로 유득공이 살던 집의 서쪽 담장 바깥이 그곳이었다고 한다. 따라서 그의 집은 옛 교서관 자리 옆에 있었음을 알 수 있다. 처음에 유득공은 생활이 곤궁했다. 쌀이 없어 밥을 굶는 경우도 있었다. 그러나 출사한 이후 정조의 지극한 보살핌으로 의식주 걱정에서 해방될 수 있었다. 더구나 두 아들까지 자신의 뒤를 이어 검서관에 출사했고, 집안에는 내사받은 서적이 가득했으므로 그 영광을 오래도록 보전하고 싶었을 것이다. 그래서 사서루를 지었던 것이다.

뿐만이 아니다. 유득공의 아들 유본학은 이 서재의 이름을 김정희에게 써달라고 부탁했다. 그 글씨가 지금도 남아 있는데, 추사의 글씨 중에서 조형미가 뛰어난 수작이다. 사서賜書는 임금이 신하에게 서적을 하사하는 것을 가리키므로 임금으로부터 서적을 하사받은 신하가 임금의 은혜를

기리기 위해 지은 건물이라는 의미를 담고 있다. 예로부터 임금으로부터 받은 글씨나 서적을 보관하기 위해 누각을 따로 짓는 경우가 종종 있었다. '사서루' 역시 그런 의미로 지은 건물이었다.

이 사서루 횡액橫額에는 누구에게 써준 것인지 나타나 있지 않다. 그러나 추사가 유득공의 사서루 편액으로 써준 글씨가 분명하다. 당시 유득공처럼 사서루라는 명칭에 걸맞은 장서를 갖춘 인물이 없었기 때문이다. 조형미를 강조한 글씨에서 장중함이 묻어나는 것은 사서루가 임금이 내린 서적을 봉장하는 곳이었기 때문일 것이다. 그러나 글씨체로 보면 유득공 생전에 쓰지는 않았을 것이다. 추사와 교분이 있던 유본학에게 써주었을 것이다. 추사는 젊은 시절 신위申緯, 유본학 등과 가깝게 교유했다. 특히 1813년 어느 날, 추사는 크게 술에 취해 유본학의 시집을 읽고 비평을 한 다음 표지에 그 내용을 기록해두기도 했다. 또 추사는 연행을 다녀온 뒤 금석문 연구에 몰두해 있었는데, 당시 유본학을 통해 유득공의 저작을 보았을 것이다. 금석문 연구에는 고대사에 대한 지식과 인식이 필요했고, 유득공의 저작들은 그런 추사의 갈증을 풀어주기에 충분했을 것이다. 추사의 금석문 연구 논문 곳곳에서 유득공의 영향을 강하게 탐지할 수 있는 것도 그 때문일 것이다. 이제 사서루는 사라졌고, 사서루에 수장되었던 서적들도 그 흔적만 남아 있을 뿐이다. 그래도 추사가 쓴 횡액이 남아 유득공의 영광을 전하고 있다. 어쩌면 추사는 글씨를 통해 유득공에게 학은學恩을 갚은 것인지도 모른다.

박제가의 정유각:

개혁을
꿈꾸다

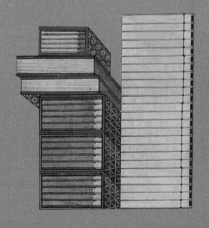

몇 년 전에 박제가^{朴齊家, 1750~1805}의 문집이 5년이 넘는 산고 끝에 완역, 출간되었다. 박제가의 문집이 완역된 것은 처음 있는 일이다. 반갑고 축하할 만한 일이다. 박제가는 당대 최고의 시인이었고 사상가였다. 그런 그의 글이 쉬울 리 만무하다. 박제가 문집의 완역이 늦어진 것도 그 때문이다. 박제가는 우리에게 『북학의』란 저술로 알려져 있다. 북학이란 말은 본래 『맹자』「등문공^{滕文公}」 상편에 나오는 말이다. 맹자의 말 중에 다음 구절이 있다.

나는 중국문화로 오랑캐를 교화시켰다는 말은 들었지만 중국이 오랑캐에게 교화를 당했다는 말은 듣지 못했다. 진량^{陳良}은 초나라 사람이다. 주공^{周公}과 공자의 학설을 좋아하여 북쪽으로 중국에 가서 공부하였다〔北學於中國〕. 그 결과 북방의 학자들도 진량보다 나은 자가 없었다.

남쪽 사람인 진량이 문화의 중심인 북쪽에 가서 공부를 하여 훌륭한 인물이 되었다는 말이다. 따라서 북학이란, 진량이 그랬던 것처럼 우리도

박제가의 초상. 소장처 미상.

문화의 중심인 청나라의 문물을 배우자는 주장이다.

대명의리론을 내세우며 청나라와의 교류에 소극적이던 조선의 지식인들에게 그들은 늘 오랑캐일 뿐이었다. 하지만 해마다 이어지는 연행 사절단을 통해 청조에 대한 견문이 축적되면서 청조 문물의 수입은 필연적인 것으로 비치기 시작했다. 김창업金昌業, 1658~1721이 선두에 있었고, 홍대용의 연행일기燕行日記와 박지원의 『열하일기』가 그 뒤를 이었다. 그리고 박제가의 『북학의』에 이르러 청나라 문물을 수용하자는 논의는 절정에 이르게 된다. 박제가는 중국 문사들과의 교류와 청조 문물의 수입에 적극적인 옹호자가 되었고, 이 때문에 '당괴唐魁'로 불리기까지 했다. 이는 중국에 미친 사람이라는 비아냥거림이었다. 하지만 박제가의 주장은 정조에게도 영향을 끼쳤다. 그리하여 그의 주장은 국가 정책에 반영되기까지 했고, 바로 그 점에 중요한 의미가 있다. 실제로 정조는 등극 전부터 청나라 문물을 수용하기 시작했고, 등극 후에도 이 문제는 정조의 가장 큰 관심사였다. 그런 점에서 박제가는 정조시대를 이해하는 데에도 중요한 인물이다.

시 인 에 서   사 상 가 로
—

박제가는 1750년에 승지를 지낸 박평朴玶, 1700~1760의 서자로 태어났다. 그의 신분은 그의 삶에 커다란 영향을 끼쳤다. 과거를 보기 위해 공부를 했지만 큰 희망은 없었다. 과거에 합격한다 해도 제대로 된 관직에 진출하기가 어려웠기 때문이다. 시문에 힘을 쏟았던 것도 그 이유 중 하나다. 그는 젊어서부터 이덕무, 유득공, 서상수 등 서얼 출신의 문인들과 어울

려 다녔다. 그의 젊은 시절 모습은 그가 쓴 「백탑청연집서白塔淸緣集序」에
잘 드러나 있다.

성을 빙 둘러보면 한가운데에 탑이 있다. 멀리서 보면 삐죽 솟아 있는데 마
치 설죽雪竹의 새순이 나온 듯하다. 바로 원각사圓覺寺의 옛터다. 지난 무자
년1768과 기축년1769 사이 내 나이는 열여덟, 열아홉이었다. 박지원 선생이
문장에 조예가 깊어 당대의 으뜸이란 말을 듣고 마침내 탑의 북쪽으로 가
서 찾아뵈었다. 선생께서는 내가 왔단 말을 들으시더니 옷을 걸치고 나와
맞이하시며 마치 친구처럼 내 손을 잡아주었다. 마침내 당신이 지은 글을
모두 꺼내와 읽게 하셨다. 그러고는 몸소 쌀을 씻어 다관茶罐, 끓인 물과 잎차를
넣어 차를 우려내는 도구에 밥을 지으셨다. 흰 주발에 밥을 담아 옥소반에 받쳐 내
오고는 잔을 들어 나를 축수해주셨다. 나는 지나친 환대에 놀라고 기뻐하
며 천고千古의 성대한 일로 여겨 글을 지어 화답하였다. 서로에게 경도되던
모습과 마음을 알아주던 느낌이 대개 이와 같았다.
당시 형암 이덕무의 집이 북쪽으로 마주보고 있었고, 이서구의 사랑은 그
서편에 솟아 있었다. 수십 걸음 떨어진 곳은 서상수徐常修의 서루書樓였고,
거기서 다시 꺾어져 북동쪽으로는 유금과 유득공이 사는 집이었다. 나는
한번 갔다 하면 돌아오는 것도 잊고 열흘이고 한 달이고 머물곤 하였다. 그
러니 시문이나 편지가 걸핏하면 책을 만들 정도가 되었고, 밤낮으로 술과
음식을 찾아다녔다.

희망이 없는 삶이었지만 박제가에게 좌절이란 없었다. 연암 박지원을
찾아가 서로를 문학적 동지로 삼았다. 박제가의 명성을 익히 듣고 있던
박지원은 그를 누구보다도 아끼고 인정해주었다. 이덕무, 이서구, 서상

수, 유득공과 함께 평생의 동지가 된 것도 이 시절이었다. 한번 만나면 열흘이고 한 달이고 함께 어울리며 시문을 짓고, 편지를 쓰곤 했다. 모두가 문학적 수련 과정이었다. 유득공의 숙부인 유금과도 아주 친밀하여 밤에도 유금을 찾아가곤 했는데, 박제가는 그 일을 이렇게 기록해놓았다.

희미한 달빛이 어스름하다. 이러한 때 벗을 찾지 않는다면 벗을 어디에 쓰겠는가? 이에 돈 10전을 움켜쥐고 『이소경離騷經』을 품고서 고탑古塔 북쪽 유금 집의 대문을 두드려 막걸리를 사서 마셨다. 유금은 때마침 책상에 기대 어린 두 딸이 등불 아래서 재롱을 떠는 것을 보고 있었다. 나를 보더니 일어나 해금을 연주했다. 잠시 후 눈이 내려 뜰에 가득 쌓였다. 각자 짧은 시를 지어 작은 종이에 멋대로 쓰고 이름을 '혜금지아嵇琴之雅'라 하였다. 잠자는 이덕무를 깨우러 가는 길에 내가 노래를 지었다. "올 적에는 달빛이 희미했는데, 취하고 보니 눈은 깊이 쌓였네. 이러한 때 친구가 없으면 무엇으로 견딜 것인가? 나는 『이소경』 가지고 가니 그대는 해금 끼고, 한밤중에 문을 나서 이덕무를 찾아가세." 그날 밤 이덕무의 집에서 눈을 붙였다.

젊은 시절 이들의 만남은 늘 이랬다. 아무도 알아주는 이 없는 세상에서 그들의 삶을 지탱해준 것은 오직 친구와 시문, 그리고 술과 음악이었던 것이다. 그런데 유금이 1776년 사은부사 서호수를 따라 연경에 가게 되었다. 유금은 이때 유득공, 이덕무, 박제가, 이서구 네 사람의 시를 뽑아 만든 『한객건연집』을 가져갔고, 박제가의 명성은 연경의 문사들에게 알려졌다. 박제가는 자신의 지기가 연경에 있다는 사실에 흥분한다. 그리고 1778년 박제가는 이덕무와 함께 연행을 하게 된다. 돌아온 박제가는 그해 가을에 『북학의』의 초고를 완성하고 서문을 썼다. 조선 사회에 뿌리깊게 박힌 각종 부조리의 해결책을 청나라 여행의 견문을 통해 제시한 것이었다. 그때 박제가의 나이는 스물아홉이었다. 그리고 그다음 해, 박제가는 서른의 나이에 그의 인생에 중대한 전환점이 된 규장각 검서관에 임명된다. 미관말직이었지만, 그는 정조의 총애 속에 조선 문화의 중심으로 활동 무대를 옮기게 된 것이다.

조 선 을 개 혁 하 자

『북학의』는 단순히 청나라를 배우자는 주장이 아니다. 그것은 조선 사회에 내재된 모든 모순과 부조리에 대한 개혁안이다. 그 대상도 광범위했다. 수레와 배, 주택과 도로, 종이와 인장, 상업과 화폐에 이르기까지 박제가는 중국을 여행하면서 중국의 것과 조선의 것을 비교했다. 그리고 그들의 문물을 보면서 조선의 문제점을 알게 되었던 것이다. 그리고 청나라를 배우자고 주장했다. 그것이 조선이 지향해야 할 방향이고, 그것이 조선이 살 길이라고 생각했기 때문이다. 그 단적인 예로 외국어에 대한 박제가의 주장을 보자.

청나라가 흥성한 이래로 우리 조선의 사대부는 중국과 연계된 모든 것을 부끄럽게 여겼다. 어쩔 수 없이 억지로 청나라에 사절을 보내기는 하지만 모든 행사나 문서, 대화는 역관들에게 맡겨버렸다. 책문柵門에 들어서서 연경에 이르기까지 2000리 길인데 통과하는 고을의 관원과 상견례相見禮하는 법은 없다. 다만 각 지역에 통관通官이 배치되어 각 지방에서 사절을 접대

하고 말에게 먹일 꼴과 사절이 먹을 양식을 공급하는 일이나 처리해줄 뿐이다. 저들의 의도에 의해 그렇게 하는 것이 아니라 우리 쪽에서 저들을 싫어하여 쳐다보지도 않기 때문에 그렇게 하는 것이다. 사정이 이렇다보니 예부禮部와 접촉을 해도 무슨 말을 할 수 있겠는가? 역관이 뭐라고 하면 따를 수밖에 없는 것이다. 조선관朝鮮館 안에 틀어박혀 있다보니 눈으로 무엇을 관찰할 수 있겠는가? 역관이 뭐라고 하면 그대로 따를 수밖에 없는 것이다. 아무리 귀기울여 들어보아도 바로 앞에서 무슨 말을 하는지 알지 못한다. 통관이 "뇌물을 좀 달라"고 요구하면 역관들은 그들의 조종을 달게 받는다. 조선 역관들은 중국 동관들의 뜻을 받들어 허둥대면서 혹시라도 저들의 마음에 들지 못할까 벌벌 떤다. 그 사이에 한없는 계략이 숨어 있기라도 한 듯이 늘 조바심을 내는 것이다. 역관들을 심하게 의심하는 것은 지나친 처사지만 그렇다고 너무 믿어서도 안 된다. 또 사신을 해마다 새로 파견하기 때문에 사신으로 가는 일이 매년 생소하다. 다행스럽게도 천하가 평화로운 시절이라 서로 관련된 기밀이 없으므로 역관들에게 통역을 맡긴다 해도 별다른 큰 사건이 발생하지 않는다. 하지만 불의의 전란이라도 발생한다면 팔짱을 낀 채 역관의 입이나 쳐다보고 있을 수 있겠는가? 사대부가 이러한 문제에 생각이 미친다면 중국어를 배우는 데에만 그쳐서는 안 될 일이다. 만주어나 몽골어, 일본어까지도 모두 배워야만 수치스런 일이 발생하지 않을 것이다.

지금은 역학譯學이 쇠퇴하여 훌륭한 통역자라 칭송을 듣는 사람이 열 명도 채 되지 않는다. 이른바 열 명의 훌륭한 통역자조차 다 선발시험에 뽑힐 수가 없다. 그렇지만 일단 선발시험에 뽑히면 입으로 중국어를 한마디도 할 줄 몰라도 반드시 북경을 가는 사행에 충원시켜 역관의 녹봉을 받게 한다. 이와 같은 실정이므로 역관이란 직책은 역관배들이 번갈아가며 장사를 해먹기 위해 설치한 직책인 셈이다. 그러므로 두 나라의 말을 통역할 때 국사를 그르치거나 응답을 잘하지 못하는 결과를 낳지 않을 수가 없다. 따라서 통역에 재능이 있는 인재를 뽑을 때 기왕의 관례를 따르지 않는다면 통역 교육이 저절로 진흥될 것이다. 그렇다면 누가 역관 교육을 주관하면 좋을까? 시험의 주관을 역관에게 맡긴다면 같은 패거리를 뽑을 것이고 사대부에게 맡기면 귀머거리에게 맡기는 격이다. 비유하자면 음률을 모르는 자에게 음곡音曲의 평가를 의뢰하는 격이므로 킥킥대며 비웃지 않을 악공樂工이 없을 것이다. 하지만 역관의 선발 역시 사대부가 져야 할 책임이다.

더이상 무슨 말이 필요할까. 그의 주장 하나하나에는 당시 조선 사회의 문제점과 해결책이 망라되어 있다. 20대 청년 박제가의 심장은 그렇게 뛰고 있었다. 그의 주장은 정조 임금에게까지 알려졌고, 박제가는 네 차례나 중국을 다녀왔다. 당시 최고의 중국통이었다. 하지만 정조의 죽음과 함께 그가 그토록 주장했던 국가적 차원의 북학의 꿈도 시들고 말았다. 대신 박제가의 북학은 김정희에게로 이어졌고, 19세기 조선의 모습을 새롭게 만드는 초석이 되었다.

굴원屈原을 대표로 하는 중국 초나라 가사인 『초사楚辭』를 좋아했던 박제가는 자신의 호를 초정이라 했다. 따라서 그의 문집도 『초정집』이라 했을 법한데, 최근 번역된 그의 문집 이름은 『정유각집貞蕤閣集』이다. 박제가 스스로가 붙인 이름으로, 정유각이 박제가의 서재이기 때문에 그리 붙였다. 정유貞蕤는 본래 소나무를 가리킨다. 소나무와 박제가는 무슨 관계가 있는 것일까? 장경교長慶橋는 지금의 서울 종로구 연건동의 동쪽, 이화동의 서쪽 사이에 있던 다리인데 정조가 하사한 이름이다. 박제가는 이 장경교 서쪽으로 이사를 해서 살았다. 여기에는 소나무가 있었는데, 이를

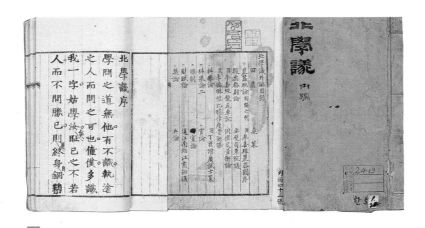

『북학의』 필사본. 통문관 소장.

어애송御愛松이라 불렀다. '임금이 아끼는 소나무'란 의미다. 여기에는 사연이 있다. 정조가 경모궁에 참배한 뒤 문희묘文禧廟 터를 구경하기 위해 우연히 이곳을 지나다가 사방으로 가지를 뻗어 서른두 개의 기둥으로 떠받친 소나무의 아름다움을 표창했다. 이 때문에 박제가는 자신의 서재를 정유각이라 했다. 자신을 아껴준 임금 정조, 그리고 그 임금이 아낀 소나무 어애송. 박제가는 그 임금의 은혜를 기리기 위해 자신의 서재를 그렇게 불렀던 것이다.

『북학의』를 번역한 안대회 교수는 『북학의』를 "열린 사회를 위한 개혁 개방론"이라 했다. 『정유각집』을 완역한 정민 교수는 박제가를 "탁월한 안목과 폭넓은 시야로 국제적 감각을 지녔던" 인물로 평가했다. 하지만 그런 박제가와 그의 저술 『북학의』도 정조 임금이 없었다면 탄생하지 못했을지 모른다. 정유각은 자신을 알아준 임금 정조에게 바치는 박제가의 마음이 담긴 서재였던 것이다.

장혼의 이이엄:

가난한 시인의
서재

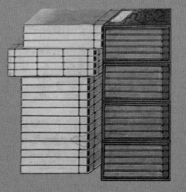

새벽에 일어나 옷을 입다가 허리띠에 매달린 주머니를 보며 장난삼아 말했다. "주머니 너는 온종일 입을 닫고 있으면서 돈은 한 푼도 없고, 끊어지고 문드러진 종이만 몇 조각 가지고 있구나!" 그러자 주머니가 이렇게 대답하는 듯했다. "공께서도 온종일 문을 닫고 돈 한 푼 벌지 못하면서 머릿속에는 종이가 몇 조각이나 있는지 모르겠습니다." 듣고서 웃지 않는 사람이 없었다.

19세기의 대표적인 여항시인 추재秋齋 조수삼趙秀三, 1762~1849의 『연상소해聯床小諧』에 실려 있는 이야기 한 토막이다. 어느 날 새벽에 일어나 옷을 입던 조수삼은 문득 자신의 주머니를 보았다. 그런데 주머니 속에는 돈은 한 푼도 없고 글씨가 가득 씌어 있는 종잇조각만 잔뜩 들어 있었다. 참 한심스런 일이었다. 그런데 그런 조수삼의 말을 알아듣기라도 한 것인지 주머니는 조수삼에게 이렇게 말하는 게 아닌가. "그것은 주인께서도 마찬가지 아닙니까. 주인님의 머릿속에는 돈 벌 궁리는 하나도 없고 종잇조각만 가득 들어 있으니 말입니다." 피장파장이란 말은 이럴 때 쓰는 말일 게다.

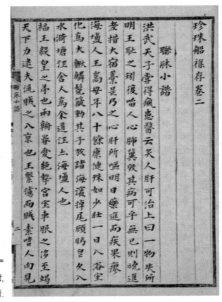

「연상소해」 필사본, 수경실 소장.
조수삼이 지은 유머집이다.

가난한 지식인의 고민은 예나 지금이나 하나도 다를 게 없는 모양이다. 조수삼의 모습은 19세기 여항지식인의 일반적인 모습일 것이다.

서적의 편찬과 출판을 통한 정조의 문치文治정책은 조선 후기 학술과 문화의 진흥을 가져왔다. 특히 정조는 시문에 뛰어났으면서도 신분적 제약 때문에 사회적 약자일 수밖에 없었던 중서인中庶人들과 여항인들을 선발하여 등용함으로써 여항 문화의 개화를 이끌어내기도 했다. 여항인이 당당하게 문화의 한 축을 차지하게 된 것이다. 이전에도 시문에 뛰어난 여항인들이 있었지만, 그들은 대부분 양반의 들러리에 불과했다. 하지만 이제 그들 자신이 시문의 향유자로서 문화의 주체가 되기 시작했다. 이런 사회적 분위기와 맞물려 민간에서는 향학열이 뜨겁게 달아오르고 있었다. 당시 송동宋洞, 지금의 명륜동에는 정학수鄭學洙란 사람이 집을 지어 양반 자제들을 가르쳤는데, 사람들이 몰려들자 신광하^{申光河, 1712~1775}는 송동을 정곡^{鄭谷}으로 불러도 좋겠다는 시를 짓기도 했다. 본래 송동은 우암^{尤庵} 송시열^{宋時烈}이 살았기 때문에 붙은 이름인데, 정학수가 사설 학원을 열어 학생들을 가르치느라 사람들이 북적거리자 이를 빗대 지은 시였다. 일개 사설 학원 원장을 유림의 종장이었던 송시열에 비유하는 지경에 이른 것이다. 그러나 정조의 위대성은 그의 사후에도 빛을 발한다. 정조 사후 그가 이루어놓은 문화가 민간의 삶 속으로 깊숙이 파고들었기 때문이다. 그가 생전에 길러놓은 수많은 여항인들이 그들 본래의 자리로 돌아가 새로운 문화를 만들어내기 시작했다. 왕실의 문화가 민간의 삶 속으로 침투하기 시작한 것이다. 19세기의 위대성은 여기에 있다.

여 항 인 의   스 승

장혼^{張混, 1759~1828}은 자가 원일^{元一}, 호는 이이엄^{而已广}, 공공자^{空空子}이며 결성인^{結城人}이다. 그의 집안에는 높은 관직에 오른 선조는 없었지만 대대로 문한^{文翰}을 숭상하는 가풍이 있었다. 그러나 집안이 가난하여 늘 생계를 걱정해야만 했다. 장혼은 9세에 글자를 배우기 시작하여 15, 16세에는 이미 경사^{經史}를 비롯해 제자백가와 시문집을 널리 읽었고, 특히 시에 뛰어났다. 17, 18세 때에는 남의 글씨를 대신 써주기도 하고 경서를 가르치기도 하며 생계를 꾸려나갔다. 글재주가 뛰어났기에 20세 때에는 부잣집에 기숙하며 아이들을 가르치기도 했다. 가난을 이겨보고자 이런저런 일들을 해보았지만 가난은 끝이 보이지 않았다. 그러자 장혼은 자신을 파는 심정으로 당시 권력의 실세였던 김종수^{金鍾秀}에게 편지를 올려 벼슬자리를 구한다. 지식인으로서 마지막 자존심을 버린 것이었다. 김종수는 장혼의 처지를 딱하게 여겨 마침내 규장각의 하급 아전 자리를 마련해준다. 여기서 인정을 받은 장혼은 순암醇庵 오재순吳載純의 추천으로 규장각의 감인소監印所 사준司準을 담당하게 된다. 감인소는 정조가 옛 홍문관 자리에 새로 지은 왕실 인쇄소로, 후에 주자소로 이름을 바꾸었다. 사준은 인쇄한 책의 교정을 맡아보던 벼슬이다. 그러나 녹봉이 넉넉지 않아 가난을 벗어나기는 어려웠다. 이것은 문사들의 의례적인 언사가 아니라 장혼의 현실이었다. 이후 장혼은 25년 동안 규장각에서 간행하는 수많은 책의 교정을 담당하게 된다. 아울러 벌열가에서 간행하는 서적의 교정도 장혼이 도맡아 처리했다. 장혼은 교정가로 이름을 떨치게 된다.

그러나 장혼이 교정 일을 하게 된 것은 단순히 생계를 꾸리기 위해서였다. 그가 하고자 했던 일은 따로 있었다. 그것은 책을 저술하고 출판하는 일이었다. 그는 1797년에 송석원松石園 천수경千壽慶과 함께 『풍요속선風謠續選』을 편찬하여 간행했다. 영조 13년1737에 편찬된 여항인들의 시선집 『소대풍요昭代風謠』의 뒤를 잇는 『풍요속선』은 여항시인들의 존재를 부각시킨 대표적인 저술인데, 이는 여항문학에서 장혼의 위상을 보여주는 저작이기도 하다. 이 밖에도 장혼은 아동용 교재 여러 종을 저술하고 간행했다. 그중에서도 『아희원람兒戲原覽』은 100년이 넘도록 아동용 교재의 황제로 군림했다.

19세기는 여항 문화의 개화기다. 일기명세一技鳴世, "한 가지 재주로 세상에 이름을 날린다"는 말처럼 이 시기의 여항인들은 저마다 자신만의 장기를 가지기 위해 노력했고, 또 이를 통해 세상에 자신의 이름을 남기기 시작했다. 전통적으로 지식인의 상징이던 시문뿐 아니라, 서화·전각·음률 등을 비롯한 다양한 분야에서 자신만의 색깔을 드러내 보였다.

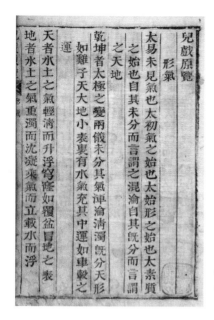

「아희원람」 철활자본, 수경실 소장.
19세기를 대표하는 아동용 교재로 장혼이 편찬했다.

보다 정확히 표현하자면 그런 자신의 모습을 기록으로 남겼다. 이는 그들
이 지식인 사회에 편입되기 시작했음을 알리는 것이며, 지식인의 저변이
확대되고 있음을 방증하는 것이다. 이런 상황에서 등장한 대표적인 여항
지식인이 장혼이다. 그는 여항인의 스승이자 여항 문화의 선두주자로 여
항문학사에서 빼놓을 수 없는 존재다. 그는 저술가이자 출판인이며 시인
으로서 19세기 여항 문화의 중심인물이었다. 그가 지은 아동용 서적들은
대부분 출판되어 19세기 여항인들의 대표적인 교과서가 되었다. 그를 저
술가나 출판인으로 부르는 것도 이 때문이다.

—

장혼은 서재에 '이이엄而已广'이란 편액을 걸었다. 한문에서 '이이而已'는 '～일 따름이다' 또는 '～이면 그만이다'라는 의미로 사용되는 종결형 어미다. 자신의 집에 이름을 붙이면서 이런 이름을 짓는 것부터가 범상치는 않다. 더욱이 보통사람의 서재처럼 무슨무슨 '재齋'나 '당堂'도 아니고 '엄广'이란 글자가 끝에 붙어 있는 것도 이상하다. 여기서 '广'자를 어떻게 읽어야 할 것인지도 문제다. 지금까지는 통상적으로 이 글자를 '엄'으로 읽어왔지만 꼭 그렇다고 단정할 수도 없다. 이 글자는 '암庵'자와 같은 글자로 초가집을 가리키기 때문이다. 이 글자에 대해 청나라의 계복桂馥은『설문해자의증說文解字義證』에서 "엄广은 곧 암庵자이다. 예서隸書에서는 속이 비어 있는 것을 싫어하기 때문에 '엄庵'자를 더했다"라고 하면서 엄이 암과 같은 글자임을 주장했다. 또한 이이엄은 장혼 자신의 당호인데 통상적인 암으로 발음하지 않고 엄으로 읽었는지도 의문스럽다. 아무튼 현재로서는 '엄'으로 읽는 게 일반적이다. 그런데 장혼은 왜 이런 이상한 의미를 지닌 글자들을 가져다가 자신의 서재에 편액으로 걸었을까?

조희룡은 이이엄이란 말이 당나라 시인 한유韓愈의 시구를 따온 것이라고 말한다. 즉, "허물어진 집 몇 칸뿐이다破屋數間而已矣"라는 구절에서 취한 것이라고 한다. 이 시는 한유가 노동盧仝에게 보낸 시의 일부인데, 다 쓰러져가는 노동의 집을 묘사한 대목이다. 당시 장혼의 이이엄은 그 이름 때문에 많은 사람들의 흥미를 끌었던 모양이다. 홍길주洪吉周는『수여연필睡餘演筆』에서 이이엄에 얽힌 다음 일화를 들려주고 있다.

시인 장혼이 스스로를 이이엄이라 하고는 이런 호를 쓰는 사람이 없을 거라고 생각했다. 연천淵泉, 홍석주를 말함 선생께서 책을 보는데 이런 구절이 있었다. "어떤 산에 이이암이 있는데[某山有而己菴], 바위 밑에는 청심엄이 있다네[岩底有淸心广]" 이 구절을 장혼에게 보이자 장혼이 망연자실하였다.

장혼은 자신의 집에 '이이엄'이란 편액을 걸어놓고 스스로 즐거워하고 있었다. 세상에 이런 서재 이름은 없을 것이라 여겼기 때문이다. 그런데 어느 날 홍석주가 옛사람의 글에 실려 있는 시구를 하나 보여주었다. 그런데 이게 웬일인가. 자신의 서재 '이이엄'의 의미가 그대로 담겨 있는 게 아닌가. 장혼은 망연자실할 수밖에 없었다. 자신의 창작이라고 여겼는데, 옛사람 중에 자신과 같은 생각을 한 사람이 있었기 때문이다. 그렇지만 장혼이 자신의 서재를 '이이엄'이라 한 데에는 또다른 의미가 있었다. 장혼의 집안은 매우 가난했다. 그리고 그 가난은 평생 동안 계속되었다. 게다가 그는 여섯 살 나던 해에 한쪽 다리를 저는 절름발이가 되었다. 그에게 가난은 통곡하고 싶을 만큼 지긋지긋한 것이었다. 그의 문집 곳곳에는 그 심정이 그대로 남아 있다.

나는 가난한 집에서 태어나고 자랐으며 지금까지도 가난하다. 벼슬길에 나아갔지만 녹봉은 보잘것없어 입에 풀칠하기도 어려웠다. 날마다 가난에 시달려 언제나 남모르게 통탄하며 가난을 울고 싶었지만 감히 입 밖에 내지 못한 지가 오래되었다.

천명을 따르리다

가난에서 벗어나고 싶었던 장혼은 학문이 탈출구가 될 것이라고 여겼다. 열심히 문장을 익히면 취직을 할 수 있을 것이라고 생각했던 것이다. 그러나 취직은 쉽게 되지 않았다. 어렵게 취직을 하여 뛰어난 교정 실력으로 이름이 나기는 했지만 녹봉이 넉넉지 않아 가난을 면키는 어려웠다. 그런 삶을 살았지만 장혼에게는 꿈이 하나 있었다. 바로 지긋지긋한 가난에서 벗어나 산속에 자신의 심신을 쉬게 할 수 있는 초가집 하나를 마련하는 일이었다. 노년을 그곳에서 보내리라 꿈꿨다. 장혼은 「평생지平生志」라는 글에서 그런 자신의 심정을 이렇게 표현했다.

꽃이 피면 바라보고 나무가 있으면 그 아래에서 쉰다. 과일이 열리면 따다 먹고 채소가 자라면 요리를 한다. 유유자적하는 삶이 어찌 자연의 아름다움뿐이겠는가? 혼자 있을 때에는 낡은 거문고를 어루만지거나 옛 책을 보며 그 사이에서 뒹굴뒹굴하면 그만이다. 흥이 나면 울타리 밖으로 걸어나가면 그만이다. 손님이 오면 술을 가져오게 하고 시를 읊으면 그만이다. 흥이 넘치면 휘파람 불고 노래하면 그만이다. 배고프면 밥을 먹고 목마르면 우물물을 마시면 그만이다. 추위와 더위에 따라 옷을 입으면 그만이다. 해가 지면 집에서 쉬면 그만이다. 비 내리는 아침, 눈 오는 낮, 석양, 새벽달은 은거하는 사람의 기막힌 정취다. 이런 정취를 다른 사람에게 말하기는 어렵다. 말한다 하더라도 알아듣지 못할 뿐이다. 날마다 이렇게 즐기고 나머지를 자손에게 물려주는 것이 평생의 소원이다. 이렇게 하면 그만이다. 잘살고 못살고, 오래 살고 일찍 죽는 것은 천명을 따르면 그만이다. 그래서 내 집의 편액을 '이이而已'라 하였다. 아! 이 땅을 사들이고 내 집을 짓는 데

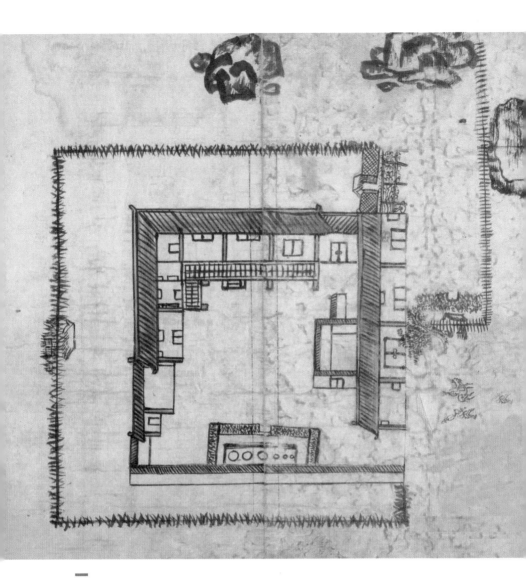

이이엄의 모습.
장혼이 말년에 완성했던 것으로 추정되는 이이엄의 모습이다. 열 칸 남짓한 초당의 모습에서 「평생지」에 보이는
장혼의 생각을 읽을 수 있다.

드는 비용이 300관貫에 지나지 않지만 자나깨나 고심한 지 10여 년이 되었어도 아직 뜻을 이루지 못했다. 아! 세상을 가볍게 여기고 자신의 뜻을 고상하게 지키는 사람이 아니라면 이런 것을 가질 수 없을 테지만, 끝내 못 이룰 뜻일까?

장혼은 인왕산 옥류동玉流洞에 집을 짓고 그곳에서 노년을 보낼 심산이었다. 50관을 주고 땅을 산 다음 그곳에 집을 지을 요량이었다. 그 비용이 300관에 지나지 않았지만, 장혼은 10년이 지나도록 집을 짓지 못했다. 가난은 그의 마지막 소원마저 가로막았던 것이다. 평생 가난 때문에 고생하며 살았건만 노년을 보낼 집 한 채 얻기가 그렇게도 어려웠다. 서울에서 아파트 한 채 마련하려고 힘들게 생활하는 요즘 보통사람들의 일상과 무척 닮아 있다.

그럼에도 장혼의 이 소망은 결국 이루어졌다. 열 칸 남짓한 초당이었다. 그 '이이엄' 속에는 무엇이 들어 있었을까? '엄广'자의 속이 텅 비어 있듯이 그의 서재 '이이엄'도 텅 비어 있었을 것이다. 그렇지만 천명天命을 따르면 그뿐이라는 장혼의 바람만큼은 '이이엄'에 가득차 있었을 것이다. 산다는 게 별것인가. 하늘의 뜻을 따르면 그만이지. 장혼은 경제적 어려움 때문에 지식인이 사회적 책임을 버릴 수는 없다고 여겼다. 그런 사람은 지식인이 아니라고 생각했다. 장혼의 그 정신은 그의 교재를 통해 어린 제자들에게 전해졌다. 그의 정신은 우리 시대 지식인이 추구해야 할 표상이기도 하다.

남공철의 이아당:

움직이는 글자로
찍은 책

북학은 시대의 화두가 되었다. 박제가는 『북학의』를 통해 청나라는 더 이상 원수의 나라가 아니라 우리가 배워야 할 나라라고 천명했다. 그렇다면 조선은 청나라에서 무엇을 배웠을까? 북학을 통해 조선은 어떻게 변모해갔을까? 아주 다양한 분야에서 변화가 나타났다. 그중에서도 출판과 활자에서 나타난 변화는 괄목할 만한 것이었다.

활자의 나라 조선

활자는 중국 송나라 경력慶曆, 1041~1048 연간에 필승畢昇이 진흙을 이용하여 처음 만든 것으로 알려져 있다. 그러나 중국에서는 그다지 유행하지 않았다. 기술이 부족했던 초기의 활자 인쇄는 비효율적이었기 때문이다. 활자를 만드는 데 많은 시간이 소요되었을 뿐만 아니라, 조판 기술의 부족으로 인쇄된 책들도 조잡했다. 당연히 한 번에 많은 양을 찍어낼 수도 없었다. 목판 인쇄가 발달해 있던 중국에서는 이 때문에 활자 인쇄술에 크게 주목하지 않았다.

　활자 인쇄술이 크게 발달한 곳은 조선이었다. 고려시대부터 이미 금속활자를 만들어 인쇄에 이용했을 뿐 아니라, 조선조에 들어와서 활자는 더욱 중시되었다. 한꺼번에 많은 양의 책을 인쇄하기보다는 다양한 종류의 책을 조금씩 인쇄할 수 있다는 장점이 크게 작용했다. 어찌 보면 조선의 상황에 가장 적합한 형태의 인쇄술이었던 것이다. 문제는 인쇄 기술이었다. 태종 때에는 조선조 들어 처음으로 계미자癸未字를 만들었고, 세종 때에는 경자자庚子字를 만들었다. 하지만 여전히 기술적인 문제는 물론이고 효율성의 문제도 해결하지 못했다. 이후 세종은 연구를 거듭한 끝에 갑인자甲寅字라는 활자를 탄생시켰다. 아름다울 뿐만 아니라 효율성까지 겸비한 인쇄술의 결정체였다. 이 때문에 조선 말기까지 여섯 번이나 재주再鑄를 거듭했다. 조선의 대표적인 활자가 된 것이다. 금속활자는 구리나 아연 같은 금속을 불에 녹여 만드는데, 오랫동안 사용하다보면 닳아 문드러져 글자가 선명하지 않게 된다. 이때 이전의 활자와 똑같은 모습으로 다시 만들게 되는데 이것을 재주라고 부른다.

　반면에 중국의 활자는 민간에서만 일부 사용되던 실정이었다. 그나마 기술이 조잡하여 조선의 활자본에 비할 바가 아니었다. 조선의 활자본은 중국의 문인들조차 부러워할 정도였다. 그런데 건륭제가 등극하면서 상황이 바뀌었다. 건륭제는 활자의 장점을 간파했다. 건륭제는 『사고전서』를 만들고 이중에서 중요한 책들을 선별하여 간행하려고 했는데, 목판으로는 단기간에 다양한 책을 출판하기 어렵다는 것을 깨달았다. 사실 청나라에는 이미 강희제 때 만든 동활자가 있었다. 강희 연간에 편찬한 거질의 『고금도서집성』은 동활자로 인쇄했다. 하지만 출판이 끝나자 활자는 무영전武英殿에 방치되어버렸다. 이후 세월이 흐르자 관리들은 동활자를

「흠정무영전취진판정식」, 수경실 소장.
청나라 건륭제가 목활자를 만들게 하고 그 과정을 책으로
엮은 것이다. 각 공정을 그림으로 그려놓았다.

훔쳐다가 팔아먹었고, 활자의 숫자는 점점 줄어들었다. 문책이 두려웠던
담당자는 건륭제가 등극한 초기에 연경에 돈이 귀해진 틈을 타 동활자를
녹여 동전을 주조하는 데 사용하자고 주청했고, 건륭제는 그 말을 따랐
다. 힘들게 만든 귀한 활자를 녹여 동전 만드는 데 써버렸으니 참으로 한
심한 일이었다. 뒤늦게 자신의 정책이 잘못되었다는 것을 깨달은 건륭제
는 나무를 이용하여 다시 활자를 만들게 했다. 그러고는 활자에 '취진聚珍'
이란 새로운 이름을 붙여주었다. 활자活字란 말 그대로 '움직이는 글자'란
의미다. 목판본처럼 글자가 고정되어 있는 게 아니라, 움직일 수 있다는
의미에서 그런 이름을 붙였다. 건륭제는 그 이름이 지나치게 직설적이
라며 '구슬을 모아놓은 것'처럼 귀한 보물이라는 의미로 '취진'이란 이
름을 하사했던 것이다. 이후로 나무로 만든 활자는 '취진자聚珍字'라 불

122

리게 된다.

　이 사실을 알게 된 정조가 가만히 있을 리 없었다. 정조는 청나라의 문물을 제한적으로, 그리고 주체적으로 수용했다. 우리에게 필요한 것만을 창조적으로 수용했던 것이다. 정조는 세손 시절부터 재위 기간 동안 모두 다섯 차례 걸쳐 100만 자나 되는 활자를 만들어냈다. 기존 활자의 문제점을 보완하기 위해 그토록 노력했다. 당시 중국 활자의 제작 방법을 들여와 연구를 거듭했다. 정조 또한 활자에 새로운 이름을 부여했다. 그 이름은 바로 '생생자生生字'였다. 1792년정조 16에 중국의 『사고전서』 취진판식을 모방하여 『강희자전』의 글자 모양을 가져다가 나무에 크고 작은 32만여 자를 만들게 하고는 '생생자'라 명명했던 것이다. 조선시대 관에서 만든 활자의 이름은 활자를 만든 해의 간지를 붙여 짓는 것이 일반적인 명명법이다. 그래서 계미자, 경자자, 갑인자라 불렀다. '생생자'는 관활자로는 처음으로 활자에 별도의 이름을 붙인 것이다. 그런데 이것은 단순히 한 활자에 대한 이름이 아니라, 활자의 또다른 명칭, 활자의 대명사이기도 했다. 건륭제가 활자를 '취진'이라 했듯이, 정조는 활자를 '생생자'라 했다. '생생生生'이란 무엇일까. 이 말은 본래 『주역』의 '생생지위역生生之謂易, 끊임없이 만들어내는 것이 변화이다'에서 온 말이다. 활자야말로 끊임없이 만들어내는 것 아니겠는가. 활자는 목판처럼 고정된 것이 아니라 움직이는 글자다. 목판처럼 한 가지 책만 찍어내는 것이 아니라, 조합을 바꿔가면서 수없이 많은 책들을 찍어낼 수 있다. 이렇게 만들어진 책은 문화를 만들고, 그렇게 형성된 문화는 사회를 변화시킨다. 그것이 바로 정조가 추구했던 문교文敎정책이다. '활자'가 직설적이고 형태적인 데 치중한 작명이라면, '취진'은 시적이고 문학적인 작명이라 할 수 있을 것이다. 그에 비하면 '생생자'는 이 모든 것을 아우르고 있을 뿐만 아니라, 철학적 의미까지 부여한 최고의 작명이다. 앞으로 활자라는 말 대신 정조대왕이 처음 지은 '생생자'라는 이름을 써도 좋을 성싶다.

활 자 를   만 들 어   문 집 을   간 행 하 다

서재 이야기를 하면서 이렇게 활자 이야기를 길게 한 것은 남공철南公轍, 1760~1840에 대해 말하기 위해서다. 남공철의 자는 원평元平, 호는 금릉金陵, 사영거사思穎居士라 했다. 본관은 의령宜寧이다. 남공철은 일반인들에게 익숙한 인물이 아니지만, 순조 임금 때 영의정까지 지냈다. 더구나 그는 당대에 문장가로 명성이 높았고, 생전에 자신의 문집을 간행하기까지 했다. 그런데 여기서 한 가지 주목할 점이 있다. 바로 남공철의 문집 간행에 관한 일이다. 남공철은 1815년에 자신의 문집인『금릉집金陵集』을 간행했는데, 간행에 사용한 활자가 '금릉취진자金陵聚珍字'라는 활자다. 정확히 언제 누가 만든 활자인지는 알려지지 않고 있지만 그 활자가 남공철과 관계되어 있을 것이라는 점은 부인하기 어렵다. 그 활자로 인쇄한 최초의 책이『금릉집』이고, 이후 그 활자로 인쇄한 책이 모두 국가에서 편찬한 책과는 무관하다는 점을 감안하면 개인적인 목적으로 만든 활자가 분명하기 때문이다. '금릉취진자'라는 활자의 명칭은 바로 이런 점을 감안하여 붙인 것이다. 즉,『금릉집』을 인쇄한 목활자라는 의미로 붙인 이름이다.

그런데 왜 이 점에 주목해야 하는 것일까? 여기에는 두 가지 측면이 있다. 먼저『금릉집』은 저자가 죽은 뒤에 간행한 시문집이 아니라는 점이다. 일반적으로 조선시대에는 저자가 죽은 뒤에 문집을 간행했다. 살아서는 간행하지 않는 것이 상례였다. 사사로이 서적을 간행하는 것이 쉽지

「금릉집」, 고본(稿本), 수경실 소장.
남공철이 직접 정리한 문집의 고본이다.

않았던 게 가장 큰 이유였다. 한편으로는 그 시대의 분위기 탓도 있었다. 조선시대 선비들은 조상이나 스승의 문집 간행을 가장 중요한 일로 여겼는데 돌아가신 분들의 시문집도 간행하지 못한 상태에서 자신의 문집을 간행한다는 것을 송구하게 여겼기 때문이다. 따라서 죽기 전에 자신의 시문집을 정리해놓는 경우는 많이 있었지만, 직접 자신의 문집을 간행하는 일은 아주 드물었다. 그런데 연행이 활성화되고 청나라 지식인들과 직접 교유하는 일이 빈번해지면서 조선의 지식인들은 시문집 간행에 대해 새로운 생각을 갖게 되었다. 청나라 지식인들은 아주 적은 분량의 시문집도 자신들이 직접 간행하여 조선의 지식인들에게 선물하곤 했다. 상황이 이렇게 되자 조선의 지식인들도 조금씩 그 경향을 따르게 되었다. 그 선구

「금릉집」 금릉취진자, 개인 소장.
남공철은 활자를 만들어 자신의 문집을 간행했다.

자가 남공철이었다.

하지만 문제는 출판 방법에 있었다. 이전까지 조선에서 문집을 간행할 때는 거의 목판을 사용했다. 간혹 활자로 간행할 때가 있긴 했어도, 그것은 목판 간행을 위한 예비 절차였다. 활자는 한 번에 많은 양을 찍기도 어려웠지만, 한 번 찍은 다음에는 다시 찍기가 어려웠기 때문이다. 반면에 목판은 나무판에 한 번 새겨두기만 하면, 언제든지 종이만 가지고 가서 인쇄할 수 있었다. 따라서 당연히 목판을 선호했다. 문제는 서울에서는 목판으로 서적을 간행하기가 어려웠다는 데 있었다. 판목을 구하기도 어려웠고, 설령 목판을 새긴다 해도 보관할 곳이 없었다. 지방관으로 나가서 문집을 간행했던 데에는 이런 이유가 있었다. 상황이 이렇게 되자 서울의 지식인들은 활자로 문집 간행하기를 선호하게 되었다. 그리고 그들

중 일부는 활자를 직접 만들어 사용하기도 했다. 그 선구자 역시 남공철이었다. 물론 남공철 이전에도 숙종 때 김석주金錫胄가 한구자韓構字를 만들기도 했지만, 그것은 국가의 인력과 물자를 이용한 주조였기 때문에 엄격한 의미에서 개인이 만든 활자라고 보기는 어렵다. 반면에 남공철의 금릉취진자는 철저히 국가권력과는 무관하게 개인적으로 만든 활자였다. 이것이 『금릉집』이 중요한 두번째 이유다. 이토록 뜻깊은 의미를 지닌 『금릉집』 간행은 어쩌면 북학의 유행 속에서 탄생한 문화적 현상이라 해야 할 것이다. 그뿐만이 아니다. 남공철은 골동품과 서화를 아주 좋아했다. 고동각古董閣이란 건물을 지어놓고 그 안에 역대 고금의 서화와 골동품을 가득히 쌓아놓았다. 그러고는 틈나는 대로 감상하며 즐겼다. 이 역시 북학의 유행과 아주 관계가 깊은 취향이었다.

북 학 을 따 르 다

—

그의 서재 또한 그런 골동품이나 서화로 가득했으리란 것은 쉽게 상상할 수 있다. 그렇다면 그의 서재에도 그런 모습이 남아 있을까? 남공철의 서재 이름은 이아당爾雅堂이었다. 그는 표암豹菴 강세황姜世晃에게 편액을 써달라고 부탁하여 서재에 걸었다. 그때 표암의 나이는 일흔이었는데, 필법은 더욱 기이하고 아름다웠다. 그는 무척 고마운 나머지 시를 지어 표암에게 감사를 표시했다.

옛날 경전 중엔 『이아爾雅』가 있는데   古有爾雅經

나는 그것으로 서재 이름 삼았다네   吾以名我室

'이爾'는 풀의 이름	爾乃草之名
'아雅'는 새의 이름	雅是鳥之一
『설문해자說文解字』 풀이하길	說文釋二字
새와 짐승, 풀과 나무라네	鳥獸與草木
이를 보면 군자의 학문은	蓋云君子學
많이 아는 게 중요하다네	於此貴多識
강옹姜翁, 표암의 나이 일흔	姜翁年七十
초서로 이름난 지 오래되었네	草書久知名
종요와 왕희지엔 미치지 못해도	鍾王雖未及
문징명文徵明과 동기창董基昌엔 비길 만하네	文董視弟兄

　중국 유가의 경전 중 가장 중요한 열세 가지를 '십삼경十三經'이라 하는데, 그중 하나가 『이아』다. 이 책은 중국 고대 문자의 의미를 설명한 책인데, 남공철은 바로 이 경전의 이름을 자신의 서재 이름에 가져다 붙였다. 군자의 학문에 중요한 것은 '다식多識, 많이 아는 것'이라고 생각했기 때문이다. 청대 학술에서 가장 중요한 것은 바로 '박아博雅'다. 이것은 많이 알고 운치가 있는 것을 말한다. 학문과 예술이 혼융되는 경지를 말하는 것이다. 따라서 북학의 가치를 생활 속에서 구현한 남공철에게 '이아'는 중요한 의미를 지녔다. 서재 이름을 보면 그의 지향이 어디에 있는지를 알아차릴 수 있을 것이다. 남공철은 다시 성대중에게 이아당의 기문을 부탁했다. 그런데 성대중이 남공철의 서재에 부친 「이아당기爾雅堂記」에는 사뭇 다른 이야기들이 담겨 있다.

양한兩漢 이래로 문장이 훌륭해졌지만, 서경西京의 문장만을 '이아'라고 부른다. '이아'란 "정도에 가깝다"는 의미다. 어째서 정도에 가까운 것일까? 육경六經의 여향餘響이 남아 있기 때문이다. 대개 문장은 육경보다 훌륭한 것이 없다. 정도를 표방하기에 그렇다. 그러나 육경은 공자를 만나고 나서야 바르게 되었다. 공자께서 『시詩』와 『서書』에 섞여 있던 잡스런 것들을 없애버리지 않았다면 세상의 교화에 해가 되지 않았겠는가? 공자께서 돌아가시자 미묘한 말들도 없어져버렸다. 70명의 제자들이 돌아가시자 대의도 어긋나버렸다. 제자백가의 말들이 쏟아져나와 유가의 반대파가 되었다. 주나라 말기에 문장의 폐해가 극단에 이르렀다. 진나라에 이르러 유가의 책들을 불에 태워버렸으니 경전에 미친 재앙이 참혹하였다. 한나라가 흥기하자 비로소 학교를 세웠고, 무제는 육경의 가치를 높이 천명하였다. 그러자 가의賈誼, 동중서董仲舒, 사마천司馬遷, 유향劉向, 양웅揚雄의 무리가 각각 자신의 학문으로 세상을 지탱하였다. 문장을 지으면 순수하고 의미가 깊고 형식에 맞고 아취가 있어 육경의 의미에 어긋나지 않았다. 그러므로 육경을 계승하여 문장을 지음에 서경 당시보다 화려한 때는 없었다. 이를 '이아'라고 부르는 게 마땅하지 않겠는가? 그렇지만 문장은 단지 화려한 것만이 전부가 아니라, 반드시 학문으로 이를 완성시켜야 한다. 서경의 시대는 성인과 멀리 떨어져 있지 않았다. 미묘한 말과 멋진 제도가 여전히 남아 있었다. 그 학문 또한 모두가 전공이 있었다. 동중서와 유향은 박식하면서도 각각 한 가지 경전만을 주로 하였다. 이 때문에 서경의 학문은 모두 전실典實하여 근거가 있었다. 경술經術. 경서에 관한 학문을 논함에 혹자는 도수度數, 법식과 수량에 치우쳤지만 그 정밀하게 연구하는 데에는 해가 되지 않았고, 재이災異, 자연재해를 논함에 혹자는 견강부회하였지만 그 깊고 오묘함에는 해가 되지 않았다. 차라리 옛것을 스승으로 삼아 힘들게 할망정 자신의 마음을 스승으로 삼고 방탕하게 하지는 않았다. 이 때문에 세상을 통치함에는 엄격하였고, 나라를 다스림에는 굳세었다. 파당을 짓지 않았고, 이단이 일어나지 않았다. 후대의 정치가들이 감히 도달할 수 없는 경지였다. 이것은 다름이 아니라 학술이 정도에 가까웠기 때문에 그랬던 것이다. 문장의 이아함은 바로 그 점에 근거를 두고 있다. 후대의 학문은 서경시대보다 더욱 정밀하고 자세해졌다. 그러나 그것은 지엽적인 것이 되었다. 실질적인 사무를 저버리고 공허함을 숭상하다보니 오랑캐들의 반란이 뒤따라 일어났다. 내치가 허술하다보니 외적들이 업신여겼기 때문이다. 나는 그래서 "문장의 폐단을 구원하려면 서경의 학문만한 게 없다"고 말한다. 의춘宜春 남원平南元은 평소 문장을 공부함에 있어서 집안에 내려오던 학문을 훌륭하게 이었다. 그 서재 이름을 '이아'라 하였다. 이것은 서경시대의 문장으로 자신을 기약했기 때문에 그런 것이다. 후대의 폐단을 거울삼는 사람은 반드시 복고에 뜻을 둔다. 공이 서경에 뜻을 둔 이유가 여기 있다. 어찌 그 문장이 훌륭해지기를 바라서만 그랬겠는가? 앞으로 그의 학문이 그리로 나아갈 것이다. 아! 학문이 실용에 해당하지 않는다면 배우지 않음만 못하다. 문장이 세상의 교화에 도움이 되지 않는다면 문장을 짓지 않음만 못할 것이다. 원평은 힘써 노력해야 한다.

중국 한나라는 전한과 후한이 있다. 이 두 한나라를 합쳐 양한이라 한다. 전한의 수도인 장안은 후한의 수도인 낙양의 서쪽에 있었기 때문에 서경이라고도 불렀다. 이 때문에 서경은 곧 전한을 가리킨다. 성대중은 서경의 문장에는 육경의 여향이 남아 있기 때문에 정도에 가깝다고 말한다. 따라서 전한의 문장이야말로 '이아'라 부를 수 있다고 강조한다. 문장을 배움에 전한시대의 문장을 배우라는 충고인 셈이다. 남공철이 문장으로 이름나 있었기 때문에 문장을 통해 앞으로 나아갈 방향을 제시한 것이다. 여기에서는 미묘한 비판의 기류도 감지된다. 바로 북학에 대한 비판인 셈이다. 지나치게 시류를 따르는 남공철에 대한 충고인 셈이다. 정조는 당시 유행하던 청나라 문체를 비판하면서 품위 있는 고문으로의 회귀를 주문했다. 고문에 정통했던 남공철이 그 중심에 있었던 것은 당연한 이치였다. 성대중의 주문은 곧 정조의 주문이기도 했다. 문장에서 고문으로 회복해야 하듯이, 정치에서도 순수했던 서경시대로 회복해야 한다는 논리였다. 문장이 순수해지면 정치가 순수해진다는 논리다. 그것은 바로 문장의 실용성에 관한 문제였다. 실용성 없는 문장이 무슨 쓸모가 있겠는가? 이것은 바로 정조의 주장이었다.

남공철은 누구보다도 북학을 일상 속에서 구현한 인물이었다. 하지만 누구보다도 복고적인 인물이었다. 그의 서재 '이아당'에 관한 두 가지 이야기는 남공철의 그런 면모를 보여준다. 자신은 군자는 많이 알아야 한다는 의미로 서재를 '이아당'이라 칭했지만, 성대중은 순수하고 품위 있는 고문으로의 복귀를 주문하면서 '이아당'에 대한 기문을 써주었던 것이다. 이것은 바로 19세기 상당수 지식인들의 고민이기도 했다. 새로운 문물에 대한 호기심, 그리고 전통문화에 대한 자부심. 어쩌면 지금도 진행되고 있는 모든 지식인들의 고민일지도 모른다.

정약용의 여유당:

조심스런
학자의 삶

—

—

—

정승 이서구가 어느날 영평永平에서 대궐로 오다가 길에서 책 한 짐을 말에 싣고 북한산에 있는 절로 가는 한 소년을 만났다. 10여 일 후 고향으로 돌아가는데 다시 한 짐의 책을 싣고 나오는 지난번의 그 소년을 만났다. 이서구가 이상히 여겨 물었다.

"너는 누구인데 책을 읽지는 않고 왔다갔다만 하느냐?"

소년이 대답했다.

"다 읽었습니다."

이서구가 놀라서 물었다.

"싣고 가는 게 무슨 책이냐?"

"『강목綱目』입니다."

"『강목』을 어떻게 10여 일 동안 다 읽을 수 있단 말이냐?"

"읽었을 뿐만 아니라 욀 수도 있습니다."

이서구가 수레를 세우고 책을 마음대로 뽑아서 시험을 해보니 거의 외우고 있었다. 이 소년이 바로 다산 정약용이었다.

매천梅泉 황현黃玹이 지은 『매천야록梅泉野錄』에 수록된 이야기다. 다산茶
山 정약용丁若鏞, 1762~1836의 뛰어난 기억력을 전해주는 일화지만, 학자로서
다산의 앞날을 예측할 수 있게 해주는 대목이기도 하다.

천 재 의   등 장

정약용은 어떤 사람일까? 우리는 입버릇처럼 그를 조선 실학을 집대
성한 학자로 부르지만, 그는 주자학에 밝은 성리학자였고, 백성의 고통을
함께 아파한 시인이었다. 임금에게는 충성스런 신하이자 친구였으며, 아
내에게는 자상한 남편, 아이들에겐 훌륭한 아버지였다. 글씨에도 뛰어난
문필가였고, 차를 좋아한 다인茶人이기도 했다. 학문에서는 어느 누구도

이루기 힘든 경지를 개척했다. 이것은 그의 삶과 학문이 보통의 조선시대 학자들과는 전혀 다른 차원에서 이루어졌다는 것을 의미한다.

매천 역시 다산을 아주 높게 평가했는데 그의 일생을 이렇게 정리했다.

정다산은 이름이 약용이며 남인이다. 정조 때 과거에 급제하여 관직은 승지承旨에 이르렀다. 일찍이 초계문신抄啓文臣. 정조가 규장각에 특별히 마련한 교육 과정에 선발된 문신으로 규장각에 들어가 크게 인정을 받았다. 이로 인해 그를 시기하고 질투하는 사람이 많았다. 형 정약종丁若鍾의 옥사에 연루되어 강진康津에 유배되었다. 유배지에서 일이 없자 고금의 일을 연구하였는데 특히 민생과 국계國計. 국가의 백년대계에 유의하여 탐구해서 저술하였는데, 근원까지 파헤치고 지엽까지 다 살펴서 '유용지학有用之學'을 이루었으니 모두 후세에 본받을 만한 것이었다. 『목민심서牧民心書』『흠흠신서欽欽新書』『방례초본邦禮草本』(즉,『경세유표經世遺表』),「전제고田制考」등의 저술이 그것이다. 우리 동방에서는 거의 공전절후空前絕後라 일컬을 만하다. 반계磻溪 유형원柳馨遠, 성호星湖 이익李瀷의 학문과 견주어보면 또한 더욱 확대해서 넓힌 것이다. 시문과 잡저 등『여유당집與猶堂集』200권이 있으며 의학의 이치에도 매우 정통했다.

정약용은 유형원과 이익을 잇는 '유용지학'의 집대성자라고 매천도 생각했던 모양이었다. 저술은 다산의 일생에서 아주 중요한 일이었다. 하지만 그의 저술은 그의 생전에는 간행되지 못했고, 필사본의 형태로만 유통되었을 뿐이었다. 이후 구한말에 이르러 다산의 학문이 재조명을 받기 시작했지만, 쓰러져가는 국운을 막을 수는 없었다. 여러 차례에 걸쳐 그의 저술을 간행하려는 노력들이 있었지만 끝내 뜻을 이루지 못했고, 서

『여유당전서』 신식활자본, 수경실 소장.
정약용의 외현손 김성진의 편집과 정인보, 안재홍의 교열
을 거쳐 1934년부터 1938년까지 5년 동안 154권 76책
으로 신조선사(新朝鮮社)에서 간행하였다. 사진은 안재홍
의 수택본이다.

거 100주년을 즈음한 1934년부터 1938년까지 약 5년 동안 다산의 외현
손外玄孫인 김성진金誠鎭의 편집과 정인보鄭寅普, 안재홍安在鴻의 교감을 거쳐
154권 76책의 『여유당전서』가 간행되었다.

'여유'의 의미

다산의 문집 이름에는 왜 '다산'이란 그의 호 대신 '여유당與猶堂'이란
글자가 들어갔을까? 여유당은 정약용이 자신의 서재에 붙인 이름으로 알
려져 있다. 그의 당호堂號, 즉 서재의 이름인 것이다. 그렇다면 여유당에는
어떤 의미가 담겨 있을까? 먼저 그의 「여유당기與猶堂記」를 살펴보자.

자신은 하고 싶지 않지만 어쩔 수 없이 해야 하는 것은 그만둘 수 없는 일이고, 자신은 하고 싶지만 다른 사람이 그 일을 몰랐으면 해서 하지 않는 것은 그만둘 수 있는 일이다. 그만둘 수 없는 일은 언제나 그 일을 하게 마련이지만, 이미 자신이 하고 싶지 않은 일이므로 때로는 그만두기도 한다. 자신이 하고 싶어하는 일은 언제나 그 일을 하게 마련이지만 이미 다른 사람이 몰랐으면 하기 때문에 역시 때로는 그만두기도 한다. 참으로 이와 같다면 세상에는 도대체 사건이라는 게 없을 것이다. 나의 단점은 내가 잘 안다. 나는 용감하지만 지모智謀가 없고 선善을 즐거워하면서도 가릴 줄 모른다. 맘 내키는 대로 곧바로 행동하지만 의심도 하지 않고 두려워하지도 않는다. 그만둘 수도 있는 일이지만 마음에 기쁘게 느껴지기만 하면 그만두지 못하고, 하고 싶은 생각이 없는데도 마음속이 꺼림칙하면 그만두지 못한다. 그래서 어려서부터 일찍이 유가 이외의 방외方外에 마음을 빼앗기고도 의심하지 않았고, 장성해서는 과거 공부에 빠져 다른 것을 돌아보지 않았다. 나이 서른이 되어서는 지난 일의 과오를 깊이 뉘우치면서도 두려워하지는 않았다. 이 때문에 선을 즐기며 싫증내지 않았지만 비방을 받는 일은 유독 많았다. 아! 그 또한 운명이다. 내 성품이 그런 것인데 내가 여기서 어찌 감히 운명을 말하겠는가! 노자가 이런 말을 하였다.

여與가 겨울에 시내를 건너는 것처럼 하고　　　　　與兮若冬涉川
유猶가 사방에서 엿보는 것을 두려워하듯 하라.　　　猶兮若畏四隣

아! 이 두 마디 말은 내 단점을 고치는 약이 아니겠는가! 겨울에 시내를 건너는 사람은 차가움이 뼈를 에듯 하므로 아주 부득이한 경우가 아니면 건너지 않으며, 사방의 이웃이 엿보는 것을 두려워하는 사람은 다른 사람의 시선이 자기 몸에 이를까 염려한 때문에 아주 부득이한 경우라도 하지 않는다. 남에게 편지를 보내 경례經禮. 경술과 예학의 차이점을 논변하려다 다시 생각해보니 그렇게 하지 않더라도 해로울 것이 없는 일이었다. 하지 않더라도 해로울 것이 없는 것은 부득이한 것이 아니다. 부득이한 것이 아닌 것은 또 그만둬도 되는 일이다. 다른 사람을 공격하는 봉장을 올려 조신朝臣. 조정에서 벼슬살이를 하고 있는 신하의 시비를 말하려다 다시 생각해보니, 이것은 남이 알지 못하게 하려는 것이었다. 남이 알지 못하게 하려는 것은 마음속에 크게 두려움이 있는 일이다. 마음속에 크게 두려움이 있는 일 또한 그만둬도 되는 일이다. 진귀한 옛 기물을 널리 모으려고 하였지만 이것 또한 그만두었다. 관직에 있으면서 공금을 몰래 가져다가 남의 부러움을 훔치겠는가. 이것 또한 그만두었다. 마음에서 일어나고 뜻에서 싹트는 모든 것은 아주 부득이한 일이 아니면 그만두며, 아주 부득이한 일이라도 남이 알지 못하게 하려는 것은 그만둔다. 참으로 이렇게만 된다면 천하에 무슨 사건이 있겠는가? 내가 이 의미를 깨달은 지 6, 7년이 되었다. 이것을 당堂에 편액으로 달려고 했지만 다시 생각해보고는 그만두었다. 초천苕川에 돌아와서야 문미門楣. 문 위쪽을 가리킴에 써서 붙이고, 이름 지은 까닭을 적어 아이들에게 보인다.

정조의 총애를 입으며 출세 가도를 달리던 다산에게 시련이 닥쳤다. 젊은 시절 천주학에 관한 책을 보고 연구했던 것이 화근이었다. 다산은 23세 때 처음으로 천주교를 접했다. 북경에 가서 서양 선교사에게 세례를 받은 이승훈李承薰이 그의 매형이었고, 최초의 천주교리 연구회장인 정약종丁若鍾은 그 셋째 형이었으며, 진산珍山 사건으로 효수된 윤지충尹持忠은 그 외사촌형이었고, 백서帛書 사건으로 능지처참당한 황사영黃嗣永은 그 조카사위였다. 그의 집안사람들이 쟁쟁한 천주교도였던 것이다. 그런 상황에서 호기심 많은 어린 다산이 천주학에 관심을 가졌던 것은 당연한 일이었을 것이다. 그러나 다산은 이후 성균관에 들어가면서 천주학과 인연을 끊는다. 그러나 젊은 시절 그가 한때 마음을 두었던 천주학은 결국 그의 인생 항로를 바꿔놓고 만다. 정쟁의 회오리바람 속에서 다산이 젊은 시절 천주학에 몸담았던 사실은 부메랑이 되어 그의 목을 겨누는 칼로 변해 있었다. 상황이 어찌할 수 없는 지경이 되자, 다산은 짐을 챙겨 고향으로 돌아갈 결심을 했다. 이때가 1800년 봄이었다. 처자식을 배에 태우고 초천의 별업別業으로 돌아간 지 며칠 만에 정조는 다산이 고향으로 돌아갔다는 소식을 듣고서 내각에 시켜 다산을 불러들였다. 다산은 어쩔 수 없이 다시 서울로 돌아왔다. 서울로 돌아온 지 얼마 되지 않은 6월 12일 밤이었다. 정조는 내각의 아전을 시켜 『한서선漢書選』 10건을 전해주며 5건은 집안에 가보로 전하고 5건은 제목을 써서 다시 궁궐로 들이라고 했다. 이것은 다산에게 책을 내려주기 위한 것이 아니라, 그의 안부를 묻기 위한 정조의 배려였다. 그로부터 며칠 지난 6월 28일에 정조는 승하했다. 정조는 다산에게 자신의 마지막 은전恩典을 베풀었던 것이다. 슬픔에 잠겨 다시 고향으로 돌아온 다산은 형제들과 함께 날마다 모여서 경전을 강론했다. 그러고는 자신의 서재에 여유당이란 편액을 걸고 그 의미를 글로 써서 아이들을 경계했던 것이다.

코끼리가 살얼음 위를 걷듯이

—

그는 자신이 지나온 과거를 되짚어보았다. 임금으로부터 최고의 총애

140

를 받던 자신이 어쩌다가 이 꼴이 되었을까? 도대체 무엇 때문에 이런 상황으로 내몰리게 되었단 말인가? 그것은 젊은 시절 철없이 마음을 뺏겼던 천주학 때문이었다. 세상에는 두 가지의 일이다. 하나는 자신은 하고 싶지 않은데 어쩔 수 없이 해야만 하는 일이다. 이런 일은 그만두고 싶어도 그만둘 수 없다. 그리고 또하나는 자신은 하고 싶지만 남들이 몰랐으면 하는 일이다. 이 일은 자신이 좋아서 한 일이므로 자신이 알아서 그만둘 수 있다. 다산에게 천주학은 바로 후자에 해당되는 일이었다. 자신의 호기심이 발동하여 탐닉하기는 했지만 남들이 모르기를 바라던 일이었다. 남들이 모르기를 바라던 일이었기에 일찍이 하지 말았어야 했거늘, 그렇게 하지 못했던 것이다. 그리고 그 일 때문에 자신과 집안은 흥망의 갈림길에 서게 된 것이다. 다산은 이 모든 것이 자신의 성격 때문이라고 결론지었다. 용감하지만 지략은 없고 좋은 것을 보면 앞뒤 돌아보지 않고 맘 가는 대로 행동에 옮긴다. 그러면서도 그 일이 잘못된 것이 아닐까 하는 의심도 해보지 않고 아무런 두려움도 가지지 않는다. 한번 더 생각했더라면 그만둘 수도 있었는데, 마음속으로는 그것이 좋은 것이라 여겨 그만두지 못했던 것이다. 계속하고 싶은 생각이 없어도 상황이 여의치 못하자 그만두지도 못하는 자신의 성격에 문제가 있다고 여긴 것이다. 그렇다면 이런 자신의 단점을 고칠 수 있는 방법은 무엇일까? 다산은 노자가 말한 『도덕경』15장의 이야기를 떠올렸다. "여與가 겨울에 시내를 건너는 것처럼 하고 유獪가 사방에서 엿보는 것을 두려워하듯 하라."

'여'는 큰 코끼리를 가리킨다. 겨울에 살얼음이 언 시내를 육중한 코끼리가 건너가게 되면 어떤 상황이 벌어질까? 얼음은 깨지고 코끼리는 차가운 물속으로 빠지게 될 것이다. 그러니 당연히 조심조심 건너가야 한다. '유' 또한 동물을 가리킨다. 그런데 이 유라는 동물은 아주 의심이 많

141

〈**다산초당도**〉, **개인 소장.** 정약용이 강진 유배지에서 기거하던 초당의 모습을 그린 것이다.

다. 그래서 사방에서 자신을 노려보고 있기라도 하듯 언제나 사방을 둘러보며 조심스럽게 행동한다. 이처럼 여나 유는 모두 아주 조심스럽게 행동해야 하는 처지를 비유하고 있는 것이다. 다산 자신이 처한 상황이 바로 여나 유의 상황과 같았다. 다산의 입장에서는 참으로 뼈저린 후회였던 것이다. 하지만 다산은 결국 천주학에 연루되어 강진으로 유배되고 말았고, 18년이란 세월을 그곳에서 보내게 되었다. 이후로 그는 자신의 서재에 붙인 여유당의 의미를 한 번도 저버린 적이 없었다. 강진으로 찾아온 아들 학유를 돌려보내며 지어준 글은 그가 얼마나 조심스런 삶을 살고 있었는지를 여실히 보여준다.

열흘마다 집 안에 쌓여 있는 편지를 점검하여 번잡스럽거나 남의 눈에 걸릴 만한 것이 있으면 하나하나 가려내 심한 것은 불에 태우고 덜한 것은 꼬아서 끈을 만들고 그다음 것은 찢어진 벽을 바르거나 책 표지를 만들었다. 그렇게 하면 정신이 산뜻해졌다. 편지 한 통을 쓸 때마다 두 번 세 번 읽어보고 마음속으로 빌었다. "이 편지가 큰길가에 떨어져 나의 원수가 열어보아도 내게 죄를 주는 일이 없기를." 또 이렇게 빌었다. "이 편지가 수백 년을 전해내려가 수많은 지식인에게 공개되어도 나를 조롱하는 일이 없기를." 그런 다음에야 봉투를 붙였다. 이것이 군자의 신중함이다. 나는 젊어서 글씨를 빨리 쓰다보니 이런 경계를 무시하는 일이 많았다. 중년에는 재앙이 두려워 점차 이 방법을 지켰는데 아주 도움이 되었다.

편지 한 통을 쓴 다음 다산은 자신이 쓴 편지를 두 번 세 번 읽어보았다. 그러고는 혹시라도 이 편지가 큰길에 떨어져 자신의 원수가 읽어보더라도 편지 속에 담긴 이야기를 꼬투리 잡아 자신에게 죄를 주는 일이 없기를 바랐던 것이다. 자신이 쓴 편지가 수백 년을 전해내려가 수많은 지식인에게 공개되어도 자신을 조롱하는 일이 없기를 바랐던 것이다. 바로 '여유당'에 담긴 다산의 처방이었다.

조선 후기의 문인 홍길주는 다산의 부음을 듣고 이렇게 말했다.

열수洌水가 죽었다. 수만 권 서고가 무너졌도다.

열수는 다산의 고향 앞을 흐르는 강을 가리킨다. 정약용의 호는 아니지만 그를 가리키는 말로 쓰이곤 했다. 정약용의 부음을 들은 홍길주는 그의 죽음을 수만 권의 서고가 무너진 상황에 비유했다. 그것은 단순히 한 학자의 죽음만을 의미하지는 않는다. 그의 죽음은 '여유당'의 무너짐이자, 조선 학문의 무너짐을 가리켰을 것이다.

김한태의 자이열재:

나를 위한 서재, 우리를 위한 서재

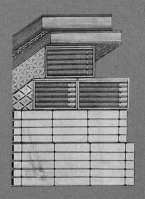

중국 남북조시대에 도홍경陶弘景이란 인물이 있었다. 그는 '산중재상山中宰相'으로 불리던 사람이었다. 본래 좋은 집안에서 태어나 좋은 교육을 받고 성장했지만, 17세에 제齊나라 조정에 들어간 이래 20년 동안 벼슬살이를 하다가 양梁나라가 제나라를 대신하여 들어서자, 37세에 사직을 하고 산속으로 들어가버렸다. 구도자의 길로 들어선 것이다. 그는 비록 관직에서는 물러나 있었지만 세속의 일에도 관심을 가지고 있었다. 어지러운 세상이 안정되기를 바랐기 때문이다. 양나라 무제武帝는 엄격한 법률로 백성들을 억누르기도 했지만, 한편으로는 인자하고 근검한 척했다. 유학을 숭상하고 불교를 신봉하여 백성의 환심을 사려고 노력했다. 그러자 도홍경은 자신의 제자를 궁에 들여보내 무제에게 칼 두 자루를 바치도록 했다. 하나는 이름이 '희승喜勝'이었고, 다른 하나는 '성승成勝'이었다. 도홍경이 이 칼을 보낸 데에는 큰 뜻이 숨어 있었다. 조정이 나라를 잘 다스리려면, 한편으로는 백성에게 선정을 베풀고 다른 한편으론 실력을 키우라는 의미가 담겨 있었던 것이다. 도홍경이 자신에게 보내준 지지에 감동한 무제는 자신의 뜻을 담아 글을 지어 보냈다.

산속에 무엇이 있기에, 경은 뭘 그렇게 못 잊어 돌아오지 않는 것인가?

그는 도홍경이 산속에서 나와 자신을 도와주기를 바라고 있었다. 하지만 도홍경은 고심 끝에 산 밖으로 나가지 않기로 결정했다. 그러고는 붓을 들어 시 한 수를 지었다. 무제의 요청에 대한 대답이었다.

산속에 무엇이 있느냐 물으셨죠?	山中何所有
고개 위의 저 많은 흰 구름이죠.	嶺上多白雲
저 혼자만 즐거워할 수 있을 뿐,	只可自怡悅
그대에게 드릴 순 없답니다.	不堪持贈君

무제는 도홍경이 무엇 때문에 속세로 돌아오지 않을까 궁금했다. 이 시는 무제의 그런 궁금증에 대한 답변이었다. 내가 이 산속을 떠나지 못하는 것은 고갯마루의 구름 때문입니다. 저는 그 구름을 바라만 보아도 즐겁습니다. 하지만 당신 같은 임금이 어떻게 그 즐거움을 알 수 있겠습니까! 그것은 나 혼자만이 누릴 수 있는 즐거움입니다. 이 즐거움은 남에게 줄 수 없는 나만의 즐거움입니다. 내가 왜 이런 즐거움을 버리고 당신을 쫓아다녀야 하겠습니까? 이것이 바로 도홍경이 속세로 나가지 않았던 이유다. 도홍경의 이러한 거절에도 불구하고, 무제의 구애는 계속되었다. 틈만 나면 사람을 보내 그의 출사出仕를 종용했다. 도홍경 역시 자신의 뜻을 꺾지 않았다. 그러다가 한번은 무제가 보낸 사람에게 그림을 한 폭 그려 보냈다. 무제가 그림을 펼치자 물소 두 마리가 그려져 있었다. 한 마리는 푸른 산과 맑은 물이 있는 곳에서 마음대로 다니며 풀을 뜯고 있었고, 다른 한 마리는 금으로 된 멍에를 쓰고 있었다. 도홍경은 이 그림을 통해

세상일에 구속받기 싫어하는 자신의 심경을 표현하며 무제의 청을 정중히 거절했던 것이다. 이 일이 있은 뒤로 무제는 도홍경을 더이상 귀찮게 하지 않았다. 하지만 중요한 일이 있으면 그에게 사람을 보내 자문을 구하곤 했다. 이런 일이 계속되자, 사람들은 그를 '산속에 사는 재상'이란 뜻으로 '산중재상'이라 불렀다. 도홍경의 고사는 역대 수많은 시인과 묵객이 시나 글씨의 소재로 삼았고, 그림으로 그려지기도 했다. 또 사람들은 '지가자이열只可自怡悅, 불감지증군不堪持贈君'이란 구절을 인장에 새겨 완상하고, 인장을 책에 찍어두고 감상하기도 했다. 그뿐만이 아니었다. 도홍경의 의취를 모방하여 서재 이름으로 사용하는 경우도 있었다. 정조 때의 역관 김한태는 자신의 서재를 '자이열재自怡悅齋'라 이름 짓고 당호堂號를 '자이당自怡堂'이라 했다.

진 정 한   즐 거 움
——

김한태金漢泰, 1762~?의 자는 경림景林, 본관은 우봉牛峯이다. 그의 부친은 역관이었고, 김한태 역시 1786년에 역과에 한학漢學, 중국어으로 합격했다. 그는 1783년 겨울, 동지사를 수행하여 처음으로 연경에 갔다. 그리고 이듬해 봄, 그곳에서 뜻밖의 인물들과 교유하게 된다. 바로 서재西齋 박명博明과 그의 친구 담계覃溪 옹방강翁方綱이었다. 박명은 서화로 이름이 있었는데, 이듬해에는 표암 강세황과도 교유를 하면서 조선의 문인들에게 널리 알려지게 되는 인물이다. 옹방강은 훗날 김정희의 스승으로 잘 알려지게 되지만, 아직은 낯선 인물이었다. 김한태는 첫 만남에서 옹방강에게 '자이당'이란 편액을 써달라고 부탁했다. 자신의 집에 걸기 위해서였다.

한편 박명에게는 자신의 서재에 걸 기문을 부탁했다. 하지만 시간이 촉박하여 옹방강의 편액만 받아든 채 귀국할 수밖에 없었다. 그리고 박명에게 부탁했던 기문은 다음해 사행편에 김한태에게 배달되었다. 박명이 지은 기문을 보자.

조선사람 김경림金景林이 집 세 칸을 깨끗하게 지었다. 뜰에는 꽃과 약초를 심었고 서재에는 책 100여 권을 쌓아놓았다. 시간이 나면 향을 피워놓고 그 속에서 시를 읊었다. 그러고는 '자이열재'란 편액을 걸었으니 그 뜻이 아름답다. 각자가 처한 환경이나 각자가 가지고 있는 물건이 그 사람을 즐겁게 만들지는 못한다. 각자가 처한 환경과 각자가 가지고 있는 물건이 그 사람의 마음의 지향점과 서로 잘 맞물려야 천기天機가 통하게 되는 것이다. 만일 억지로 하게 된다면 즐거움을 느끼지 못하고 오히려 괴로움만 더하게 된다. 그래서 즐거운 일은 오직 한두 사람의 마음이 맞는 친구들만이 함께할 수 있는 것이다. 비록 처자식과 함께해도 즐거움을 깨닫지 못해 스스로 체득하지 못하면 참된 즐거움이 아니다. 다만 관직에 있는 사람은 혼자서만 즐거워해서는 안 되고, 국민들과 함께 즐길 생각을 해야 한다. 이미 관직에 나아가 국민들과 함께 생활하고 있다면 반드시 국민들의 즐거움을 자신의 즐거움으로 삼아야 하는 것이다. 혼자서만 즐겨서는 안 된다. 도홍경은 이런 사실을 알았기에 산속에 살면서도 흰 구름을 보고 즐거워하며 화려한 곳에는 가지 않았던 것이다. 이것은 각자가 처한 시대와 지위가 다르기 때문이다. 경림은 나이가 아주 젊다. 게다가 이제 막 관직에 나아갔는데, 스스로 좋아서 그런 것이라면 참으로 잘된 일이다. 그 또한 '혼자 즐거워하는' 데로부터 나아가 다른 사람들과 함께 즐거워해야 한다는 것의 의미를 생각해야 한다.

박명은 '이열怡悅'의 의미를 묻는다. 이열이란 무엇인가? 이열은 즐겁다는 뜻이다. 그런데 그 즐거움이란 게 내가 처한 환경이 좋다고만 가능한 것일까? 아니면 내가 좋은 물건을 소유하고 있어야만 즐거운 것일까? 얼핏 생각하면 즐겁지 않을 이유가 없다. 내가 높은 자리가 올라 있는데 즐겁지 않을 이유가 있겠는가? 멋진 차가 생겼는데 즐겁지 않을 이유가 있겠는가? 그런데 박명은 아니라고 한다. 내 마음의 상태가 그런 환경이나 사물과 어울릴 준비가 되어 있어야 즐거울 수 있다는 것이다. 아무리 높은 자리에 있어도 마음속에 걱정이 가득하다면 즐거울 수 있겠는가? 마음속은 온갖 고민으로 들끓는데 눈앞의 새 차가 눈에 들어올 리 만무하다. 이럴 때 억지로 즐거운 마음을 가지려고 해봐야 괴로움만 더할 뿐이다. 결국 내가 처한 환경이나 내가 가지고 있는 물건이 내 마음의 상태와 일치해야 즐거울 수 있다는 것이다. 즐거움은 쉽게 만들어지지 않는다는 것을 의미한다. 따라서 즐거운 일이란 한두 사람의 마음이 맞는 친구들과만 함께할 수 있다. 비록 가족이라 해도 그 즐거움을 제대로 알지 못한다면 진정한 즐거움을 느낄 수 없기 때문이다. 그러나 여기서 박명은 즐거움에도 예외가 있다고 한다. 그것은 바로 관직에 있는 사람의 즐거움이다. 관직에 있는 사람은 혼자서만 즐거워해서는 절대 안 된다. 관직에 있는 사람에게는 국민의 즐거움을 자신의 즐거움으로 삼는 것이 진정한 즐거움이라는 것이다. 이것은 송나라 정치가 범중엄范仲淹이 말한 '세상 사람들이 걱정하기에 앞서 먼저 걱정하고, 세상 사람들이 즐거워한 다음에 즐거워하라先天下之憂而憂, 後天下之樂而樂'는 의미와 상통한다. 관직에 있는 사람은 개인이 아니라 공인이기 때문에 그렇다. 박명은 마지막으로 김한태에게 충고한다. 이제 막 관직에 나아간 젊은 사람이기 때문에 '자신만의 즐거움'이 아니라 다른 사람들과 함께 즐겨야 한다는 것의 의미를 생각해야 한다고 말이다.

박명으로부터 기문을 받아든 김한태는 더할 나위 없이 기뻤다. 친구들에게 이 글을 보이고 자랑을 했다. 24세의 김한태로서는 연경에서 알게 된 중국의 이름난 문인으로부터 이런 글을 받았으니 자랑할 만했을 것이다. 그런데 사실 박명의 기문은 강세황을 통해 배달되었다. 1784년 겨울 표암 강세황은 부사副使로 연행을 했다. 강세황의 연행 소식을 들은 김한태는 빈 서첩을 강세황에게 보이며 '자이열재' 네 글자를 써달라고 부탁했다. 당연히 박명에 관한 이야기도 나누었다. 강세황은 이 빈 서첩을 연경까지 들고 갔다. 그러고는 객관客館에 머물면서 도홍경의 시를 포함하여 시 몇 수를 쓰고, 박명을 만나 서첩 끝에 그의 글까지 받았다. 강세황은 김한태의 자이열재를 통해 박명과 교유할 수 있는 기회를 얻은 셈이었다. 강세황 또한 김한태의 자이열재에 대해 이런 글을 남겼다.

김생金生이 조그만 서첩을 가지고 와서 내게 '자이열재' 네 글자를 써달라고 하기에, 붓 가는 대로 써주었다. 사람이 즐겁게 여기는 것은 각자가 다른데, 김생이 즐겁게 여기는 것은 어디에 있는지 모르겠다. 시나 글씨를 즐겁게 여기는 사람도 있고, 재물을 가지고 즐기는 사람도 있으며, 시와 술로 즐기는 사람도 있고, 노래와 여자로 즐기는 사람도 있다. 김생이 좋아하는 것은 틀림없이 이 몇 가지에서 벗어나지 않을 것이다. 오직 자신이 좋아할 만한 것을 선택하는 데 달려 있다.

표암은 세속적인 즐거움을 이야기한다. 세상에는 수많은 종류의 즐거움이 있고, 사람마다 즐기는 방식도 다양하다. 그런 만큼 그 선택의 몫은 자신에게 달려 있다는 것이다. 김한태의 즐거움 역시 그의 선택 여하에

표암이 쓴 '자이열재' 글씨. 경남대학교박물관 소장.

'지가자이열 불감지증군(只可自怡悅·不堪持贈君)' 인장

152

따라 달라진다는 것이다. 그것은 김한태 자신의 삶의 지향점에 관한 문제이기도 했다.

서재에 대한 김한태의 열정은 여기서 그치지 않았다. 그는 틈만 나면 문사들에게 자신의 서재를 알리고 시와 기문을 받으려고 했다. 1810년, 김한태는 연경의 조강灄江으로부터 또다른 기문을 받는다. 이해는 김정희가 연행을 하여 연경의 명사들과 교유하던 해다. 추사 역시 연경에서 조강을 만나 교유를 시작했다. 아마 김한태는 연행을 한 누군가에게 기문을 받아달라고 부탁했을 것이다. 어쩌면 김정희에게 부탁했을지도 모른다. 그는 기쁜 마음으로 조강의 기문을 받아들게 되었다. 조강은 기문에서 소옹邵雍의 시구를 떠올리며 소옹이야말로 진정한 의미에서 스스로 즐거워할 줄 아는 사람이라고 말한다. 소옹은 송나라의 저명한 유학자다.

아무리 작은 성공이라도 이루기는 어려운 것,　　　　至微功業人難必
산 위의 흰 구름이 나는 그저 즐겁다.　　　　　　儘好雲山我自怡

「유산游山」이란 시의 한 구절이다. 인생을 살면서 아무리 자그마한 일이라도 꼭 성공한다는 보장이 있는 것은 아니다. 성공이란 참으로 어려운 일이다. 하지만 저 산 위에 떠 있는 흰 구름은 바라보기만 해도 즐겁다는 말이다. 과연 산마루에 떠 있는 흰 구름만 보고도 즐거워할 수 있는 사람이 몇이나 될까? 물론 잠깐은 가능할지 몰라도 언제나 그럴 수 있는 사람은 거의 없다. 그런데 소옹은 가능하다는 것이다. 소옹의 그런 모습을 닮고 싶었던 김한태는 소옹의 그 시구를 따다가 당호로 삼았다.

남에게는 줄 수 없는 즐거움

1813년 봄, 김한태는 두번째 연행을 하게 된다. 헤어진 지 30년 만에 옹방강을 만나러 그의 서재도 방문했다. 이번에는 기문을 받기 위해 아예 빈 공책을 한 권 가지고 갔다. 그 공책에 여러 사람들의 기문을 받아오기 위해서였다. 김한태는 그 공책을 옹방강의 아들 옹수곤翁樹崑에게 맡겨두고 귀국했다. 그리고 다음해, 그 공책은 자이당에 관한 글씨와 기문, 그리고 시로 가득 채워져 김한태의 서재로 배달되었다. 앞에는 옹방강이 쓴 '자이당' 세 글자가 있었고, 이어서 진용광陳用光의 기문과 유사관劉嗣綰, 섭소본葉紹本의 시가 있었다. 그리고 다시 옹방강의 아들 옹수곤의 기문과 시, 옹수곤의 친구 이정원李鼎元의 시가 있었다. 옹수곤의 기문에는 당시의 정황이 잘 나타나 있다.

조선의 역관 김경림의 이름은 한태이다. 계유년1813 3월에 사신을 따라 연경에 왔다가, 4월 16일에 소재蘇齋. 옹방강의 서재를 방문하였다. 일찍이 서재 박명 선생의 서재에서 부친옹방강을 만난 적이 있었다. 그때가 건륭 갑진년1784 1월이었으니, 이제 어느덧 30년이 지난 일이 되었다. 김군은 풍채가 좋고 박식하며 옛것을 좋아한다. 대대로 조선에 살았으며 거족巨族이다. 그는 당호를 '자이당'이라 하였다. '지미공업인난필至微功業人難必, 진호운산아자이儘好雲山我自怡'에서 따온 것인데, 소강절邵康節. 강절은 소옹의 시호의 시구이다. 그는 또 서재에다 '자이열재'라는 편액을 걸었다. 이것은 '한중자이열閒中自怡悅, 묘처절기미妙處絶幾微'라는 주자朱子의 시구에서 따온 것이다. 1784년에 부친께서 '자이당'이란 편액을 써주셨는데, 김군이 이것을 가지고 귀국하자, 조선의 많은 문인들이 이를 시제 삼아 시를 지었다. 올여름 연경을 떠나기 이틀 전에 잘 만든 공책 하나를 소재에 남겨두었다. 부친의 글씨를 다시 얻고, 널리 중국 사대부들의 시나 글을 얻어 기념으로 삼기 위해서였다. 부친께서는 공책의 앞쪽에 예서로 쓰셨고, 진용광, 유사관, 섭소본 세 분이 이어서 시를 쓰셨다. 이것으로 두 번이나 중국을 관광한 김군의 소원을 이루어준 것이다. 또한 30년 전 한묵翰墨으로 맺은 인연을 보충할 수 있게 되었다. 그러니 이번 여행이 헛걸음이 되지는 않았을 것이다. 훗날 김군이 이 책을 보게 되면 당연히 자하 신위, 추사 김정희, 약헌約軒 홍현주洪顯周 등 여러 친구들과 함께 밝은 창가 깨끗한 책상 위에서 서로 펼쳐놓고 감상할 테고, 연경 여러 선비들의 멋진 모임을 알게 되어 멋진 시들이 더욱 늘어나게 될 것이다. 멀리 시경헌詩境軒, 추사의 서재에서 주인과 손님이 서로 시를 지으며 담소할 모습을 생각하니 아련한 풍경이 마치 눈앞에 있는 듯하다.

이 글을 보면 김한태는 자신의 집 이름을 '자이당'이라 하고, 서재 이름을 '자이열재'라 한 것을 알 수 있다. 30년 전 옹방강과 박명을 만났을 때 그는 분명 도홍경의 시구에서 서재 이름을 따왔다. 그런데 30년이 지난 후, '자이열'의 근거는 주자와 소옹의 시구로 바뀌어 있다. 물론 주자나 소옹의 시구에도 도홍경의 흔적이 역력하다. 하지만 도홍경이 도가 계열의 인물이고, 젊은 사람이 도홍경의 의미를 부여하기에는 맞지 않았다고 여겼던 듯하다. 김한태의 입장에서는 아무래도 유학자인 주자와 소옹의 시구를 가져다가 그 근거로 삼는 게 좋다고 판단했던 모양이다. 주자의 시구는 다음과 같다.

한가로움에 나는 즐겁지만,   閒中自怡悅
오묘한 곳 거의 없네.   妙處絶幾微

「한좌閑坐」라는 시의 한 구절이다. 한가하게 앉아서 시를 읊고 있자니 잡생각도 하나 없고 마음은 즐겁지만, 시에서 특별히 뛰어난 구절은 찾아보기 힘들다는 의미다.

이렇게 김한태는 자신의 서재를 꾸미기 위해 30년이란 긴 세월을 보냈다. 중국 문사들의 글씨와 시, 그리고 기문을 받기 위해 사행 때마다 사람을 보냈다. 연경의 문사들이 시문을 보내오면 자이열재에는 조선의 문인들이 모여들었다. 함께 시를 짓고 담론을 나누며 기뻐했던 것이다. 어쩌면 자신의 서재에 걸 글씨와 기문을 받기 위해 30년을 노력한 김한태의 모습이 우스워 보일 수도 있다. 하지만 이것은 일종의 놀이이다. '자이열재'라는 테마를 놓고 벌이는 선비들의 놀이, 선비들의 아취인 것이다. 이런 김한태의 열정은 '자이열재'를 담론의 주제로까지 발전시켰다. 옹수곤의 예언처럼 조선 지식인 사이에서는 연경에서 온 '자이열재'를 테마로 한 시문과 글씨를 두고 토론이 벌어졌고, 수창酬唱이 이어졌으며, 자이열재를 자신들의 서재 이름에 사용했기 때문이다. 서유구도 그중 한 사람이다. 그는 옹방강이 쓴 '자이열재' 편액을 구해놓고 서재에 걸려고 했지만 뜻을 이루지 못했다. 서울 생활에 그런 편액이 어울리지 않는다고 여겼기 때문이다. 할 수 없이 상자 속에 넣어둘 수밖에 없었다. 훗날 그는 시골로 은퇴하자, 상자 속에서 글씨를 꺼내 나무에 새긴 다음 자신의 서재에 걸었다. 그래서 자이열재는 그의 또다른 서재가 되었다.

자이열재를 이야기하는 사람들은 각자 해석을 달리 했다. 어떤 사람은 도홍경의 시구를 가져다 설명했고, 어떤 사람은 주자와 소옹의 시구에서 그 의미를 찾았다. 중요한 것은 "내가 즐겁다"는 것이다. 이를 두고 자이열재를 세상으로부터 도피하는 소극적인 삶의 방식으로 해석할지도 모른다. 하지만 도홍경은 산중재상으로 불리지 않았던가! 도홍경은 흰 구름을 핑계삼아 임금의 부름도 거절했다. 흰 구름이야말로 그에겐 가장 큰 기쁨이었기 때문이다. 도홍경의 흰 구름이야말로 '자이열'의 원동력이었고, 그것이 그를 산중재상으로 만들었던 것이다. 김한태는 자이열재를 통해 묻는다. '혼자서만 즐기며 남에게는 줄 수 없는只可自怡悅, 不堪持贈君' 그 무언가가 당신에게도 있느냐고 말이다. 임금의 부름도 거절할 수 있는 무언가를 가지고 있느냐고 말이다. 그리고 다시 말한다. 그것이 없다면 '세상 사람들이 걱정하기에 앞서 먼저 걱정하고, 세상 사람들이 즐거워한 다음에 즐거워한다'는 말은 한갓 위선일 뿐이라고 말이다. 세태를 바라보며 도홍경의 흰 구름을 떠올리는 것이 나만의 사치는 아닐 것이다. 그래서 자이열재는 나를 위한 서재이자, 우리를 위한 서재다. 우리 시대의 자이열재가 필요한 것도 이 때문이다.

서형수의 필유당과 서유구의 자연경실:

위대한
유산

19세기는 장서가들의 세상이었다. 서울의 세족 중에는 골동, 서화 수장가들만이 아니라 장서가들 또한 즐비했다. 그들의 장서는 대부분 청나라에서 수입된 외제였는데, 그것은 서울의 상징이자 문한의 상징이며 권력의 상징이었다. 그들은 대부분 대를 이어가며 장서를 확장하는 데 힘을 기울였고, 그런 노력 덕분에 19세기에는 그런 장서를 기반으로 한 신지식인들도 등장했다. 그들은 청나라에서 수입한 새로운 서적을 통해 만들어진 새로운 인물들이었다. 그중에서도 달성達成 서씨徐氏 가문의 서유구는 대표적 인물이다. 그는 홍한주洪翰周가 일찍이 『지수염필智水拈筆』에서 두릉리 8000권의 장서가라 일컫던 바로 그 인물이다. 그런데 그의 장서는 자신이 혼자서 이룬 게 아니었다.

조선시대에 장서가가 되는 길은 험난했다. 서점에 가서 필요한 책을 구입하면 될 것이라 쉽게 여길 수도 있겠지만, 그렇게 간단한 문제가 아니었다. 지금 우리가 생각하는 의미의 서점이라는 게 없었기 때문이다. 이는 조선시대의 출판 시스템과 관련된 것이다. 조선시대 출판의 기본은 관판이었다. 즉 중앙이나 지방의 관아에서 출판하는 게 가장 일반적이고 대표적인 출판 방법이었다. 물론 개인이 상업용으로 사사로이 서적을 간행하는 경우가 있기는 했지만, 서적의 질이나 양적인 측면에서 보자면 조선시대 장서가들의 서재에 놓일 만한 책은 거의 없었다. 상업용 서적은 주로 실용적인 서적이나 과거용 서적이 대부분을 차지했기 때문이다. 따라서 양질의 서적을 구하는 방법으로는 높은 관직에 올라 왕으로부터 하사를 받거나, 인맥을 동원해 관아에서 간행된 서적을 구하는 게 최선이었다. 따라서 조선시대의 장서가란 일반인이 도달하기 힘든 위치에 있었다.

그런 면에서 볼 때 달성 서씨 가문이야말로 장서가가 등장하기에 아주 좋은 조건을 갖추고 있었다. 그러나 아무리 집안이 좋아도 책을 모으겠다는 생각이 없으면 장서가는 나타날 수 없는 법이다. 다행히도 이 집안에는 책을 좋아하는 인물이 많았다. 대대로 문한에 뛰어난 인물들이 수두룩했는데, 서형수徐瀅修, 1749~1824는 그중 대표적이다. 서형수는 조선 후기의 문신으로 자는 유청幼淸, 호는 명고明皐이다. 서명응의 아들인데 숙부 서명성徐命誠에게 입적되었다. 그의 부친 서명응은 북학파의 기초를 놓은 인물로 정조는 그에게 보만재保晩齋라는 호를 하사하기도 했다. 정조는 그의 문집 『보만재총서』를 보고서 "우리나라에 400년 동안 이런 거편巨篇은 없었다我東四百年, 無此鉅篇"라는 극찬까지 했다. 서형수의 학문과 사상은 그의 집안에서 형성된 바가 크다고 할 수 있다. 그는 특히 서적의 수장에 힘을 쏟았다. 그가 모은 서적들은 자제들의 학문적 토양이 되었는데, 그의 조카 서유본이 쓴 「필유당기必有堂記」는 그가 서적을 구하는 데 얼마나 열정을 쏟았는지 알 수 있게 해준다.

죽오竹塢의 서쪽에는 나무를 엮어 가리개를 만들고, 가리개 안쪽에는 땅을 정리하여 서재를 지었는데, 조용하고 깨끗하여 산속에 있는 듯한 생각이

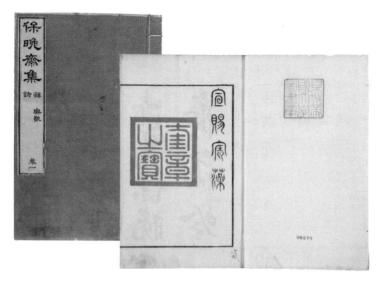

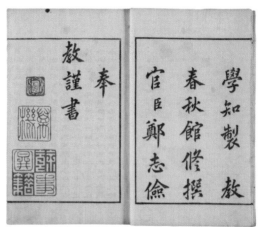

『보만재집』 금릉취진자본, 규장각 소장.

서명응의 문집이다. 정조는 서명응의 문집을 가져오게 하여 읽어보고는 시를 지어 내렸다. 문집 앞쪽에는 정지검(鄭志儉)이 쓴 정조의 시가 실려 있다.

들었다. 내 중부仲父되시는 명고明皐. 서형수선생께서는 그 안에 사부四部. 經史
子集의 서적을 비치해놓으시고 자제들이 그곳에 모여 학문을 익히도록 하
셨다. 그러고는 그곳의 편액을 '필유必有'라고 하였다. 옛날에 정기丁覬란
사람이 만 권의 책을 구입하고는 "내 자손 중에 틀림없이 학문을 좋아하는
자가 있을 것이다吾子孫必有好學者"라고 했는데, 서재 이름을 이렇게 지은 뜻
은 여기서 나온 것이다.

후 손 을   기 다 리 며
—

서유본에 따르면 그의 중부 서형수는 건물을 하나 짓고는 그곳에 경서,
사서, 제자, 문집의 서적들을 아울러 구비해놓았다. 그러고는 '필유당'이
란 편액을 걸었다. 후손 중에 학문을 좋아하는 사람이 나타나기를 바라는
마음에서 그런 이름을 붙인 것이다. 서형수는 이렇게 서재에 책을 모아놓
고는 자제들이 그곳에서 공부를 하도록 했다. 자신이 모아놓은 책을 보고
훌륭한 사람으로 성장하기를 바랐던 것이다. 이제 서형수가 지은 「필유
당기」를 보자.

나는 다른 장기는 없고 어려서부터 독서를 좋아했다. 한 집에 틀어박혀 10여
년 동안 다른 일은 하지 않았다. 점점 나이가 들고 식견이 조금씩 열리면서
늘 보던 책을 읽는 데에는 흥미가 적어지고 이것저것 새로운 책을 읽는 데
재미를 붙였다. 산에 대한 책, 바다에 관한 책, 땅에 관한 전적, 새로운 지
식이 담긴 책 등을 이리 찾고 저리 뒤지며 깊이 감춰진 비밀을 널리 찾아내
지 않은 게 없었다. 그런데도 소장하고 있는 책이 적은데다 모든 것을 기억

하기는 어려우므로 가리개, 그릇, 수레, 말, 의복 등을 모두 처분하여 책을 사는 비용에 충당했다. 이렇게 해서 구입한 사부의 서적은 경류經類가 19종, 사류史類 30종, 자류子類가 25종, 집류集類가 34종으로 모두 108종이 되어 비단 포갑에 차례로 쌓아두었다. 이를 서재 하나에 수장하고는 '필유'라는 편액을 걸었다. 이것은 정기가 말한 "틀림없이 학문을 좋아하는 자가 있을 것이다"라는 말에서 따온 것으로 내 자손들을 위한 말이다. 무릇 자손에게 유산을 남겨주지 않는 사람은 없다. 제갈량이 800그루의 뽕나무와 15이랑의 밭이 있다고 한 것은 자손들에게 농잠農蠶을 남겨준 것이지만, 제갈량의 후손 중에 뛰어난 농부가 났다는 말은 듣지 못했다. 조병曹邴이 "몸을 구부리면 줍고 고개를 들면 취하라"고 한 것은 자손들에게 공상工商을 남겨준 것이지만 후대에 큰 장사꾼이 났다는 말은 듣지 못했다. 이제 옛날 사람들이 농업이나 상업에서 이루지 못한 것을 선비의 호학好學에서 이루려고 하니 힘들지 않겠는가? 그렇긴 해도 농사꾼이나 장사꾼이 지향하는 것은 물건이고, 선비들이 지향하는 것은 이치이다. 이치는 늘 있는 것이지만 물건은 늘 있는 게 아니다. 사마담司馬談은 대대로 태사太史의 직업을 관장하였고, 방휘원房暉遠은 대대로 오경五經을 전수하였지만 제갈량이나 조병과 마찬가지로 후손 중에는 훌륭한 사람이 나지 않았다. 그러나 정기의 후손 중에 정도丁度란 사람이 났으니 그 또한 틀림없이 훌륭한 후손이 날 것이란 근거가 아니겠는가? 그런즉 나의 '필유'라는 것은 대개 그 늘 있는 이치를 이야기한 것이다. 나는 일찍이 기주記注의 직위에 있으면서 정조 임금을 모셨는데, 유흠劉歆의 『칠략七略』과 반고班固의 『예문지』에서부터 범씨范氏의 천일각天一閣과 포이문鮑以文의 누각樓閣에 이르기까지 전에 듣지 못한 것을 많이 들을 수 있었다. 이에 신의 장서실 이름을 물으시기에 신은 '필유'로써 대답하였다. 임금께서는 좋다고 하시면서 말씀하셨다. "네게 이런 이름이 있었구나. 앞으로 틀림없이 실현될 것이다." 임금의 말씀은 믿을 수 있는 것이므로 이는 더욱 실현 가능성이 있는 것이다.

서형수는 독서를 좋아했지만 집에 책을 많이 가지고 있지는 않았다. 그는 가리개, 그릇, 수레, 말, 의복 등 돈이 되는 것들을 처분하여 책을 구입하는 데 사용했다. 그렇게 해서 사부의 서적을 구비할 수 있었다. 경류가 19종, 사류 30종, 자류가 25종, 집류가 34종 등 모두 108종에 이르렀다. 아마 대부분 중국책이었을 것이므로 권수로 따지면 수천 권은 되었을 것이다. 그러고는 그곳에 '필유당'이라는 편액을 걸었다. 자신이 이렇게 많은 책을 구비해놓으면 자손 중에 틀림없이 학문을 좋아하는 사람이 나타날 것이라는 희망을 서재 이름에 담은 것이다.

사람이란 죽으면 반드시 자손에게 뭔가를 남겨주기 마련이다. 그 유명한 제갈량은 자손들에게 뽕나무 800그루와 밭 15이랑을 남겨주었다고 한다. 자손들이 농사를 지으며 살라는 의미로 그런 것이다. 또 조병이란 사람은 큰 부자가 되자 자손들에게 "몸을 구부리면 줍고 고개를 들면 취하라"는 가훈을 남겨주었다고 한다. 몸을 움직이면 반드시 돈이 되는 일을 하라는 의미로 그런 것이다. 그러나 제갈량의 자손 중에는 농업으로 이름을 남긴 사람이 없었고, 조병이란 사람의 후손 중에도 부자는 다시 나오지 않았다. 그런데 서형수는 책을 모아놓고는 후손 중에 학문을 좋아하는 사람이 나타나기를 바라고 있으니, 어찌 보면 어리석은 일이라 할 수도 있을 듯하다. 그러나 서형수는 이렇게 이야기한다. 제갈량이나 조병의 경우는 그들이 대상으로 삼은 게 사물이었지만, 내가 대상으로 삼는 것은 이치이다. 사물이란 것은 늘 있는 게 아니기 때문에 언제든지 없어져버릴 수 있지만, 이치란 것은 늘 있는 것이므로 없어질 수 없다. 그러니 자신이 대상으로 삼는 이치란 것은 언제나 있는 것이고, 후손 중에 그 이치를 연구 대상으로 삼는 훌륭한 학자가 틀림없이 태어날 것이라는 생각이었다. 정기의 후손 중에 정도란 인물이 태어난 것을 서형수는 그 근거로 들었다. 그러면서 그는 기주의 직위에 있을 때 있었던 정조와의 일화를 소개한다. 그는 정조를 모시면서 역대 중국의 장서가들에 관한 이야기를 많이 들었다. 조선 후기 최고의 군주이자 학자인 정조를 통해 서형수는 유흠의 『칠략』과 반고의 『예문지』부터 범씨의 천일각과 포이문의 누각에 이르기까지 역대 중국의 장서와 관련된 이야기를 실컷 들었던 터였다. 어느 날 정조가 서형수에게 물었다.

"네 서재의 이름이 무엇이냐?"

"필유입니다."

"좋구나. 네게 이런 이름이 있었구나. 틀림없이 실현될 것이다."

정조는 서형수가 서재에 그런 이름을 붙인 이유를 알고는 틀림없이 후손 중에 훌륭한 학자가 나타나리란 축원을 해준 것이다. 과연 정조의 축원대로 서형수의 바람은 실현되었을까? 서형수의 바람은 얼마지 않아 열매를 맺게 된다. 바로 조선 후기를 대표하는 학자 중 한 사람인 서유구의 등장이다.

만 물 이   경 전 이 다
—

서유구徐有榘, 1764~1845의 자는 준평準平, 호는 풍석楓石이다. 조부는 서명응이며 아버지는 서호수다. 1790년정조 14 증광문과에 병과로 급제하여 내외 관직을 두루 지내고 할아버지와 아버지의 가학을 이었다. 특히 그가 지은 『임원경제지』는 조선시대를 대표하는 농학 백과전서이다. 뿐만 아니라 그는 수많은 저술을 통해 조선 후기 저술의 새로운 장을 개척했다. 특히 그는 조선시대 저술 중에서 후대에 전할 만한 책들을 뽑아 『소화총서小華叢書』라는 거질의 총서를 편찬할 준비를 했지만 미완에 그쳤다. 그의 부친 서호수 역시 정조시대를 대표하는 학자 중의 한 명이다. 특히 그는 정조의 명을 받들어 청나라에서 『고금도서집성』을 구입해온 것으로도 유명하다. 이 일은 정조시대 문예진흥책의 대표적인 사건이다. 이처럼 서유구의 집안은 영·정조를 거치면서 문한으로 이름을 남겼는데, 서유구는 서형수의 조카였다. 그는 어려서부터 서형수에게 글을 배웠으므로, 필유당은 당연히 그의 독서실이었다. 그렇게 자란 서유구 역시 당연히 책을 좋아했고, 자연경실自然經室이란 서재를 두었다. 그의 서재가 유명해진 것은 그가 자신의 원고지를 제작하여 사용했기 때문이다. 정조시대를 거치면서 조선의 문인들 사이에는 하나의 유행이 생겨났다. 바로 자신만의 원고지를 사용하는 것이었다. 전용 원고지는 나무판에 세로줄을 새기고, 그 판심 하단에 자신의 서재 이름을 새겨넣어 만들었다. 서유구 집안에서도 전용 원고지를 만들어 사용했는데, 서형수는 자신의 또다른 서재인 오여헌의 이름을 가져다가 '오여헌서옥五如軒書屋'이라 새긴 전용 원고지를 사용했고, 서유구는 판심 하단에 '풍석암서옥楓石庵書屋' 또는 '자연경실장自然經室藏'이라 새긴 전용 원고지를 사용했다. 그 원고지에 필사된 책들은 대부분 선본이었다. 그중에서도 '자연경실장'이라 새긴 전용 원고지에 필사된 책들이 국내외에 아주 많이 남아 있어 학문과 저술에 관한 그의 열정을 살펴볼 수 있다. 서유구는 19세기 장서 문화의 새로운 역사를 쓴 인물이라 할 수 있다. 그렇다면 '자연경실'이란 무엇일까? 서유구가 지은 「자연경실기自然經室記」를 보자.

번계樊溪의 왼쪽으로 집이 있는데 담장에 가려져 있다. 교창交窓. 채광창의 일종과 복벽複壁. 두 겹으로 둘러쌓은 벽을 두어 신주를 모시는 감실처럼 그윽한데 풍석자楓石子. 서유구가 거처하면서 책을 읽는 곳이다. 집의 크기는 몇 칸 되지 않지만 책들이 그 반을 차지하고 있다. 한가운데에는 작은 탁자를 두었고 뒤에는 무늬 있는 나무(文木)로 만든 병풍을 둘렀다. 병풍의 높이는 석 자 남짓인데 주름진 산봉우리가 솟아 있고 얕은 연못은 아래로 모여드는데, 그 속에 물새 두 마리가 있다. 한 마리는 그냥 떠 있고, 다른 한 마리는 물살을 헤치고 있는데 그 주둥이, 부리, 깃, 발톱까지도 구분하여 가리킬 수 있을 정도다. 탁자 한쪽에는 밀랍으로 만든 꽃을 꽂은 병 두 개를 두고, 그 밖에 벼루 받침대(硏几), 옛날 솥(鼎彝) 등을 대략 갖추어두었다. 이것들은 책의 흥취를 돋우어줄 뿐이지, 제대로 갖추기를 바라지는 않았다. 벼루 받침대나 옛날 솥 등의 물건 역시 책과 같은 것이다. 그래서 『여지지輿地志』에 나오는 "소실산少室山에 자연경서自然經書가 있다"는 말을 가져다가 문미門楣에 '자연경실'이라 써붙였다.

서유구의 글을 보면 '자연경실'이란 바로 자신의 서재 이름임을 알 수 있다. 그런데 왜 자연경실이라 했을까? 방의 구조를 보자. 아주 특이한 물건이 두 개 있다. 병풍과 꽃병의 꽃이다. 그런데 병풍은 그림이나 글씨가 있는 병풍이 아니다. 무늬가 있는 나무로 만든 병풍이다. 자연목으로 만든 병풍인 것이다. 또 꽃병의 꽃도 자연산 꽃이 아니라, 밀랍으로 만든 꽃이다. 아마 당시 유행하던 윤회매輪回梅였을 것이다. 윤회매란 매화나무 가지에 밀랍으로 만든 매화를 붙인 것이다. 벌이 꿀을 만들고 그 꿀에서 밀랍이 생기며 그 밀랍으로 매화를 만들었으니, 이 모든 게 윤회와 같다는 의미에서 윤회매라 했다. 아주 독특한 물건이 있는 서재였던 것이다.

어느 날 손님이 왔다가 서재 이름을 보더니 그 뜻을 물었다. 서유구는 자신이 서재 이름을 지은 연유를 설명해주었다. 소실산에 자연경서가 있다는 말에서 따왔다는 서유구의 말에 손님은 말을 이었다.

"아! 그것은 허황된 말일 것입니다. 진실된 것이라면 기문을 써서 설명하지 않는 것은 무슨 까닭입니까?"

자연경서가 있다는 말을 허황된 이야기로 치부한 것이다. 자연경서란 인간이 만든 경서가 아니라 저절로 만들어진 경서란 뜻이다. 경서란 성현의 글이 담긴 책으로 사람이 만드는 것인데, 어떻게 저절로 만들어진 경서가 있단 말인가? 그게 사실이라면 왜 기문을 써서 붙이지 않았냐고 묻는 것이다. 그러자 서유구가 말했다.

"나는 이미 기문을 지었는데 그대는 아직 보지 못했습니까?"

"보지 못했습니다."

서유구는 병풍, 탁자, 병에 꽂힌 꽃, 앞에 여기저기 널려 있는 벼루 받침대와 옛날 솥 등을 가리키며 말했다.

"이것이 나의 기문입니다."

손님은 눈을 동그랗게 뜨며 말했다.

"무슨 말씀인지요?"

서유구가 말했다.

"당신이 내 방에 들어와서 내 문목文木으로 만든 병풍을 봤을 텐데, 어떻던가요?"

"교묘하더군요. 처음에 저는 사람이 만든 것으로 착각했습니다."

서유구가 말했다.

"내 병에 든 꽃은 어떻던가요?"

"역시 교묘하더군요. 처음에 나는 진짜 꽃인 줄 알았습니다."

자연경실 장서인.

서유구가 말했다.

"문목을 사람이 만든 것으로 착각한 것은 자연에서 만들어진 게 이렇게 정교할 줄은 생각지 못했기 때문이었겠지요. 병에 든 꽃을 진짜라 생각한 것은 사람의 솜씨가 그렇게 정교하리라곤 생각지 못했기 때문이었겠지요. 자연의 정교함이 나은가요, 사람의 정교함이 나은가요? 자연과 사람이 서로 뛰어난데, 사람이 만든 저 죽간竹簡. 대나무를 엮어 만든 책과 칠서漆書. 옻칠로 글자를 쓴 책를 자연이라고 만들 수 없단 말인가요? 만일 당신이 그렇게 생각한다면 그것은 익숙함에서 생긴 고정관념 때문입니다."

서유구는 자연경서가 없다는 손님의 생각은 익숙함에서 생긴 고정관념 때문이라고 반박한다. 문목을 사람이 만든 것이라 생각한 것은 병풍은 당연히 사람이 그린 그림으로 만들어야 한다는 고정관념 때문이고, 꽃병 속의 꽃을 진짜라 여긴 것은 꽃은 당연히 살아 있는 꽃을 꺾어다 꽂는다는 고정관념 때문이듯이, 자연경서를 받아들이지 못하는 이유 역시 성현들의 말씀이 담긴 책만을 경서라고 하는 고정관념 때문이라는 것이다. 이처럼 그의 자연경실은 사람이 만든 책만 있는 곳이 아니라, 자연이 만든 경전이 함께 있는 서재였던 것이다. 그리고 그것은 인간의 고정관념을 깨뜨리는 서재이기도 했다. 바로 그러한 정신이 그를 19세기의 새로운 인

무늬목으로 만든 병풍. 서유구가 말한 병풍도 이런 모습이었을 것이다.

간으로 만들고, 19세기를 대표하는 학자로 만들었던 것이다. 어쩌면 그가 조선을 대표하는 농학 백과전서인 『임원경제지』를 편찬할 수 있었던 것도 그러한 고정관념에서 탈피해 있었기 때문에 가능했을 것이다. 당시의 선비들이 성현의 말씀이 담긴 책만을 경전으로 떠받들 때, 그는 자연이 모두 경전이라는 생각으로 800종이 넘는 서적을 연구하여 『임원경제지』를 완성했던 것이다. 그에게 세상의 모든 사물은 경전이자 연구 대상이었기 때문이다. 평생 책을 모으면서 후손 중에 학문을 좋아하는 학자가 나타나기를 그토록 바랐던 서형수의 소원은 이렇게 필유당을 거쳐 자연경실로 결실을 보았다. 정조의 축원이 효과가 있었던 셈이다.

지금은 사람보다 책이 더 많은 시대가 되었다. 후손 중에 학문을 좋아하는 사람이 나타나기를 바라면서 책을 모으는 사람도 없을 것 같다. 하지만 그들의 의식이야말로 지금도 여전히 유효한 위대한 유산이다. 서유구의 말처럼 우리 주변의 모든 것이 자연경自然經이지만, 인간이 만든 책이야말로 그 자연경을 연구할 수 있는 유일한 길이기 때문이다.

심상규의 가성각:
19세기 문화를 이끈
경화세족

조선 후기 연구서들을 읽다보면 자주 등장하는 용어를 하나 발견하게 된다. 바로 경화세족이라는 단어다. 여기서 경화京華란 임금이 사는 서울을 가리키고 세족世族은 특정 지역에 뿌리를 내리고 대대로 살아가던 양반층을 가리킨다. 따라서 경화세족은 서울에 생활의 터전을 두고 대대로 살아가던 양반들을 가리킨다고 할 수 있다. 그러나 서울에 근거지를 두고 대를 이어 살았다고 해서 그들을 모두 경화세족이라 부르지는 않는다. 이러한 조건을 가지고 있는 사람들 중에서도 정치적으로 청요직에 나아갈 수 있고, 경제적으로도 풍족한 삶을 영위할 수 있어야만 진정한 경화세족이라 불렀다. 한마디로 경화세족은 조선 사회 최상류층에 속했던 사람들이라고 할 수 있다. 그들은 왕실과 혼인으로 연결되어 있는 경우가 많았고, 그런 만큼 그들의 삶은 왕실의 그것과도 닮아 있었다. 그런데 그들 삶의 방식은 정조시대를 거치면서 그들만의 특징을 보이기 시작한다. 북학이 중요한 축을 이루게 된 것이다. 연행을 통한 청나라와의 교유가 늘어나면서 청나라의 생활양식을 따라하거나 청나라의 서적을 수입하여 읽고 청나라의 학문을 중시하는 현상들이 나타났다. 물론 이러한 모습이 좋게만 비칠 리 만무했다. 정조는 『일성록日省錄』에서 그들의 모습을 다음과 같이 비판하기도 했다.

당학唐學. 중국의 학문에는 세 종류가 있다. 명·청 사이에 간행된 소품小品이나 이서異書, 진가한 책를 많이 가지고 있는 사람들이 있고, 서양의 역산曆算이나 수학만을 좋아하는 사람들이 있고, 연경에서 사온 의식衣食이나 기물器物을 즐겨 사용하는 사람들이 있는데, 그 폐단은 똑같다.

정조는 누구보다도 청나라의 학술과 문화를 적극적으로 수용했다. 그러나 그것은 어디까지나 조선의 학술과 문화를 부흥시키기 위한 수단이었다. 청대 문물의 수입을 통해 조선의 문제점을 보완하려 했던 셈이다. 하지만 청나라의 문물이 무제한으로 수입되자 정조는 점차 이를 사회적 문제로 여긴 나머지 이들을 세 가지의 부류로 나누어 비판했다. 정조는 그들이 지나치게 북학에 경도되어 있는 것을 비난했다. 그리고 그 중심에는 바로 경화세족이 자리하고 있었다. 경화세족의 이러한 문제점에도 불구하고 우리가 그들 삶의 모습에 주목하는 것은 그들이 19세기를 주도하는 세력으로 성장하기 때문이다.

홍한주의 『지수염필』에는 당시 경화세족의 모습을 묘사한 장면이 남아 있다. 물론 장서가로서의 면모를 보여준 데 불과하지만 이는 당시 경화세족의 큰 특징이라 부를 만한 것이었다. 아울러 가장 중요한 특징이기도 했다.

두실斗室 심공沈公. 심상규의 속당續堂. 심상규의 서재 이름은 거의 4만 권이나 되고, 유하游荷 조병구趙秉龜와 석취石醉 윤치정尹致定 두 분의 집안도 3, 4만 권 이

하로 내려가지 않는다. 그 밖에도 진천 초평리에 있는 화곡華谷 이경억李慶億 집안의 만권루萬卷樓와 풍석 서유구의 두릉리斗陵里에 있는 8000권이 그 다음이다. 아마 서울 오래된 집 중에 천 권, 만 권의 책이 있는 사람은 손으로 다 셀 수 없을 것이다.

조선시대 장서가들이 만 권의 장서를 가지는 것은 쉬운 일이 아니었다. 적어도 조선에서 간행된 서적만으로 만 권의 장서를 가진다는 것은 아주 어려운 일이었다. 그런데 이제 만 권 정도의 장서를 가진 사람은 아주 많아졌다는 게 홍한주의 설명이다. 이것은 대대적인 중국본의 수입이 있었기에 가능한 일이었다. 그들은 오락적 성격의 소품이나 이서만이 아니라, 수학·역학을 비롯한 서양의 학문을 소개한 책들도 앞다투어 수입했다. 바로 이들을 통해 조선 19세기의 학술과 문화는 풍부해졌고 다양해졌으며 복잡한 양상을 보이게 되는 것이다. 이제 이들 중 4만 권의 장서를 가지고 있던 심상규沈象奎, 1766~1838에 대해 살펴보자.

4만 권의 장서가

심상규의 초명初名은 상여象輿, 자字는 가권可權이었으나 정조로부터 이름과 자를 하사받아 이름은 상규象奎, 자는 치교穉敎로 고쳤다. 호는 두실斗室, 이하彝下이며 본관은 청송靑松이다. 15세에 진사가 되었고, 1789년에는 문과에 급제하여 문예文藝로서 정조의 총애를 입는다. 이후 영의정에까지 올랐다. 그의 부친 심염조沈念祖 역시 대단한 장서가로서 만 권에 이르는 서적을 수장했고, 정조의 지우를 입어 함재涵齋라는 호를 하사받기까지

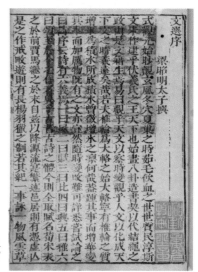

했다. 심상규는 늘 장서를 좋아하던 부친의 뜻을 잇고자 했다. 선본善本이
나 희귀본 중 미처 소장하지 못한 것이 있으면 사방으로 구하러 다녔다.
따로 건물을 지어 부친의 초상을 봉안했으며 좌우에는 서적을 진열해놓
았다. 책을 꺼내 볼 때마다 의관을 정제한 후에 자물쇠를 열었기 때문에
조선에서 장서가 가장 많았음에도 장황裝潢이 깨끗하고 완전하여 손 한
번 대지 않은 것 같았다. 홍한주는 『지수염필』에서 심상규의 서재를 다음
과 같이 묘사하고 있다.

두실 심공은 서울 송항松巷의 북쪽에 집을 두었다. 바깥사랑채에서 구부러
지는 곳에 비스듬히 두실이 있다. 이곳을 지나면 난간을 두른 정당正堂이
있다. '가성각嘉聲閣'이란 편액이 붙어 있는데 옹방강이 80세에 쓴 것이다.
가성각의 동쪽 기둥은 여러 번 중첩되어 있고, 북쪽은 모두 텅 빈 복각複閣.

중첩된 누각이다. 서북쪽에는 붉은 담장이 있고 비스듬히 벽돌을 쌓아 둥근 문을 만들었다. 사이에는 항옥炕屋. 중국식 온돌방을 두어 방안은 높고 낮은 데가 있었다. 그 뒤로는 일당一堂·이당二堂·삼당三堂이 있고, 그 뒤가 속당續堂이다. 여기에 4만 권의 서적을 경서, 사서, 제자, 문집으로 나누어 수장하였다. 중간에는 영실影室. 조상의 영정을 모셔둔 방을 만들어 그의 선대인先大人 함재 공涵齋公의 영정을 걸어 봉안하였다. 붉은 장막을 두르고 밖으로 향안香案, 제사 때에 향로나 향합을 올려놓는 상을 두었다. 가성각의 앞에는 자그마한 건물을 몇 칸 지어놓고 명화名花·이훼異卉를 진열해놓았고, 뜰에는 종려나무를 심었는데 그 키가 건물만큼이나 되었다.

그의 집이 얼마나 크고 화려했는지 엿볼 수 있다. 또한 이유원의 묘사대로 살펴보면 심상규의 집은 중국풍 건물이었음을 알 수 있다. 중국풍의 건물에 중국풍으로 장식하고 중국 서적을 쌓아놓았던 것이다. 그는 1812년에 동지겸사은사로 연행을 했다. 그는 연행에서 옹방강의 아들 옹수곤과 만나 교유를 시작했는데, 그 인연으로 옹방강의 친필 편액을 가성각에 걸었다. 당시 옹방강은 김정희와의 인연을 통해 조선에 그 이름을 떨치고 있었다. 그의 글씨는 중후하고 세련되어 조선 문인들에게 크게 인기가 있었다. 심상규는 최고의 중국식 건물을 지어놓고 당대 최고의 학자로부터 글씨를 받아 편액을 걸었던 것이다. 심상규 저택의 건물은 여기에 그치지 않았다. 가성각 동쪽에는 '역애오려亦愛吾廬'라는 건물도 있었다. 특히 이 건물 담장에는 구멍을 내고 문을 만들어 왕래할 수 있게 했다. 그 남쪽에는 우정隅亭이라는 정자가 있었고, 정자 바깥에는 다섯 그루의 버드나무가 있었다.

심상규의 집은 경복궁 옆에 있었다. 미국대사관 직원 숙소 터라고 알려져 있는데, 그의 저택은 매우 크고 화려했다. 이 때문에 많은 사람들의

관심의 대상이었고, 구설수에 오르기도 했다. 대사간大司諫 임존상任存常은
상소를 올려 심상규의 사치와 호화스런 저택을 비난했다.

그가 사는 집을 가보면 놀라 눈이 휘둥그레져서 말로 표현할 수가 없습니
다. 담이나 집을 조각하고 높게 만드는 것은 『서경』「하서夏書」에서 경계한
것이고, 집의 벽을 치장하고 꾸미는 것은 가부賈傅, 중국 전한의 문인가 탄식한
일입니다. 그런데 이곳은 그보다 심하여 웅장하기는 하늘을 찌를 듯하고
화려하기는 인간의 교묘함을 다하였습니다. 집을 짓느라 돌을 다듬고 나
무를 가공하는 일은 1년 내내 그치지 않고 30년이나 되어갑니다. 심지어
세상에서는 당옥唐屋의 새로운 제도라고 하였으니 이보다 더 상서롭지 못
한 일이 무엇이겠습니까? 그가 일상생활에서 사용하는 물건들도 이 집과
걸맞은 것으로 구하지 않는 것이 없으니, 그 재물이 어디에서 나왔겠습니
까? 그 병폐는 반드시 귀착되는 곳이 있을 것입니다.

심상규는 이렇게 크고 화려한 서재 가성각을 지어놓고 그 안에 4만 권
의 서적을 구비해두었다. 정조의 규장각이 부럽지 않았을 것이다. 뿐만
아니라 그의 서재는 온갖 골동품과 서화로 가득했다. 심상규는 그 속에서
북학의 시대를 만들어나가고 있었다. 가성각은 바로 그 북학의 산물이자
경화세족이 북학을 수용하는 하나의 모델이 되었던 것이다.

풍 속 을   바 꾸 다

경화세족의 생활 방식은 자신들만의 세계에서 그치지 않았다. 그들의

기호는 시대의 유행을 만들었고, 유행은 민간에까지 파고들었다. 그중에서도 골동, 서화에 대한 관심은 단연 한 시대의 화두였다. 조수삼의 『추재기이秋齋紀異』에 실린 한 노인의 이야기는 당시의 그런 풍조를 여실히 보여준다.

서울 사는 손孫노인은 본래 부유하여 골동품을 좋아했지만 감식안이 없었기 때문에 사람들이 가짜를 속여 비싼 값으로 그에게 파는 경우가 많았다. 이 때문에 그의 집안은 몰락하고 말았다. 그러나 손노인은 자신이 속았다는 사실을 깨닫지 못했다. 빈방에 혼자 쓸쓸히 앉아서 단계석端溪石 벼루에 옛날 먹을 갈아 묵향을 감상하고 한나라 때의 도기陶器에다 좋은 차를 달여 다향을 음미하며 만족해 하였다. "춥고 배고픈 것이 무슨 근심이겠는가?" 이웃의 어떤 사람이 그를 불쌍히 여겨 밥을 가져오자 "나는 남의 도움 받을 일이 없네"라고 손을 저으며 그를 돌려보냈다.

윗사람이 어떤 것을 좋아하면 아랫사람은 그 정도가 더 심한 게 인지상정이다. 경화세족의 이러한 풍조가 한 시대 문화의 흐름을 만들었던 셈이다. 청조의 문인들이 읽는 책을 읽고 그들이 사용하는 글씨체를 따라 썼으며 그들이 사용하는 문방구를 사용했다. 이학규李學逵의 『낙하생고洛下生藁』에 따르면 이미 중국물품唐貨唐貨만을 전문으로 취급하던 동상전東床廛까지 등장했다고 한다. 이제 북학은 선택이 아니라 필수인 시대가 되었다. 그리고 경화세족이 바로 그 북학의 중심이 되었다. 또한 그들은 정조 사후 정조시대에 만들어진 왕실의 문화를 민간에 전파하는 중요한 역할을 담당하게 된다. 정조가 규장각을 만들어놓고 유능한 중서층中庶層 인재들을 등용해 문화의 시대를 열었던 것처럼, 경화세족 역시 가성각과 유사한 서재나 서고를 만들어놓고 유능한 중서층 인물들을 겸인傔人으로 부리거나 그들과 깊은 유대를 나누며 시대의 학문과 예술의 중심에 서려고 했던 것이다. 이를 통해 민간 문화는 점차 왕실의 그것을 모방하기에 이르고, 이는 19세기 여항 문화를 흥기시키는 중요한 요인으로 작용하기에 이른다.

귤산橘山 이유원李裕元의 『임하필기林下筆記』 「가성각」조에는 다음 기록이 있다.

이 집은 우리나라 최고의 건물이다. 비록 일당과 이당의 장려壯麗함이 있긴 하지만, 이곳의 안온함과 정치精緻함에는 미치지 못한다. 공께서는 평생의 기력을 쏟아 이 집을 지으시느라 정사靜思를 소비하셨으며, 고금의 서화, 기석, 골동 등을 모두 이곳에 쌓아두셨다. 공께서 돌아가시자 그 유고遺稿를 빌려간 사람이 불 속에 넣어 태워버렸다. 일당, 이당은 이미 헐렸고 서화는 각 곳으로 흩어졌다. 가성각만 남아 있었는데 이제는 다시 귀주궁貴主宮, 공주의 사가이 되었다. 만사가 흘러가는 것이 모두 목전에 있으니 장대한 계획을 세울 필요가 없는 것이다. 서유구가 공의 묘지문을 지어 이렇게 말했다. "공께서는 매사에 2등이 되는 것을 부끄러워하셨다." 공을 잘 표현한 말이다.

가성각은 경화세족의 상징이자 19세기 북학의 상징물이었다. 그리고 그 이름만큼이나 장안에 이름을 떨치던 건물이었다. 심상규가 평생의 정력을 쏟아부어 완성한 건물이었기에 더욱 이름이 났다. 하지만 매사에 2등이 되는 것을 부끄러워했던 심상규의 성품만큼이나 화려했던 가성각은 오래가지 못했다. 심상규가 죽자 그가 지은 건물들은 헐리기 시작했고, 얼마

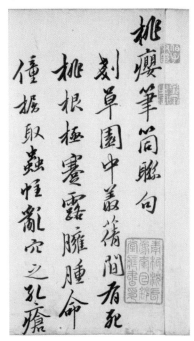

桃瘦筆筒聯句

刻草園中蓋舊間有死

桃根極憲露朦腫命

僵據取蟲惟亂穴之孔瘡

—
시고(詩稿)에 찍혀 있는 심상규의 인장.

지나지 않아 집의 주인마저 바뀌어버렸다. 그의 문집도 한 줌의 재로 변해버렸다. 이제 가성각은 그 흔적을 찾을 수 없고, 현판조차 구경할 길이 없다. 19세기 문화를 주도했던 화려한 명성만 전할 뿐이다.

신위의 소재:

소동파에
미치다

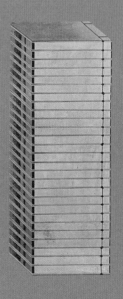

—

—

—

좋아하는 연예인이나 스포츠 스타의 대형 사진을 방에 걸어놓고, 그들의 일거수일투족에 환호하는 청소년의 모습을 우리는 자연스럽게 받아들인다. 자신이 좋아하는 예술가의 사진 하나쯤 방안에 걸어두는 어른들도 허다하다. 이들은 자신들의 가족사진을 걸어두는 것만큼이나 이를 편안하게 받아들인다. 이런 현상을 우리 사회가 처음부터 당연한 것으로 받아들인 것은 아니다. 대중문화가 당당히 하나의 문화로 인식되면서부터 시작된 현상이다. 연예인이나 스포츠 스타가 일부 사람들의 전유물이 아닌 우리 문화의 한 부분임을 인정한다는 의미가 담겨 있는 것이다. 학생들을 볼 때도 공부 잘하는 학생과 못하는 학생으로 나누던 기준에서 벗어나 어떤 분야에 재능이 있는지를 묻고 인정한다. 당연한 일인 듯 보이지만, 우리 사회가 여기까지 오는 데 상당한 시간이 걸린 것도 엄연한 사실이다.

시 서 화 삼 절

조선시대의 선비들 역시 마찬가지였다. 사진이 없던 시절이라 초상화가 대신했지만 유가의 중요한 성현을 그린 초상화가 대부분이었다. 명망 있는 사대부가에서는 조상님의 초상화를 마련하여 사당에 모시기도 했지만, 다른 사람의 초상화를 집 안에 두거나 거는 일은 없었다. 공부도 마찬가지였다. 선비라면 과거에 합격하여 관직에 나아가는 게 당연한 일이었고, 그렇게 해야만 사회의 일원으로 떳떳하게 인정받을 수 있었다. 공부 이외에 다른 재능이 있다고 해서 그것을 인정하지도 않았고, 또 그 재능을 가지고 떳떳하게 사회생활을 하기도 어려웠다. 적어도 18세기까지는 그랬다. 그러다가 정조시대를 기점으로 조금씩 변화가 일기 시작했다. 정조가 청나라의 문물을 제한적으로 수용하기 시작했기 때문이다. 이른바 북학이 시작된 것이다. 연행을 통해 계속된 청나라 문사들과의 교유는 북학을 가속화시켰다. 그에 따라 나타난 서화에 대한 인식의 변화는 괄목할 만했다. 완물상지玩物喪志, 즉 "좋아하는 물건에 정신이 팔려 유학자의 원대한 이상을 상실한다"는 말 때문에 서화에 관한 재능을 감추기에 급급했던 선비들도 이제는 당당히 이를 자랑할 수 있게 된 것이다. 이계耳溪 홍양호洪良浩의 언급은 그런 면에서 의미가 있다.

내가 중국을 두 번 여행하면서 보니 글을 짓고 시를 읊는 문인들 중에는 붓을 잡기만 하면 서화를 함께 다루지 않는 사람이 없었다. 그런데 우리나라 사대부들은 그림을 잡기雜技로 지목하면서 배우려 하지 않는다. 비록 배우지 않았더라도 타고난 재주로 잘하는 사람이 있으면 문득 서로 바라보며 그를 조롱한다. 이는 상형象形의 근원을 알지 못하기 때문이다. 심하구나,

고루함이여!

　홍양호는 두 번에 걸친 연행을 통해 청조의 문사들과 깊이 교유했다.
그들의 만남에는 언제나 그림이 있었고 시가 따랐다. 그림은 이미 문인들
삶의 중요한 요소가 되어 있었다. 반면에 조선의 지식인들은 화가를 백안
시하는 경향이 있었기에 드러내놓고 자신의 그림 실력을 자랑하는 법이
없었다. 어쩌다 타고난 재능이 있는 사람들도 자신의 재능을 감추기 일쑤
였다. 그러나 이제 서화에 대한 지식은 청나라 지식인과의 교유에서 필수
적인 조건이었다. 서화를 제대로 모르면서 그들과 제대로 된 교유를 한다
는 것은 생각조차 하기 힘든 일이었다. 당연히 서화에 관련된 서적을 탐
독하고 직접 창작에 참여했다. 자하紫霞 신위申緯, 1769~1847는 그 대표적인
인물이다.

　조선조를 통틀어 시서화詩書畫 삼절三絶로 일컬어진 인물이 많이 있었지
만, 신위만큼 그 칭호에 걸맞은 인물도 없을 것이다. 그만큼 그는 시인으
로서, 화가로서, 그리고 서가書家, 글씨를 잘 쓰는 사람로서 큰 족적을 남겼다. 특
히 그는 청대의 대표적 고증학자 옹방강과 사제의 연을 맺음으로써 조선
후기 문화에 막강한 영향력을 행사한 김정희와 더불어 청조 문사들에게
까지 잘 알려진 인물이다. 더욱이 신위는 조선 후기를 대표하는 시인으로
시론詩論에서 옹방강의 영향을 가장 많이 받은 인물이다.

연 경 에　유 학 하 다
—

　1809년 24세의 추사 김정희는 부친을 따라 연행을 하고 이듬해인

1810년에 귀국했다. 6개월간의 연행은 추사 인생의 전환점이 된 커다란 문화적 충격이었다. 그리고 그것은 추사 자신만의 충격이 아니라 조선 문사들의 충격으로 변모해갔다. 이는 추사가 연행에서 돌아온 2년 후인 1812년 연행을 떠나는 신위에게 지어준 전별시에서도 느낄 수 있다. 추사는 시 앞에 붙인 글에서 이런 이야기를 하였다.

자하 선배가 만리를 건너 중국에 간다. 뛰어난 경관이 얼마나 많을지 모르겠지만 소재노인蘇齋老人, 옹방강 한 분을 뵙는 것만 못하리라. 옛날에 설게說偈하는 사람이 "세상에 있는 것은 모두 내가 보았지만 부처님만한 것은 없었다"고 했는데, 선배의 연행에 나 또한 그런 심정이다. 마침내 소재께서 『천제오운첩天際烏雲帖』에 쓰신 절구絶句를 차운次韻하여 전별의 물품으로 드리는데 전별에 상관된 말은 하나도 없고 오직 소재의 실제 사건들뿐이다. 시 한 수를 들면 한 가지 일을 징험할 수 있을 것이고 필화筆話 한 토막이 될 것이다. 책상을 마주하고 있는데 비바람 몰아치는 날, 다른 사람들과 술을 마시며 한묵翰墨의 인연을 맺을 때 이를 가지고 길을 잘 아는 노마老馬로 삼으면 될 것이다.

추사는 연행을 떠나는 자하에게 전별시를 써주었다. 그런데 전별시에 전별에 관한 이야기는 한마디도 없고 오로지 소재옹방강의 서재이자 옹방강의 호와 관련된 일들만 이것저것 10수나 써주었다. 연경의 문사들과 필담을 나눌 때 이야깃거리로 삼으라는 의미였다. 연행의 선배로서 한마디 거든 것이었다. 연행의 안내서이자 옹방강에 대한 소개장인 셈이었다. 연행에서 돌아온 지 2년 만에 추사는 그렇게 변해 있었다. 그만큼 그의 충격은 컸다. 이렇게 해서 신위는 추사의 소개장을 손에 쥐고 연경의 옹방강을 찾았다.

〈자하소조〉, 간송미술관 소장. 1812년 신위의 모습을 청나라의 왕여한(汪汝瀚)이 그린 것이다.

추사의 소개장을 본 옹방강은 신위를 반갑게 맞이했고, 자신의 서재 석묵서루石墨書樓에 수장되어 있던 수많은 자료들을 보여주며 하나하나 지도했다. 추사의 뒤를 이어 신위도 옹방강과 사제의 연을 맺은 것이다. 그리고 옹방강의 아들인 옹수곤과도 교유하게 된다. 옹수곤은 추사, 자하, 정벽貞碧. 유최관柳最寬의 호과의 교유를 기념하여 자신의 집에 '성추하벽지재星秋霞碧之齋'라는 편액을 걸었으며, 이를 인장에 새겨 사용하기도 했다. 자하는 유최관의 호를 지어줄 정도로 그와 가까운 사이였는데, 이때 함께 석묵서루를 찾았다. 연행에서 돌아온 자하도 곡산谷山 부사로 부임하자 그곳의 연못가 정자에 '성추하벽지재'라는 편액을 걸어 우정을 다졌다. 이후 옹방강은 자하 일생의 한 부분을 차지하게 된다.

신위의 자는 한수漢叟, 호는 자하로 널리 알려져 있다. 그는 경기도 시흥의 자하산에서 공부하며 자하란 호를 사용했다. 자하산은 본래 동서남북 네 곳으로 나누어 불렀는데, 신위의 거처는 북자하北紫霞에 있었다. 자하는 신위가 가장 많이 사용한 호였다. 하지만 그는 연행을 다녀온 후 서재를 '소재蘇齋'라 했다. 소재는 본래 옹방강의 서재 이름이자 그의 호였다. 소동파를 흠모한 나머지 그의 이름을 서재 이름으로 삼은 것이다. 소동파가 누구던가. 송나라 문인으로 조선시대 선비들에겐 매우 익숙한 바로 그 사람이었다. 그의 「적벽부赤壁賦」는 조선조 문인이라면 암송하지 못하는 사람이 없을 정도였다. 그런데 신위는 어째서 소재를 자신의 당호로 삼았을까?

소재의 의미

—

'소미재蘇米齋' '보소실寶蘇室' '소재'는 모두 담계노인覃溪老人, 옹방강의 거처다. 그런데 어찌 내가 또 '소재'라 했는가? 내가 옛날에 노인의 거처에 찾아가『천제오운진적첩』과 송판본『시주소시』몇 권을 구경하였다. 이 책은 송락宋犖, 1634~1713. 청나라의 시인이 강남의 장서가에게서 구한 것이라고 하는데, 첫째 권과 열두째 권이 빠진 낙질이다. 이 서첩과 시집에는 모두 내가 쓴 글이 있다. 이는 내가 일찍이 직접 배관했기 때문만이 아니다. 앞서 나는 동파공東坡公이 주빈周邠에게 답한 말을 가져다가 내 서재 이름을 '청풍오백간淸風五百間'이라 했는데, 담계께서는 이 때문에 기뻐하시며 글을 쓰라하신 것이다. 왕여한汪汝瀚이 나를 위해 소조小照, 작은 초상화를 그리자 담계께서는 다시 내가 서재에 이름을 붙인 의미를 가져다가 찬시贊詩를 써주셨다. 그리고 어떤 사람이 내 묵죽도墨竹圖를 담계선생께 보내드리자 다시 앞의 이야기를 거론하면서 글을 쓰셨다. 이것이 내가 '소蘇'자와 맺은 인연의 시작이다.

후에 상산象山, 곡산谷山을 말함에 있을 때 냉금전冷金箋, 금박을 입힌 고급 중국 종이을 가져다 펼쳐놓고 쾌설당快雪堂, 청나라 풍전馮銓이 출판한『쾌설당첩』을 말함에서 판각한『천제오운첩』을 임서하여 병풍 하나를 꾸몄다. 냉금전이 비록 분전粉箋, 백분을 바른 고급 종이에 비할 것은 아니지만, 이 역시 그 결이 치밀하고 매끄러워 분전에 버금간다.『천제오운진적첩』은 바로 송나라 때 분전이었다. 또 생각해보니 15년 전에 영가永嘉 왕십붕王十朋, 1112~1171. 중국 남송시대의 시인이 주석을 단『소시』32권을 구입하였다. 소장형邵長蘅, 1637~1704. 청나라의 시인의 주석에 누락된 것은 이 책을 저본으로 하였다. 또 올해 시원지施元之, 중국 남송시대의 문인가 주석을 단『시주소시』완본을 구했는데 바로 송락이 소장형과 고사립顧嗣立, 1665~1722. 청나라의 학자에게 정정을 부탁하고, 『속보유시續補遺詩』는 따로 2권을 만들어 풍경산馮景山. 청나라 문인에게 부탁하여 주석을 단 것이다. 왕십붕, 시원지 두 사람 외에도 사신 행査愼行, 1650~1727. 청나라 시인의 『보주동파편년시補注東坡編年詩』가 있는데 기윤紀昀은 그 정밀함이 송락보다 낫다며 자주 칭찬했다. 또 담계가 계묘년1783 봄에 완성한 『보주補注』가 있다. 이 두 판본은 연경에서 막 구입하여 내 소유가 된 지 오래지 않았다. 그러니 동파공의 시집에 주석을 단 것은 거의 누락이 없게 되었다. 홍두주인紅豆主人. 옹방강의 아들 옹수곤의 호이 연배본研背本. 벼루 뒷면에 새긴 것 동파상東坡像을 부쳐왔는데, 내가 송설본松雪本. 원나라 조맹부가 그린 소동파 초상, 전모傳摹. 전해오는 것을 모사한 그림한 원나라 사람의 입극본笠屐本. 나막신을 신고 있는 소동파의 초상, 상관주上官周의 만소당본晩笑堂本. 상관주가 그린 소동파 초상을 가지고 있어 공公의 상像을 그린 것이 모두 네 종이나 되었다. 모두 청풍오백간에 걸어두고, 왕여한이 그린 내 소조를 곁에 걸어두었다. 이는 송락을 따라한 것이다. 깨끗한 궤几 하나를 놓고 그 위에 공의 시집을 올려놓았으며, 뒤에는 냉금병冷金屛. 금박을 입힌 중국 종이에 쓴 글씨를 병풍으로 만든 것을 펼쳐놓았다. 내 서재에 들어온 사람은 황홀하게도 소동파가 함께 앉아 맞아주는 듯하니 완연히 소동파의 방이다. 이것이 내가 '소'자와 맺은 인연의 끝이다.

그러니 내가 '소재'라 하는 것도 마땅하지 않겠는가? 그러나 그림이나 초상은 공의 껍질이요, 서첩이나 시집은 공의 자취다. 내가 서재에 이름을 붙인 뜻을 따지겠다면 어찌 담계노인에게 물어보지 않으리오?

『경수당전고警修堂全藁』「소재습초서蘇齋拾草序」의 내용이다. 신위가 연경에서 옹방강의 석묵서루를 찾아갔을 때 옹방강은 『천제오운진적첩』과 송판본 『시주소시』 잔권殘券. 일부만 전해지는 책을 보여주었다. 『천제오운진적첩』은 송나라 소동파가 친필로 쓴 서첩이었고, 『시주소시』 역시 송나라 때 간행된 소동파의 시집이었다. 완전한 책은 아니었지만 천하의 보물이었다. 이렇게 귀한 보물을 신위는 직접 눈으로 보게 된 것이었다. 추사가 전별시에서 이미 언급하고 있었기에 신위도 익히 들어 알고 있었지만, 막상 배관을 하게 된 심정은 형언키 어려웠을 것이다. 옹방강의 서재에는 이것만 있었던 게 아니었다. 1829년경 추사는 옹방강의 소재를 방문했던 기억을 떠올리며 글을 썼다. 20년이나 지난 일이었지만 추사의 머릿속에는 그날의 모습이 고스란히 남아 있었다.

소재 안에는 〈파옹입극도坡翁笠屐圖〉가 걸려 있었고, 좌우에는 담계가 직접 쓴 대련이 걸려 있었다. 또 나양봉羅兩峰이 그린 〈설랑석도雪浪石圖〉가 걸려 있었다. 조금 있자 소동파가 쓴 『천제오운진적첩』 분지본粉紙本, 백분을 바른 종이에 쓴 글씨을 꺼내 보여주었는데, 우도원虞道園 등 여러 분이 감상한 옛 묵적墨蹟, 먹으로 쓴 글씨이 있었다. 〈언송도偃松圖〉의 찬문贊文 글씨가 있었는데 마치 표충관비表忠觀碑 견본絹本, 비단에 쓴 글씨 같았다. 송판본『시주소시』는 송목중宋牧仲이 옛날에 소장하던 것이었다. 모두가 세상에 드문 보물들이었다.

　서재에 들어서자 소동파의 초상화가 먼저 눈에 들어왔고, 양쪽으로 대련이 걸려 있는데 소동파를 그리워하며 옹방강이 직접 써서 걸어둔 것이었다. 또 한쪽에는 소동파가 아꼈다는 설랑석을 그린 나양봉의 그림이 걸려 있었다. 조금 있자 옹방강은 소동파의 『천제오운진적첩』, 소동파가 쓴 〈언송도〉의 찬문, 송판본『시주소시』 등을 계속해서 가져왔다. 모두가 세상에 하나밖에 남아 있지 않은 소동파의 진적이거나 소동파와 관련된 것이었다. 소동파를 무척 흠모했던 옹방강은 이처럼 소동파와 관련된 것이

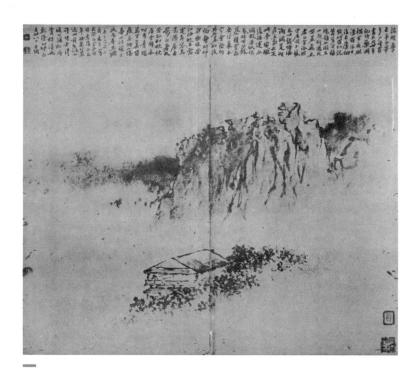

청나라 화가 민정지(閔貞之)가 '천제오운' 두 구절의 시의(詩意)를 표현한 그림. 소장처 미상.
옹방강은 소동파의 진적(眞迹) 「천제오운첩」 앞쪽에 이 그림을 함께 장황했다.

〈파옹입극도〉, 일본, 개인 소장.
소동파의 모습을 소치(小癡) 허련(許鍊)이 그린 것이
다. 위쪽에는 권돈인의 제사(題辭)가 있다.

라면 무엇이든지 수집하여 방에 모셔두었던 것이다. 뿐만이 아니었다. 소동파의 생일이 되면 문인들과 함께 이 귀한 글씨와 책을 꺼내놓고 제사를 지냈다. 그런 그에게 신위는 자신의 당호가 '청풍오백간'임을 이야기했다. 그것이 소동파의 글귀임을 알아차린 옹방강은 자신이 가지고 있던 그 소중한 진적 뒤에 글을 쓰라고 했다. 당연히 아무나 쓸 수 없는 영광스런 일이었다. 또 왕여한은 신위를 위해 조그만 초상화를 하나 그려주었다. 그러자 옹방강은 다시 그 초상화 위에 글을 써주었다. 신위는 이렇게 소재와 인연을 맺었던 것이다.

귀국 후에도 소재와의 인연은 계속되었다. 스스로도 소동파의 시문집에 대한 병적인 집착이 있다고 할 정도로 소동파의 시문집을 모으고 읽었다. 그 결과 소동파의 시집을 종류별로 네 종이나 소장하게 되었다. 전해오는 소동파의 여러 초상화들을 모아 방안에 걸고, 그 옆에는 왕여한이 그려준 자신의 초상화를 걸었다. 깨끗한 책상을 하나 마련하여 그 위에 소동파의 시집을 올려놓고, 뒤로는 소동파의 『천제오운첩』을 냉금지에 직접 임모하여 만든 병풍을 둘렀다. 옹방강이 만든 소재를 조선으로 옮겨온 것이다. 옹방강의 소재가 신위의 소재로 변모했다. 신위의 소재는 소동파에 대한 사랑이자 옹방강에 대한 사랑이었다. 소동파 팬클럽이 탄생한 것이다. 신위는 그 클럽의 회장이었던 것이다.

19세기를 조선 문화의 쇠퇴기로 보는 사람이 많다. 사대부 문화가 쇠퇴하고 민간 문화가 성장하는 시기이므로 겉으로는 쇠퇴기인 것처럼 보일 수도 있다. 하지만 나는 19세기야말로 지금 우리 문화의 모습이 싹튼 시기라고 생각한다. 왕실 문화는 민간으로 흘러나왔고 청나라의 외래문화가 들어와 새로운 문화가 시작되는 시기였기 때문이다. 이를 통해 획일화된 사회에서 각자의 개성이 드러나는 문화가 다원화된 모습으로 분화

하기 시작했다. 이 때문에 조선의 근대적 인간관을 우리는 바로 19세기에서 찾아볼 수 있는 것이다. 소동파와 옹방강에 미쳐 그들과 관련된 것이라면 무엇이든지 모았던 신위의 모습을 자신이 좋아하는 연예인에 빠져 그들의 모든 것을 사랑하는 요즘 젊은이들의 모습과 비교한다면 불경스러운 일일까. 하지만 결국은 똑같은 모습일 것이다. 그 열정이 말이다. 내가 19세기를 사랑하는 이유다.

지식인이 현실을
구원하는 방식

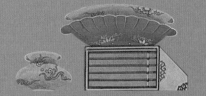

—

—

—

조선 후기 학술사에서 가장 주목받는 용어 중의 하나가 '실학實學'이다. 하지만 이 용어의 정의는 그리 간단하지가 않다. 워낙 다양한 용례로 사용되었고, 학자들마다 그 정의가 다른 경우가 허다하기 때문이다. 그중에는 '실학'을 '실사구시實事求是의 학문'이라는 말로 해석하는 경우가 있는데, 우리에게 잘 알려진 정의이다. 그 때문에 '실학' 하면 '실사구시'를 떠올리곤 한다.

실 사 구 시

—

실사구시란 말은 본래『한서漢書』의「하간헌왕덕전河間獻王德傳」에서 유래한 말이다. 유덕劉德은 한나라 경제景帝 유계劉啓의 아들로 하간왕에 책봉되었는데, 죽은 뒤 헌獻이라는 시호가 내려졌다. 그래서 유덕을 하간헌왕이라 부른다. 하간헌왕은 평생 책 모으기를 좋아했다. 그는 수많은 선진先秦시대의 서적들을 수집하여 정리했는데, 수집한 서적의 진위를 감별하는 데 유의했다. 이를 위해 책 속에 나오는 장소를 직접 답사하는 등 각고의 노력을 기울였다. 이런 그의 열정을 당시 학자들은 아주 높이 평가했고, 『한서』를 편찬했던 반고는 전기를 지어 학문을 좋아했던 그의 공덕을 치켜세웠다. 이때 반고가 하간헌왕을 평가한 말이 '수학호고修學好古, 실사구시實事求是'다. "학문을 연구하고 옛것을 좋아했는데, 충분한 사실을 근거로 믿을 만한 결론을 도출했다"는 의미다.

이 말은 조선시대 문인들 사이에도 널리 사용되었는데, 김정희의 경우에는 청나라 연경에서 만난 스승 옹방강이 '실사구시'라고 쓴 편액과 함께 「실사구시잠實事求是箴」이란 글을 보내주기도 했다. 이에 자극받은 추사는 「실사구시설實事求是說」을 지었고, '실사구시재實事求是齋'라 새긴 인장을 사용하기도 했다. 특히 1811년 10월에 써서 보낸 「실사구시잠」은 추사가 평생 부적처럼 간직했던 글이다. 이 글을 통해 옹방강은 애제자 추사에게 학문하는 자세를 가르치고 있다.

고금의 사적을 고증하는 일	攷古證今
산처럼 바다처럼 높고 깊으니	山海崇深
사실의 조사는 책으로 하고	覈實在書
이치의 연구는 맘으로 하여	窮理在心
궁극의 근원을 의심치 않으면	一源勿貳
중요한 실마리를 찾을 수 있다네	要津可尋
만 권의 서책을 꿰뚫고 있는 것은	貫徹萬卷
단지 이 하나의 규칙뿐이라네	只此規箴

고금의 사적을 고증하는 일은 어렵고 험난한 길이다. 산더미처럼 쌓인

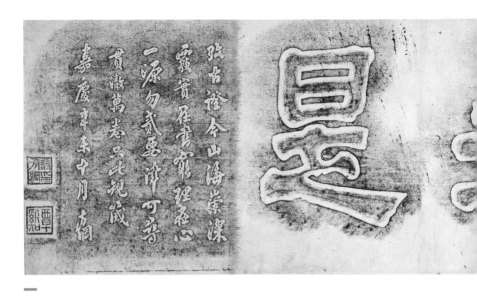

옹방강이 쓴 '실사구시' 글씨 탁본. 옹방강이 추사 김정희에게 써준 것이다.

책을 뒤져야 하고, 바다보다 깊은 이치를 탐구해야 하기 때문이다. 끝없는 인내와 시간이 필요한 일이다. 수많은 책을 뒤져서 사실을 밝혀내고, 거기 담긴 이치를 끊임없이 탐구해야 한다. 이때 중요한 것은 의심하지 말아야 한다는 것이다. 과연 내가 진리를 밝혀낼 수 있을까? 과연 해답이 있는 것인가? 의심하지 말고 끝까지 정진한다면 그 핵심을 찾을 수 있을 것이라고 옹방강은 가르친다. 그리고 모든 서적을 꿰뚫고 있는 것은 이 하나의 규칙뿐이라고 강조한다. 따라서 책을 읽을 때 이 규칙만 잘 알고 그대로 따라하면 된다는 것이다. 이것이 바로 옹방강이 추사에게 전해준 학문하는 방법이었다. 추사는 평생 옹방강이 보내준 '실사구시'란 편액을 걸어두고 지냈으며 이 용어를 가슴에 품고 살았다.

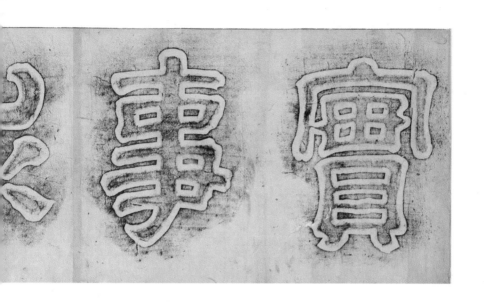

지식인의 공부법

—

그런데 추사 이외에도 '실사구시재'란 서재를 가지고 있던 학자가 있었다. 바로 이정리李正履, 1783~1843다. 그의 자는 심부審夫 또는 원상元祥이며 호는 순계醇溪이다. 그의 부친 이재성李在誠은 조선 최고의 문호 연암 박지원의 처남이자 친구였다. 이정리는 추사 김정희가 〈세한도歲寒圖〉를 그릴 때 모티프가 되었던 『황조경세문편』을 우리나라에 최초로 들여온 인물이다. 추사 김정희가 이상적이 보내준 『황조경세문편』을 제주도에서 받아 본 것은 1844년 여름이었는데, 이정리는 이보다 4년이나 빠른 1840년에 연경에 사신으로 갔다가 이를 구입해와서 열심히 읽고 있었던 것이다. 그는 자신의 서재를 '실사구시재'라 하고는 홍길주에게 기문을 부탁했다.

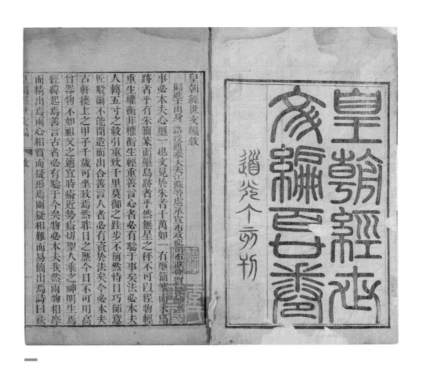

『황조경세문편』목판본. 우리나라에 처음 수입된 이정리의 수택본이다.

홍길주는 이정리를 위해 「실사구시재기實事求是齋記」를 짓고 그 의미를 밝혀놓았다.

이원상李元祥은 가난하지만 독서를 좋아한다. 일찍이 『한서』에서 하간헌을 '실사구시'라 칭찬했던 말을 좋아하여 벽 위에 크게 써놓고 내게 기문을 부탁했다. 나는 늘 의아해하였다. 세상일의 옳고 그름은 모두 책에 갖춰져 있으므로 이것을 버리고 다른 데서 찾을 수는 없는 것인데, 경전을 공부하고 옛것을 배운 지식인들은 종종 어떤 일이 닥치면 처리할 줄을 모른다. 이들은 오히려 평소에 책을 배우지 않다가 갑자기 일이 생기면 임기응변으로 처리하고 마음 가는 대로 함부로 판단하는데도 어쩌다 적중하는 사람들만도 못하다. 이것은 어째서일까?

홍길주는 실사구시란 말을 통해 당시 지식인들의 문제점을 신랄하게 비판한다. 홍길주는 세상의 모든 이치는 책에 담겨 있고 지식인들은 그 책을 열심히 읽는데, 막상 어떤 일이 실제로 닥치면 어찌할 바를 모른다며 그 원인이 어디에 있는지 궁금하다는 말로 이야기를 시작한다.

지금 원상元祥은 날마다 경전과 고문을 읽으며 쉬지 않고 글을 짓는다. 그러나 부모에게 맛난 음식을 공양하지 못할 뿐만 아니라, 집은 기울고 담장은 허물어졌으며, 비바람이 방안으로 들어와도 막을 방법이 없다. 그러니 원상이 하는 공부가 어찌 '실사實事'라는 말에 어울리겠는가? 『시경』의 「칠월七月」편을 강론하는 사람이 자신의 눈으로는 피와 벼를 구분하지 못하고, 『주례周禮』의 「고공기考工記」를 외우는 사람이 손으로는 네모와 동그라미를 그리지 못하는데, 백 개의 창고에 가득한 벼와 천 개의 대들보로 지어진 커다란 집은 저 무식한 백성들이 있어야만 수확하고 완성된다. 그렇다면 '실사'를 추구하는 사람은 책을 보지 않아도 되는 것인가? 농부와 장인은 밖으로 힘을 쏟을 뿐이지만, 안으로 이치를 찾는 사람들은 그렇지 않다. 의술과 점술, 그리고 역법과 산술은 하나의 재주지만 『본초本草』 『역림易林』 『주비周髀』 등의 책을 읽지 않는다면 탕약의 적당한 온도나 음양의 원리, 그리고 해와 달, 오성五星, 수성·금성·화성·목성·토성의 경위經緯, 경도와 위도를 측정하는 일 등을 알아낼 방법이 없다. 하물며 도를 찾아서 책을 읽는 것을 근본으로 삼는 지식인들이야 말해 무엇하겠는가?

이정리 역시 그렇게 열심히 공부를 하지만 경제적인 문제는 전혀 해결하지 못하고 있음을 지적한다. 담장은 허물어지고, 집은 빗물이 샐 지경이다. 그런데도 이정리는 '실사구시'를 벽에 써붙여두고 책만 읽고 있는 것이다. 과연 이정리가 말하는 '실사'란 게 무엇인가? 자기 앞가림도 못하는데 과연 실사라는 게 의미가 있는 것인가? 홍길주는 책 속의 지식은 잘 알지만 실생활에서 전혀 사용할 줄 모르는 사람들을 예로 들며 이정리를 몰아붙인다. 『시경』의 「칠월」편에 등장하는 피와 벼도 구분할 줄 모르면서 피가 어떻고 벼가 어떻고 아무리 잘 설명해야 무슨 필요가 있느냐? 『주례』의 「고공기」를 아무리 잘 외워도 자기 손으로는 동그라미와 네모도 그릴 줄 모른다면 그게 지식이라 할 수 있겠느냐? 하지만 전혀 배우지도 않은 농부나 장인은 벼를 재배할 줄도 알고 집을 지을 줄도 안다. 그렇다면 책 속의 지식이란 게 무용지물이란 말인가? 여기서 홍길주는 지식인의 책임은 밖으로 힘을 쓰는 데 있지 않고, 안으로 이치를 찾는 데 있다고 주장한다. 책을 읽지 않으면 천문이나 역법 같은 재주도 제대로 사용할 수 없다며 이정리를 위로한다.

하간헌왕의 일은 이제 와서 고증할 수 없지만 역사책에서 헌왕은 고서를 좋아해서 그가 모아들인 책은 한나라 왕실과 견줄 만했다 하였으니, 헌왕이 실사에서 찾았던 것은 곧 책에 있던 것이 아니었겠는가? 한나라 서경의 유학자들은 한 가지 경전에 정통한 것을 학문이라 여겼는데, 그것으로 군을 다스리면 훌륭한 지방관이 되었고, 그것으로 옥사를 다스리면 훌륭한 옥리獄吏가 되었으며, 그것으로 재정財政을 다스리면 훌륭한 관리가 되었고, 그것으로 천하 국가를 다스리면 훌륭한 재상이 되었다. 그러니 실제 일에서의 올바른 것이라는 게 어찌 책 바깥에 있겠는가? 다만 요즘 지식인들은 옛날 유학자들에게 견줄 수 없을 뿐이다. 쉽고 가까울 뿐 아니라, 심신에도 도움이 되고 또 일상적인 행위에까지 확장하여 사용할 수 있는 것들은 모두 버려둔 채 거들떠보지도 않는다. 그저 고원하고 오묘하며 텅 비고 아득하기만 한 것들이 서로 얽히고설켜 있어 도무지 궁구할 방법이 없는 것에 대해서만 천 마디 만 마디의 말도 마다 않고 열심히 떠들어댄다. 그러나 한 가지 일을 처리하고 한 사람을 다스리는 일에 부딪히면 망연자실한 채 어찌할 바를 모른다. 이에 그러한 자들을 비웃는 사람들이 "고서古書는 실용에 맞지 않는다"고 말한다. 아! 이것이 어찌 책의 잘못이겠는가!

책 속에 길이 있다

—

그렇다면 도대체 실사란 무엇인가? 실사가 일상생활과 동떨어진 것이라면 실사구시가 과연 의미 있는 말일까? 홍길주는 하간헌왕을 칭찬했던 '실사구시'의 '실사'란 곧 책 속에 있다는 결론을 내린다. 하간헌왕은 수많은 서적을 수집하고, 그 속에서 현실 문제의 해답을 찾았던 것이다. 그런데 왜 지금의 지식인들은 그렇게 하지 못하는가? 하간헌왕보다 훨씬 많은 지식과 정보를 가지고 있는 지식인들이 왜 이렇게 실무에 어두운지 되묻는다. 홍길주는 여기서 당시 지식인의 문제점을 한마디로 비판한다. 요즘 지식인이란, 일상에서 쉽게 사용할 수 있는 것들은 내버려둔 채, 오묘하고 아득하여 실마리를 찾을 수도 없는 일에만 매달려 천 마디 만 마디 말로만 떠들어대는 사람들이라고 정의한다. 이들은 말로는 못하는 게 없지만, 실제 일이 닥치면 망연자실하여 어찌할 바를 모르는 사람들이라고 꼬집는다. 그러니 사람들이 옛 책은 실용적이지 못한 책이라며 비웃는다는 것이다. 그런데 그게 어찌 책의 잘못이겠는가?

지금 원상은 가난하다고 스스로 기죽지 않고 책 읽기를 더욱 게을리하지 않는다. 그 마음속에 간절한 바는 오직 실사구시에 있다. 나는 원상의 독서가 요즘 사람들과 다르다는 것을 잘 알고 있다. 부모에게 맛있는 음식을 올리지 못하고 비바람을 막지 못하는 것과 같은 일들은 지식인에겐 늘 있는 일이다. 공자의 제자였던 안연顏淵과 원사原思도 피할 수 없었는데, 원상이 어찌할 수 있겠는가?

홍길주는 그런 상황에서도 꿋꿋하게 독서에만 몰두하고 있는 이정리를 칭찬한다. 이정리야말로 하간헌왕처럼 책을 통해 현실 문제를 해결할 수 있는 진정한 지식인이라고 치켜세운다. 경제적인 문제야 공자의 제자들도 어찌할 수 없었던 것이고, 지식인이라면 늘 안고 사는 문제인데 무엇이 문제란 말인가.

지금도 우리는 실사구시란 말을 참으로 많이 사용한다. 하지만 실사구시의 '실사'가 단순한 실용을 의미하지는 않는다. 경제적인 것만을 의미하는 것은 더욱 아니다. 하간헌왕의 경우에서 보았듯이, 그것은 지식인만이 누릴 수 있는 특권이었다. 실사구시는 지식인만이 추구할 수 있는 최고의 문제 해결 방책인 것이다. 이정리의 '실사구시재'는 바로 그런 지식인의 서재였다.

김정희의 보담재와 완당:

스승을
기리는 집

어느 시대를 막론하고 그 시대를 특징짓는 언사가 있다. 그리고 그 시대를 이야기할 때면 그 언사를 떠올린다. 조선의 19세기는 특별하다. 조선의 마지막 자락이자 지금 우리의 모습을 그대로 찾아볼 수 있는 시대이기 때문이다. 그렇다면 그 19세기를 특징짓는 언사는 무엇일까. 나는 '연행'과 '북학'이야말로 19세기를 특징짓는 언사라고 말한다. 19세기는 '연행을 통한 북학'의 시대이며 연행을 통한 북학의 성행이야말로 19세기의 상징이다.

연행이란 청나라 수도인 연경에 사신으로 가거나 사신을 수행하여 가는 것을 말한다. 연행이 19세기에 갑자기 등장한 것은 아니다. 중요한 점은 연행이 북학과 연결되어 있다는 데 있다. 북학은 곧 청나라를 배우자는 청학淸學을 의미한다. 우리에게 잘 알려진 박제가의 『북학의』는 이 시기에 등장한 것으로 청조 문물의 적극적인 수용을 통해 조선 사회에 내재된 수많은 문제점들을 혁파해보자는 주장을 담은 책이다. 박제가와 함께 정조가 세운 규장각의 검서관으로 근무했던 유득공이 『중주십일가시선』에 붙인 서문1777년에는 당시 젊은 지식인들의 인식이 잘 나타나 있다.

우리 조선의 여러 어른들은 귀를 기울이고 있으면서도 듣지 못하다가 여러 세대가 지난 후 그들의 문집이 출판되어 우리나라에 건너온 다음에야 비로소 어느 시대에 어떤 사람이 있었다는 것을 안다. 이는 큰 도시에서는 과일이 익어가는데 시골 촌구석에 앉아서 기다리다가 때가 늦어버린 것과 같은 것이다. 내가 뜻이 맞는 몇몇 사람과 이런저런 얘기를 하다가 여기에 이르러 크게 탄식하였다. 그러다가 진유숭陳維崧의 『협연집篋衍集』과 심덕잠沈德潛의 『국조시별재國朝詩別裁』를 읽고는 중국 인문의 융성함을 더욱 깨닫게 되었다. 그러나 나보다 먼저 살지도 않았고 내 뒤에 태어난 사람도 아닌 나와 같은 시대에 사는 사람이 누구인지는 알지 못했다.

조선의 지식인들은 책을 통해서만 중국의 지식인들을 만나왔다. 동시대를 살면서도 그들의 존재를 의식하지 않았기 때문이었다. 그런데 이상한 것은 책을 지은 사람이 살아 있는데도 그 사람을 만날 생각조차 하지 않다가, 저자가 죽은 지 한참이 지난 후 그의 저술이 출판되어 조선으로 수입되면 그제야 그 사람의 저술이 훌륭하다며 야단법석이라는 것이다. 어째서 살아 있는 지식인은 만날 생각조차 하지 않다가 죽은 책 속의 글을 보며 저 난리를 피운단 말인가. 참으로 한심하다는 말이다. 그런데 이제 조선의 젊은 지식인들은 이미 죽은 책 속의 인물들이 아니라, 살아 있는 저자들을 만나고 싶어했다. 직접 만나서 그들의 생각을 확인하고 싶었던 것이다. 북학은 이미 시대적 흐름으로 자리잡아가고 있었다. 추사秋史 김정희金正喜, 1786~1856는 바로 그 북학을 집대성한 인물이다. 추사를 통하지 않고서는 북학의 본류를 이해할 수 없고, 북학의 의미를 파악할 수 없게 된 것이다. 추사는 북학의 관문이었다.

추사는 당시 조선의 다른 유학자들과는 공부하는 과정부터가 남달랐
다. 저명한 스승을 찾아가 공부한 적도 없었고 그들의 문하를 출입한 적
도 없었다. 대신 그는 이방인을 스승으로 삼게 된다. 물론 경화세족 사이
에는 가정교사를 들여 자제들을 가르치는 풍조가 유행하기도 했지만, 누
구의 제자인가 하는 점이 중요했던 당시의 상황으로 볼 때 예외적인 것
만은 분명했다. 그는 연행을 통해 사제의 인연을 맺은 것이다. 그는 어린
시절부터 북학의 한복판에서 생활했다. 추사의 양부養父인 김노영金魯永은
남양南陽 홍씨洪氏인 홍대현洪大顯의 맏딸과 결혼했는데, 홍대현은 북학의
선구자 홍대용과 6촌간이었다. 김노영은 홍대현의 맏사위가 된 것이다.
북학의 선구자인 홍대용과 추사 사이에 이런 인연이 있었다. 북학의 최고
주창자였던 박제가와도 남다른 인연이 있었다. 박제가는 100명이 넘는
중국의 명사들과 교유하고 있었기 때문에 당대 최고의 중국통이었다. 그
런 박제가가 추사의 가정교사였던 것이다. 추사는 이런 환경 속에서 이미
청나라 연경의 사정에 정통해 있었다. 추사는 이들을 통해 청나라의 명사
들에 대해 수없이 들었을 것이고, 책 속의 죽은 사람이 아닌 살아 있는 그
들을 만나고 싶어했을 것이다. 따라서 연행은 추사에게 가장 큰 꿈일 수
밖에 없었다. 그리고 그 꿈은 마침내 실현되었다. 추사의 나이 24세 때의
일이다. 생부인 김노경金魯敬이 부사副使의 자격으로 연행할 때 따라나선
것이다. 연경에 머무르는 동안 추사는 자신의 일생을 결정짓는 두 사람의
스승을 만나게 된다. 바로 옹방강과 완원이다. 이들은 당시 청나라에서도
손꼽히는 명사들이었다. 추사는 이들과의 만남을 통해 그동안 준비해두
었던 모든 것을 묻고 또 물으며 스승으로 모시게 된다. 그뿐만이 아니라,

두 사람 모두 수많은 서적과 진귀한 서화, 금석문을 소장하고 있었기 때문에 그것들을 마음껏 감상하고 안목을 넓힐 수 있었다. 추사에게 이보다 더 큰 행운은 없었다. 연경에 머문 2개월 동안 추사는 자신이 평생 공부해야 할 학문의 가장자리를 경험하게 된 것이다. 귀국 후에도 추사는 편지를 통해 끊임없이 가르침을 청했다. 특히 옹방강은 추사의 편지를 받을 때마다 조목조목 추사의 학문적 갈증을 풀어주었다. 두 사람은 북학의 가이드였던 셈이다.

추사의 별호 중에 보담재寶覃齋가 있다. 옹방강의 호가 담계였기 때문에 옹방강을 존경한다[覃]는 의미로 보담재라 했다. 옹방강은 일찍이 송나라의 문인 소동파의 글씨와 문집은 물론 초상화까지 집 안에 모셔두고 '보소재'라는 당호를 걸었는데, 추사는 이를 모방하여 자신은 옹방강을 존경한다는 의미로 보담재라는 당호를 걸었던 것이다. 그뿐만이 아니었다. 추사는 완원을 존경한다는 의미로 '완당阮堂'이란 편액을 서재에 내걸었다. 당시 청나라의 학자였던 이조망李祖望은 『해외묵연海外墨緣』이라는 책자에 다음의 기록을 남겨놓았다.

추사라는 이는 성이 김이고 동국의 전찬殿撰, 홍문관 수찬의 벼슬이다. 성품이 책을 좋아하고 아주 박아博雅하다. 그 대청의 편액을 '완당'이라 하는데, 이것은 의징儀徵, 중국 양주의 지명으로 완원의 고향 상국相國, 재상을 말하며 여기서는 완원을 가리킴을 경모하여 붙인 이름이라고 한다. 손헌㢲軒 공씨孔氏, 공광삼孔廣森을 말함가 정강성鄭康成을 흠앙하여 그 집의 편액을 '의정儀鄭'이라 한 것과 대략 비슷한 일이다.

손헌 공광삼은 청나라의 경학 연구가다. 그는 중국 한나라의 정강성을

나빙(羅聘)이 그린 〈소재도蘇齋圖〉, 상하이 박물관 소장. 김정희와 옹방강이 만난 소재의 모습이다.

흠모하여 자신의 집에 의정이란 편액을 걸었다. 추사 또한 완원을 흠모한다는 의미로 완당이란 편액을 걸었다. 청대에는 다른 사람의 성을 따다가 자신의 호로 삼는 경우가 종종 있었다. 그러나 조선에서는 흔한 일이 아니었다. 이 역시 북학의 영향이라 할 수 있을 것이다. 이렇게 추사는 자신의 삶의 방향을 정해준 두 사람을 기리는 편액을 걸고 자신의 호로 삼았다. 이는 두 사람이 평생 자신의 스승임을 천명하는 일이기도 했다.

추 사 를   아 시 나 요 ?

—

추사는 백 개가 넘는 호를 사용했다고 전해온다. 보담재나 완당 역시 별호로 사용했다. 이 소식은 당시 중국으로 전해졌고 청조 문사들 사이에서 이야깃거리가 되었다. 이후로도 추사는 두 스승은 물론 그들의 자제, 문하생과의 교유를 통해 명실상부한 북학의 종장으로 군림하게 된다. 이를 두고 유득공의 아들 유본학은 추사를 이렇게 노래했다.

요즘 조선에는 북학이 유행인데　　　　　　　　　　　　海東近日善北學
김자金子. 김정희께서 이름을 날리고 있네　　　　　　　　又有金子聲名揚

당시 연경에서 추사의 명성은 참으로 놀라울 정도였다. 추사를 알아야만 술자리에 끼워주고, 이야기 상대로 삼을 정도였다. 사신들이 오면 추사와 잘 아는 사이인지 묻곤 했으며, 역관들 중에도 추사와 잘 아는 사람들만 대접을 받을 정도였다. 청나라의 지식인들이 추사에게 이렇게 큰 관심을 보인 데에는 여러 가지 이유가 있었지만 그중에서도 가장 중요한 이

유는 추사가 조선 최고의 금석학자였기 때문이다. 금석학은 옛 비석이나 쇠붙이 등에 새겨진 글자를 연구하는 학문으로 당시 중국에서는 금석학이 가장 중요한 학문의 하나로 자리잡고 있었다. 따라서 중국의 지식인들은 조선의 금석문에 대해서도 지대한 관심을 가지고 있었다. 그런 상황에서 추사는 조선 최고의 금석문 연구가로 이름이 알려졌던 것이다. 추사의 금석문 연구는 당시 중국 지식인들의 조선에 대한 관심을 촉발시켰다. 청조 문사들의 조선 금석학 연구는 조선의 역사에 대한 관심을 불러일으켰고, 그들로 하여금 조선의 역사를 공부하게 만들었다. 추사의 학문적 성과에 청조 문사들은 촉각을 곤두세웠고 추사와 교유하기를 희망했다. 사신을 수행했던 임백연任百淵과 청나라 학자 요함姚涵의 대화는 당시의 정황을 살펴보기에 충분하다.

요　　함: 추사 김시랑金侍郎께서 해동의 금석문을 모아 몇 권으로 만들었는데 오래된 금석문이 많이 있다고 들었습니다. 그 희귀한 것들을 한번 구경하고 고증의 자료로 삼고 싶지만 연락할 길이 없습니다. 그대가 귀국한 뒤에 나를 위해 이 뜻을 전해주시고 오래된 탁본 몇 장을 얻어서 보내주실 수 있겠는지요?

임백연: 해동에는 오래된 물건들이 거의 없습니다. 단군과 기자의 시대는 오래되었고, 신라와 고려 이하의 금석문도 남아 있는 게 거의 없습니다. 남아 있더라도 깨지고 부서졌습니다. 그래서 우리나라 사람들 중에서 옛것을 좋아하는 사람들은 중국의 오래된 탁본을 구하여 보배로 여기는데, 당신은 오히려 우리나라의 탁본을 찾으니 심한 것 아닙니까?

요　　함: 옛것을 좋아한다면 깨지고 부서진 것이 좋은 것입니다. 옛것을 좋아한다고 하면서 완전한 것만 찾는다면 그것은 술에 취하려고 하면서 맹물을 찾는 것과 마찬가지인 것입니다. 중국의 주나라나 한나라의 금석문도 깨지고 부서진 게 아니던가요?

임백연: (말문이 막혀 크게 웃었다.)

요　함: 왜 웃으시죠?

임백연: 지난번에 황파黃坡 정환표鄭煥杓와 함께 벽옹辟雍. 중국 북경에 천자가 세운 국립학교인 국자감에 놀러갔다가 석경비石經碑를 보면서 감탄했었습니다. 그래서 제가 "이 비석의 탁본을 한 벌 구하면 될 일이지, 어찌 꼭 주나라와 진나라의 비문을 구하여 힘들게 잔자殘字. 온전치 않게 남아 있는 글자를 연구하고 가까스로 완석頑石. 보잘것없는 돌에 씌어 있는 글자들을 판독하면서 옛것을 좋아한다는 이름을 훔치려 하는 것일까?"라고 했더니 황파도 제 말에 동의하더군요. 이제 당신 말을 듣고서야 아속雅俗의 차이가 크다는 것을 알았습니다.

　금석학에 조예가 있던 요함은 임백연에게 추사를 소개해달라고 부탁하지만, 시인으로는 유명했어도 금석학에는 문외한인 임백연이 제대로 대답조차 못하고 있는 모습이 눈에 선하다. 당시 청나라 지식인 사이에선 조선의 금석문에 깊은 관심을 가지고 연구하는 학자들이 늘어나는 추세였다. 상황이 이렇다보니 청나라에 사신으로 가게 되면 조선의 금석문 탁본을 준비하는 게 상식이었다. 다른 어떤 것보다도 그들이 제일 좋아했던 선물이기 때문이다.

스 승 을 그 리 며

—

추사를 단순히 김정희라는 개인의 호로만 인식해서는 안 된다. 추사는
19세기를 해석하는 하나의 코드다. 추사를 통해 19세기의 학문과 예술을
엿볼 수 있기 때문이다. 추사의 글씨와 그림, 그리고 그의 학문은 조선 역
사에서 한 번도 존재한 적이 없던 전혀 새로운 것이었다. 그 때문에 그의
학문과 예술세계를 이해하려면 전혀 다른 차원의 언어와 지식, 그리고 사
유의 틀이 필요하다. 한마디로 북학을 알아야 추사가 보인다는 뜻이다.
제주도에 유배중이던 추사는 자신의 초상화를 보고 글을 한 편 지었다.

담계옹방강께서는 "옛 경전을 즐겨라"라고 말씀하셨고, 운대芸臺. 완원께서는
"남이 말한 것을 나도 따라서 말하기를 좋아하지 마라"라고 하셨다. 두 분
의 말씀에 내 평생이 모두 들어 있다. 하늘 끝 바닷가에서 삿갓 쓰고 있다
해서 어찌하여 갑자기 원우元祐. 송나라 철종의 연호의 죄인 소동파와 같겠는가?

추사의 불우했던 삶을 두고 사람들은 그를 소동파에 비유하곤 했다. 유
배지로 떠돌던 소동파의 삶과 추사의 그것이 비슷했기 때문이었을 것이
다. 중국에서는 일찍부터 나막신을 신고 삿갓을 쓴 소동파의 입상이 유통
되었는데, 그것은 유배중인 소동파의 모습을 그린 것이었다. 중국의 지식
인들은 소동파를 흠모하여 그 그림을 서재에 모셔두곤 했다. 당시 조선에
도 이 그림이 들어와 있었다. 그러자 누군가 추사를 소동파에 빗대어 나
막신에 삿갓 쓴 추사의 모습을 그렸던 모양이다. 이 초상화를 본 추사는
자신을 소동파에 빗댄 사람의 의도를 알아챘을 것이다. 억울한 유배객에
대한 위로이자 찬사였던 것이다. 소동파만큼이나 위대한 인물에 빗대었

'보담재(寶覃齋)' 인장.
옹방강을 존경한다는 의미로 지은 서재명이다.

'완당(阮堂)' 인장.
완원을 존경한다는 의미로 지은 서재명이다.

으니 말이다. 그러나 추사는 이야기한다. 내가 소동파와 같은 유배객 신세로 소동파의 포즈만 취했다고 소동파가 될 수는 없는 것이다. 나는 젊은 시절 연경에서 만난 두 분 스승의 가르침을 실현하기 위해 살아왔을 뿐이다. 한 분은 옛 경전을 즐기라고 하셨는데, 나는 그것을 실천하기 위해 노력했다. 또 한 분은 남이 어떤 의견을 내놓는다고 무턱대고 그 의견을 따르는 짓을 하지 말라고 하셨는데, 나는 그 가르침을 따랐을 뿐이다. 이것이 두 분 스승의 가르침이었고 내 일생은 이 두 마디로 설명할 수 있다. 어찌 소동파에 빗댈 수 있겠는가. 참으로 추사 삶의 치열함이 느껴지는 고백이다.

추사의 학문은 외래문화 수용의 전범을 제시한 19세기 조선 문화의 꽃이다. 그리고 추사의 두 이방인 스승은 그에게 그 틀을 제공해주었다. 젊은 시절 보담재와 완당의 두 편액이 걸려 있던 추사의 서재는 그런 면에서 19세기 조선의 또다른 상징이라 할 것이다.

초의의 일로향실:
차로 맺은
인연

조선 후기에 이르면 사회 각 분야에서 여항인들의 활약이 두드러진다. 여항 지식인은 자신들만의 특장을 지니고 있었고, 특히 시와 글씨, 그리고 그림 분야에서 높은 수준에 이르렀다. 사회의 중심을 이루던 서울의 사대부들도 그들과 교유하면서 그들을 조금씩 인정하기에 이른다. 지식인이라면 신분의 비천을 가리지 않고 어느 정도 인정하기 시작한 것이다. 그럼에도 오직 한 계층만은 예외였다. 바로 승려였다. 불교가 조선을 지탱하던 중심 사상인 유교와 배치되어서이기도 했지만, 그들은 사회적으로 천민보다도 못한 부류의 사람들로 인식되었기 때문이다. 하지만 그토록 척박한 분위기 속에서도 지식인으로 인정받으며 사대부와 교유하던 인물이 간혹 있었다. 초의草衣 의순意恂, 1786~1866이 그런 인물 중 한 명이었다. 그는 19세기 조선을 대표하는 두 지식인 다산, 추사와 동시에 교유했다는 점에서 더욱 주목을 끈다. 특히 그는 시와 그림, 그리고 차를 통해 조선 후기 지성사에서 중요한 역할을 담당했다.

다산과 맺은 학연學緣

—

그의 속성은 장張, 자는 중부仲孚, 법명法名은 의순이며 초의艸衣 또는 草衣는 그의 호이다. 15세에 전라도 나주의 운흥사雲興寺에 들어가 벽봉민성碧峯敏性께 의지하여 승려가 되었고, 그후 해남 대흥사大興寺에서 완호玩虎 스님께 구족계를 받고, 초의라는 호도 함께 받았다. 이후 대흥사를 떠나지 않고 경전을 공부했으며, 탱화를 잘 그려 많은 작품을 남겼다. 특히 24세 되던 1809년에는 강진에 유배중이던 다산 정약용과 만나면서 일생의 중대한 전환점을 맞이했다. 다산에게 유학과 시를 배우면서 다산의 자제들과 교유하게 되었고, 이를 통해 추사의 형제들, 자하 신위, 정조의 사위 홍현주 등 당시 서울의 문사들과도 교유를 시작했기 때문이다. 이를 계기로 그의 이름이 조선 전역에 알려지게 되었다. 다산의 문집에는 「위초의승의순증언爲草衣僧意洵贈言」이라는 글이 실려 있다.

도연명의 감피백하시感彼柏下詩를 보면 평소 혜원慧遠, 진나라 때 유학에 정통했던 승려의 현론玄論, 사물의 근원을 따지는 논의을 얻어들은 걸 알겠으며, 소식蘇軾의 적벽부를 보면 당시 늘 참료자參寥子, 북송 때 시승詩僧인 도잠道潛의 호와 운치 있는 이야기를 나눈 사실을 증명할 수 있다. 봄바람이 불어 초목이 싹트고 범나비가 홀연히 방초芳草에 가득 모여들 때면, 승려 몇 사람과 함께 술을 가지고 옛 무덤 사이를 노닐었다. 무덤들이 연달아 총총히 있는 것을 보고는 술 한잔 따라붓고 나서 말하였다. "무덤 속의 사람들이여. 이 술을 마셨는가. 옛날 세상에 있을 때 송곳 끝만한 이익을 다투고 티끌 같은 재물을 모으느라 눈썹을 치켜세우고 눈을 부릅뜨며, 애쓰고 허덕허덕하며, 손에 움켜쥐려고만 했는가? 이성을 그리고 고운 짝을 찾아 육정은 불타고 음욕은 치솟아 온유향溫柔鄕, 여색을 말함에 노닐며 따스한 보금자리에서 단꿈을 꾸느라 천지간에 다시 다른 일이 있는 줄 알지 못했던가? 가세家勢를 빙자하여 남을 오만스럽게 대하고 의지할 데 없는 사람에게 으르렁거리며 스스로를 높인 적이 있는가? 그대가 이 세상을 떠날 때 한 꾸러미의 돈이라도 가지고 갔는지 모르겠네. 그리고 지금 그대는 부부가 한무덤 속에서 능히 예전처럼 즐기고 있는가? 내가 지금 그대를 이처럼 곤란하게 하는데도 그대는 나를 꾸짖을 수 있는가?" 이와 같이 수작酬酢하고 돌아오면 해는 뉘엿뉘엿 서산에 걸려 있었다.

시詩라는 것은 뜻을 말하는 것이다. 본디 뜻이 저속하면 억지로 청고한 말을 하여도 조리가 이루어지지 않는 법이다. 본디 뜻이 편협하고 비루하면 억지로 달통한 말을 하여도 사정事情에 절실하지 못하게 된다. 시를 배움에 있어 그 뜻을 헤아리지 않는 것은 썩은 땅에서 맑은 샘물을 걸러내려는 것과 같고 냄새나는 가죽나무에서 특이한 향기를 구하는 것과 같아서 평생 노력해도 얻지 못할 것이다. 그렇다면 어떻게 해야 하는가? 천인天人과 성명性命의 이치를 알고 인심人心과 도심道心의 나뉨을 살펴서, 찌꺼기를 걸러 맑고 참됨이 발현되게 하면 된다. 그러면 도연명과 두보 같은 사람들은 모두 그렇게 노력하였던가? 도연명은 정신과 형체가 서로 부리는 이치를 알았으니 더 말할 게 있겠는가? 두보는 천품이 본디 높아서 사람됨이 충후忠厚하고 측은지심을 가져 어진데다가 호방하고 굳센 기상을 겸했다. 보통사람들은 평생 마음을 닦아도 본원이 맑고 투명한 것이 두보의 경지에 이르기는 쉽지 않다. 그 아래 급에 있는 여러 시인도 모두 당할 수 없는 기상과 모방할 수 없는 재사才思가 있다. 이는 타고난 것이요 배워가지고 할 수 있는 것이 아니다.

『역易』이란 책은 한 글자 한 구절이라도 괘상卦象, 『주역』 점을 칠 때 길흉을 나타내는 상

象에 말미암지 않은 것이 없다. 만약 성인聖人이 허구로 꾸며 설법하기를 마치 선가의 참선의 화두가 한 사물에만 전적으로 집중하는 것과 같다고 한다면 스스로 통하기 어렵다. 왕필王弼이 설괘說卦를 버리고 『역』을 풀이하려 하였으니, 또한 어리석지 아니한가?

천책선사天頙禪師가 "시장을 지나가다 보면 좌상이나 행상이 조그만 엽전을 가지고 와글와글 떠들면서 시장의 이곳을 독점하려고 다투는데, 이는 수많은 모기가 항아리 속에서 어지러이 앵앵거리는 것과 무엇이 다르겠는가?"라고 하였는데, 선에 빠져서 그렇지 말인즉 옳다. 천책선사가 이런 말을 하였다. "부잣집 아이가 평생 한 글자도 읽지 않고 오로지 교만한 자세로 협객 노릇만을 일삼아, 월장月杖과 성구星毬에 금안장·옥굴레로 삼삼오오 짝을 지어 주야로 큰 거리를 배회하면서 휘젓고 다니는데, 이를 구경하는 자들이 담처럼 늘어서 있으니, 딱하도다. 나는 저들과 함께 환세幻世, 덧없는 세상에서 환생幻生하고 있다. 저들이 어떻게 환신幻身으로 환마幻馬를 타고 환로幻路를 달리고 환기幻技를 잘하여 환인幻人으로 하여금 환사幻事를 보게 하는 것이 다시 환幻 위에 환이 또 환이 된다는 것을 알겠는가? 이래서 밖에 나갔다가 번거로이 떠드는 것을 보면 서글픈 마음만 더할 뿐이다."

    1813년 8월 4일에 쓴 글이다. 모두 네 가지 사안에 관한 글이다. 첫번째 글은 도연명과 소식이 승려들과 교유한 일을 거론하면서, 다산 자신도 승려들과 노닐던 일을 기록했다. 이 글을 통해 다산은 인생을 어떻게 살아야 하는지 되묻고 있다. 두번째 글은 시와, 시를 짓는 자세에 대해 이야기하고 있다. 시란 마음속의 뜻을 이야기하는 것이므로 사람과 하늘, 생명의 이치를 알고 인심과 도심의 나뉨을 살펴서 찌꺼기를 걸러 맑고 참됨이 발현되게 해야 좋은 시를 지을 수 있다고 강조하고 있다. 세번째는 유가 사상의 핵심이 담긴 『주역周易』을 해석하는 데 왕필처럼 해석해서는 『주역』을 제대로 이해할 수 없다는 이야기이다. 『주역』을 이해하기 위해서는 『주역』 각 괘의 상징을 설명한 「설괘전說卦傳」을 통해야만 하는데, 왕필은 노자와 장자의 사상으로 『주역』을 해석했기 때문에 정약용은 왕필의 해석을 배우지 말라고 한 것이다. 마지막 이야기는 천책선사의 말을 인용하여 인간세상이 환영과 같다는 것을 말하고 있다. 얼핏 보면 각기 관계없는 것처럼 보이지만 다산이 제자 초의의 인생에 지침이 될 만한 이야기를 쓴 것이다. 이 글을 통해 유학자로서 최고의 경지에 오른 다산의 면모뿐만 아니라, 불학에도 깊었던 그의 진면목을 엿볼 수 있다. 초의의 시가 높게 평가된 데에는 다산의 이러한 가르침이 있었던 것이다. 후에 그가 사대부들과 교유하면서도 인정을 받았던 데에는 바로 이러한 다산의 가르침이 커다란 밑거름이 되었다.

추사와 맺은 다연茶緣

이후 초의는 추사 김정희와 깊은 교유를 한다. 동갑이었던 두 사람은 1815년 처음 교유를 시작한 이래 돈독한 우정을 자랑했다. 특히 초의는 차를 잘 만들기로 유명했다. 그가 만든 차를 초의다草衣茶라 했는데, 추사는 그가 만든 차를 유독 좋아했다. 추사는 24세 되던 1809년 부친을 따라 연경에 갔다가 완원의 서재인 태화쌍비지관泰華雙碑之館에 초대받아 용단승설龍團勝雪이라는 명차를 대접받고 돌아오는데, 이후 추사는 그 맛을 잊지 못해했다. 그러다가 초의가 만든 차를 마셔보고는 그 맛에 푹 빠졌던 것이다. 추사는 초의에게 편지를 보내 차를 보내달라고 떼를 쓰기 일쑤였다. 특히 그는 제주도에 유배된 뒤로 더욱 초의를 그리워했고, 초의가 만든 차에 목말라했다.

대사가 머무는 곳이 바로 하나의 극락세계이니 아미타불을 수없이 부를 필요가 있겠는가? 원래 편지에도 차를 부탁하는 내용이 담겨 있었다네. 이곳에서 차를 구하기 어렵다는 것은 대사도 알 것이네. 대사가 손수 만든 법다法茶는 당연히 해마다 보내주었으니 다시 말할 필요가 없지만, 절에서 만든 소단小團 삼사십 편片을 좋은 것으로 골라 보내줬으면 좋겠네. 소동파가 말한 추아차麤芽茶 또한 부처님께 올리기에는 충분하다네. 박생朴生이 다시 올 때를 기다리면 너무 늦어버릴 염려가 있으니 먼저 인편을 물색하여 김용성金瑢性 쪽에서 빨리 부치는 게 어떤가? 마시고 있는 것이 다 떨어져가므로 이렇게 조급하게 구는 것이라네.

초의는 해마다 차를 만들어 추사에게 공급했지만, 추사가 제주도에 유배된 뒤로는 그마저 쉽지 않았다. 마시고 있던 차가 떨어져가자 급히 초의에게 편지를 써서 차를 보내달라고 졸라댔던 것이다. 그런데 초의는 유배객 신세인 추사의 심정을 아주 잘 알고 있었다. 차를 보내면서 한번 찾아가고 싶다는 의사를 추사에게 전했다. 추사는 초의의 편지를 받고 무척 기뻐했다.

초의의 편지 한 장만 얻어 보아도 다행스러운 일인데 어찌 그 충충 바다를 넘어 멀리 오기를 바라겠는가? 비록 그대가 대승大乘 법문으로 자처하고 있지만, 이 보통사람의 눈으로 보면 어찌 대승이 보잘것없는 것에 얽매여

동분서주하느라 벗어나지 못할 리가 있겠는가? 여러 말 필요치 않고 빨리 나 같은 범부에게 와서 한번 금강金剛을 맞아야만 비로소 정진하여 한 과果를 얻을 것이네. 이 몸은 목석과 같을 뿐이네. 다포茶한는 과연 훌륭한 제품이더군. 능히 다삼매茶三昧. 차를 만드는 최고의 경지에 통달한 것 같았네. 글씨란 본래 날과 달을 다해도 마치기 어려운 것인데, 어떻게 맨손으로 용을 잡듯이 쉽게 완성할 수 있겠는가? 어느 때를 막론하고 대사가 와서 손수 가져가야만 할 것이네.

그 먼 곳까지 와달라는 이야기를 차마 할 수 없었는데, 초의가 알아서 오겠다니 추사로서는 그보다 더 기쁜 일이 없었다. 끝내는 자신의 속내를 드러내고 말았다. 빨리 와서 한판 붙어보사는 이야기를 긴넨 것이다. 그렇게 추사를 찾은 초의는 여섯 달을 함께 지내다가 뭍으로 돌아갔다. 몸에 병이 생겼기 때문이었다. 그런데 차마 발길이 떨어지지 않았기에 쉽게 떠나지 못하고 빙빙 돌며 머뭇거렸다. 추사는 편지를 보내 빨리 돌아가라고 다그쳤다.

아픈 곳이 더 심해져 차도가 없다는 말을 들었네. 유배객의 손님이다보니 치료가 여의치 못하다는 것을 알기에 걱정스런 마음을 가눌 길이 없네. 그렇게 병든 몸으로 어찌하여 빙빙 맴돌며 머물러 있기만 할 뿐 곧바로 돌아가지 않았단 말인가? 절대로 나 때문에 걱정하지 말고 마음놓고 돌아가게나. 오늘이나 내일이라도 떠나는 배가 있으면 돌아가시는 게 어떤가? 손을 잡고 이별할 수 없는 것은 서운하지만 백릿길이나 되는데 병든 몸을 이끌고 왕래하며 계속 부축할 수도 없으니 마음을 굳게 먹고 곧장 앞으로 가게나. 그리고 이곳에 대해서는 마음을 쓰지 않는 게 좋겠네. 여기 철규鐵虯를 보내 대신 이별을 하고, 모든 것은 그의 입을 통해 전달하겠네. 오로지 돛배가 순풍을 따라 무사히 뭍에 다다르기를 기원할 뿐이네. 그만 줄이겠네. 돌아간 다음에 무사히 건넜다는 소식을 바로 전해주게나.

세 상 밖 에 서   세 상   속 으 로

—

손을 잡고 이별하지도 못하고 편지를 보내 작별하는 추사의 심정이나, 유배객 신세의 추사를 홀로 두고서 차마 떠나지 못하는 초의의 심정이나 마찬가지였을 것이다.

소치小癡가 떠나갈 적에 편지를 부쳤는데 이미 받아 보았는가? 봄이 한창 무르익어 산중의 온갖 꽃이 다 피었으니 선禪의 기쁨도 자유로우며 혹시 해상海上의 예전 놀이에 생각이 미치기도 하는 것인가? 아리던 팔도 차츰 나아서 구애됨 없이 잘 운용이 되는가? 천한 몸은 구비口鼻의 풍증과 화기로 아직도 고통을 당하니 맡겨둘 따름이네. 허군이 가지고 간 향실香室의 편액은 곧 받아 걸었는가? 마침 집 하인이 돌아가기에 그로 하여금 가는 길에 잠깐 들르게 한 것이라네.

추사는 소치 허련許鍊 편에 편액을 보냈다. 그것은 '일로향실一爐香室'이라 쓴 초의의 서재 이름이었다. 초의로부터 받은 차에 대한 고마움의 표시였다. 하지만 차를 향한 추사의 욕심은 끝이 없었다.

나는 대사를 보고 싶지도 않고 대사의 편지도 보고 싶지 않다네. 다만, 차

초의의 서재에 걸렸던 '일로향실(一爐香室)' 편액. 추사가 써서 보낸 것을 목판에 새긴 것이다.

의 인연만은 차마 끊어버리지도 못하고 쉽사리 부수어버리지도 못하여 또 차를 재촉하니, 편지도 보낼 필요 없고 다만 두 해의 쌓인 빚을 한꺼번에 챙겨 보내되 다시 지체하거나 빗나감이 없도록 하는 게 좋을 것이네. 그러지 않으면 내 몽둥이질을 절대 피할 길이 없을 것이야.

애교 넘치는 협박이라 할 것이다. 내가 초의 당신과 교유하는 것은 오로지 당신이 만든 차 때문이라는 것이다. 당신을 만나고 싶은 생각도 없고, 당신의 편지 따위는 애초에 관심도 없으니, 차나 많이 보내달라는 추사의 협박인 셈이다. 추사는 이런 초의를 위해 '명선茗禪'이란 글을 써서 주기도 했다.

초의는 승려다. 그에게 서재란 처음부터 어울리는 단어가 아닐지도 모른다. 일로향실 또한 부처님을 모시고 공양하면서 초의가 거처하던 곳의 이름이다. 그러나 그는 19세기를 대표하는 두 지성과 교유하면서 큰 자취를 남겼다. 그는 차와 시를 통해 선에 이른 지식인이었다. 그의 서재 일로향실에는 수많은 서적이 넘쳐났고, 그가 만든 차의 향이 가득했다. 그의 차향은 19세기의 지성 추사를 매료했고, 그는 차와 시를 통해 19세기 지성사의 한 페이지를 장식했다.

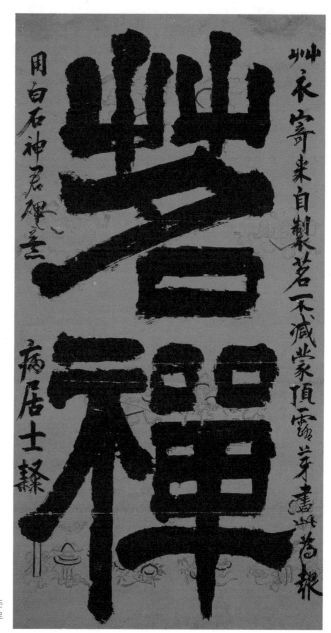

추사가 쓴 '명선(茗禪)' 글씨, 간송미술관 소장.
초의선사가 직접 만든 차를 보내주자 답례로 써서 보낸 것이다.

황상의 일속산방:

세상에서 제일 작은
은자의 서재

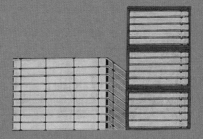

전라도 강진은 조선 후기의 대학자 정약용의 다산초당으로 이름 있는 곳이다. 강진군에서는 몇 년 전부터 매해 다산 정약용의 유물을 특별 전시해왔다. 그런데 2009년에는 다산의 유물이 아니라, 그의 외손자이자 제자인 방산舫山 윤정기尹廷琦. 1814~1879 관련 자료들을 전시하고 이를 기념하는 학술대회를 열었다. 나는 이 학술대회에 참가하여 '다산학단에서 방산 윤정기의 위상'이라는 제목으로 발표를 했다. 강진은 다산이 18년이란 긴 세월을 유배객으로 보낸 곳이다. 그는 이 기간 동안 자신의 이름을 후대에 전할 저술에 전력을 기울였고, 한편으로는 후진을 양성하는 데에도 힘을 쏟았다. 다산의 삶에서 가장 중요하고 소중한 시간이었던 셈이다. 그렇게 키워낸 제자들은 다산의 저술에 직간접적으로 참여했을 뿐만아니라, 그들 스스로가 다산학의 계승자임을 자부하며 학문적으로 상당한 성과를 남기기도 했다. 이런 사실들이 확인되면서 다산 연구의 외연이 '다산학단'으로 불리는 일단의 다산 제자들에게까지 확대되었고, 최근에는 이들의 저술을 모은 『다산학단문헌집성』이 간행되어 다산학 연구에 새로운 활력소가 되고 있다. 윤정기의 자료를 전시하고 학술대회를 마련한 것도 이런 점이 감안되었기 때문이었다. 다산학단의 인물들이 이처럼 새롭게 조명되는 배경에는 그들이 단순히 전라도 강진 땅에서 활동한 지역의 문사가 아니라, 서울의 명사들과 교유를 통해 영향을 주고받았다는 점이 크게 작용했다. 특히 이들 중 일부는 추사 김정희의 문하를 출입하기도 하고, 추사학파 인물들과 교유를 통해 조선 문화의 중심에서 자신들의 역량을 발휘하기도 했다. 다산과 추사는 19세기 학예의 축을 이루는 거목들이지만, 다산과 추사의 정치적 성향은 물론 학문적 경향 또한 결코 동일하다고 볼 수 없다. 하지만 이들이 19세기 최고의 학자들이라는 점에서 이 두 사람을 스승으로 모신 문인들의 교유는 아주 의미 있는 사건이라 할 수 있을 것이다.

정약용이 유배지 강진에 도착한 것은 신유년1801 겨울이었다. 그때 정약용의 나이 40세였다. 강진에 도착한 정약용은 동문東門 밖 주막에 숙소를 잡았다가 을축년1805 겨울에 보은산방寶恩山房으로 옮겼고, 병인년1806 가을에는 이학래李鶴來의 집으로 옮겼으며, 무진년1808 봄부터 다산초당에서 거처하게 되었다. 본래 다산초당은 귤림처사橘林處士 윤단尹博, 1744~1821의 별장이었다. 그런데 윤단의 아들 윤규로尹奎魯, 1769~1837가 정약용을 다산초당으로 초빙하여 머물게 하고는, 자신의 네 아들과 조카 둘을 정약용에게 배우게 했다. 다산은 18년의 유배기간 중 읍내에서 8년, 다산초당에서 11년가량 머물렀는데, 읍내에 머물며 길러낸 제자 중 대표적인 인물이 황상黃裳과 이학래다. 특히 이들은 둘 다 추사 김정희의 문하를 출입했으므로 다산학과 추사학의 정수를 가까이서 지켜봤던 행운아들이었다고 할 수 있다.

스승들과의 만남
—

황상黃裳, 1788~1870의 자는 제불帝黻, 호는 치원巵園이었고, 어릴 때 이름은 산석山石이었다. 황상은 몸이 허약했는데 그 탓에 돌멩이처럼 단단해지라는 의미로 산석이라 불렸던 모양이었다. 다산이 황상과 처음 만난 것은 다산이 강진에 도착한 다음해1802 10월이었다. 당시 황상은 열다섯 살 소년이었다. 다산은 그 소년을 위해 글을 한 편 지어주었다. 정식으로 사제의 연을 맺은 지 일주일 되던 10월 17일의 일이었다.

내가 산석에게 문학과 역사를 공부하라고 권했더니 산석은 머뭇머뭇하며 부끄러운 기색을 보이더니 사양하며 말했다.

"제게는 세 가지 문제점이 있습니다. 첫째는 둔한(鈍) 것이고, 둘째는 막힌 (滯) 것이고, 셋째는 미욱한(戞) 것입니다."

내가 말했다.

"공부하는 사람에게는 세 가지 큰 문제점이 있는데, 네게는 이런 것이 없구나. 첫째는 외우기를 잘하는 것인데, 이런 사람의 문제점은 소홀히 하는 데 있다. 둘째는 글을 잘 짓는 것인데, 이런 사람의 문제점은 경박한 데 있다. 셋째는 이해력이 뛰어난 것인데, 이런 사람의 문제점은 거친 데 있다. 대개 둔하지만 악착같이 파고드는 사람은 그 구멍을 넓힐 수 있고, 막혀 있지만 소통이 된 사람은 그 흐름이 거침없어지며, 미욱하지만 연마를 잘한 사람은 그 빛이 반짝거리게 되는 것이다. 파고드는 것은 어떻게 하는 것이냐? 부지런하면 되는 것이다. 막힌 것은 어떻게 뚫어야 하느냐? 부지런하면 되는 것이다. 연마는 어떻게 해야 하느냐? 부지런하면 되는 것이다. 어떻게 해야 부지런해지느냐? 마음을 꽉 잡아야 하는 것이다."

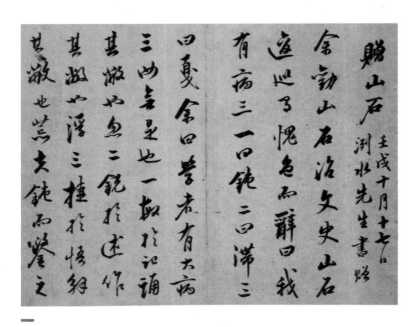

贈山石 壬戌十月十七日 洌水先生書贈

今勤山石治文史山石 逆迤多愧色而辭曰我
有病三一曰鈍二曰滯三
曰戞余曰學者有大病
三也是也一敏於記誦
其嶽也魚二銳於述作
其嶽也滯三捷於悟解
其嶽也蒿夫鈍而鑿之

다산이 황상에게 써준 「증산석」, 윤영상 소장.
학자로서 살아가는 방법을 일러준 것이다. 황상은 다산의 이 가르침을 평생 가슴에 안고 살았다.

한마디로 황상은 머리 좋은 학생은 아니었던 모양이다. 황상 자신도 그 것을 잘 알고 있었다. 글을 남들보다 빨리 외우지도 못하고, 글을 잘 짓는 것도 아니고, 눈치가 빠른 것도 아니었다. 조금은 답답한 학생이었던 모양이다. 그런데 다산은 그것은 학문하는 데 전혀 문제가 되지 않는다고 위로했다. 그리고 그 해결책을 제시했다. 그것은 '부지런함'이었다. 남들보다 빨리 외우지 못하는 게 뭐 문제겠는가? 남들이 열 번 읽을 때, 너는 스무 번, 서른 번을 읽으면 될 것 아니냐? 부지런히 읽어라. 글을 잘 짓지 못하는 게 뭐 문제냐? 짓고 또 지어라. 남들보다 부지런히 지어보면 늘 것 아니냐? 사람이 좀 미욱하여 이해력이 떨어지면 어떠냐? 계속해서 연마하면 문제될 게 없다. 네가 가지고 있는 단점은 결코 단점이 아니라는 위로였던 것이다.

황상은 다산의 가르침을 잊지 않고 평생 실천했고, 마침내 그는 시를 잘 짓기로 이름을 날리게 되었다. 이런 황상을 두고 다산의 형 정약전은 월출산 아래에서 어떻게 이런 인물이 태어났느냐며 칭찬해마지않았다. 황상의 소식은 제주도에 유배중이던 김정희에게도 전해졌다. 추사는 그를 만나고 싶었다. 유배에서 풀려나 돌아오는 길에 황상을 만나러 찾아갔지만, 서울에 갔다는 소식만 듣고 발길을 돌릴 수밖에 없었다. 이후 서울에 돌아온 추사는 다산의 아들 유산酉山 정학연丁學淵을 만나 황상의 칭찬을 늘어놓았다.

내가 제주도에 있을 때 어떤 사람이 시 한 편을 보여주는데 다산의 훌륭한 제자가 지은 게 분명했습니다. 그래서 작자가 누구냐고 물었더니 '황 아무개'라고 하였습니다. 그 시를 음미해보았더니 두보를 골수로 하고 한유韓愈를 뼈대로 삼았더군요. 다산의 제자들을 여럿 겪어보았지만 이학래 아래로는 이 사람과 대적할 인물이 없습니다. 게다가 황 아무개는 시문만 뛰어난 게 아니라, 그 사람됨이 당대의 고사高士라고 들었습니다. 비록 옛날의 은사隱士라 해도 이보다 더할 수는 없습니다. 그래서 뭍에 나오자마자 그를 찾아보았지만 서울로 갔다고 하기에 바라만 보고 돌아왔습니다.

이처럼 황상은 시학에 뛰어나 추사로부터 극찬을 받았으며, 추사의 문집에도 황상에게 보낸 편지와 「치원시고후서卮園詩藁後序」가 실려 있어 그 흔적을 전하고 있다. 그는 말년에 다산의 아들 유산 정학연이 거처하던 두릉과 추사가 살고 있던 과천을 왕래하며 지내기도 했는데, 추사는 황상을 아주 아꼈던 것으로 보인다. 과천을 찾아왔던 황상이 떠나자 추사는 인편에 시를 지어 보내며 그의 안부를 묻기도 했다.

이별의 마음 너무도 아쉬워	別懷千萬萬
차마 문밖을 나서지 못했네	不忍出門看
그대 떠나간 날 헤아려보니	今日計君去
하마 월출산을 지났겠구나	應過月出山

오랜만에 찾아온 황상이 고향으로 돌아가던 날, 추사는 차마 문밖에 나가 전송하지 못했다. 떠나는 그 모습을 바라보기가 무척 아쉬웠기 때문이었다. 그런데 마침 그쪽으로 가는 인편이 있어 시를 한 수 지어 보냈던 것이다. 아마 지금쯤은 영암靈巖 월출산을 지나고 있겠지. 벌써 추사는 황상을 그리워하고 있었던 것이다. 황상의 서울 생활은 길지 않았다. 고향인 강진으로 내려올 수밖에 없었다.

좁쌀만큼 작은 집

—

고향에 돌아온 황상은 조그만 집을 한 채 지어놓고 생활했다. 집을 지은 황상은 천릿길을 걸어서 평소 교분이 깊은 신기영申耆永을 찾아갔다. 그러고는 산방山房의 이름과 기문을 부탁했다. 신기영은 산방의 이름을 '일속산방一粟山房'이라 하고는 기문까지 지어주었다.

황자黃子. 황상을 가리킴는 집안일을 잘 못하고 시와 옛글만을 좋아한다. 사람들이 모두 그가 세상 물정 모른다고 비웃지만 그는 부끄러워하지 않았다. 그는 백적산白磧山 속에 집을 한 채 지어놓고 편히 쉬며 시를 읊는 장소로 삼더니 더 마음껏 노닐었다. 내게 그 집의 이름을 지어달라고 부탁하기에 내가 '일속산방'이라 하였다. 아! 천하의 크기가 몇만 리나 되는지 모르겠고, 그 안에 사람과 동물과 초목이 몇천만 종이나 되는지 모르겠지만 이것을 대자연이라 부른다. 그러나 큰 바다의 입장에서 보면 아주 작은 한 줌의 흙이다. 하물며 황자가 살고 있는 산은 바닷가에 치우쳐 있으니 좁쌀 하나에 불과하다. 이른바 대자연 속에서 사람만이 동물이나 초목보다 위대하다. 훌륭한 사람이 되어 풍운을 일으킬 수 있고, 부자가 되어 공경公卿을 부릴 수 있게 되어 당대 사람들이 그의 위엄을 두려워하고 그의 자비를 그리워한다면 우뚝 솟은 위대한 인물이 분명하지만, 인생을 달관한 달인의 입장에서 본다면 단지 쭉정이나 쓰레기, 한순간에 사라지는 환상이나 꿈 같은 것들이다. 하물며 황자는 백발의 노인이 되었으니 임금의 은혜를 입을 일도 없고, 나무나 돌과 이웃이 되어 쓸쓸한 바닷가에서 벌레들과 지내며 시나 읊을 뿐이니 좁쌀 하나에 불과한 것이다. 그렇지만 시우산施愚山이 "봉황은 천 길을 날아오르고, 뱁새는 나뭇가지에 깃들인다"고 한 것은 각자

자기의 적성을 따른다는 것이다. 처지를 바꾸어 의지할 곳을 잃으면 모든 것이 자신의 적성에 맞지 않게 되는 것이다. 이제 황자가 좁쌀 하나와 같은 몸으로 좁쌀 하나와 같은 산에 살면서 낙엽을 쓸고 차를 달이며 쉬지 않고 시를 읊으니 시는 더욱 다듬어졌고 문장은 더욱 오묘해졌다.

신기영은 자신이 볼 때 황상이 살고 있는 곳이 아주 시골인데다 황상의 처지 또한 별 볼 일 없었기 때문에 '좁쌀 하나'와 같다는 이름을 붙여주었던 것이다. 황상에게는 제격이라 여겼던 것이다. 그리고 그것은 황상에게도 결코 기분 나쁜 일이 아니었다. 오히려 말년의 황상에게 기분 좋은 이름이었을지도 모른다. 황상의 일속산방은 이후 여러 사람에게 알려져 많은 문사들이 시와 글을 남겼다. 그중에서도 김류金瀏는 「일속산방설」을 지어 그 의미를 풀이했다.

금릉金陵, 강진의 옛 이름의 처사 황치원黃巵園은 천태산天台山에 은거하고 있다. 산방 하나를 깨끗이 지어놓고 '일속一粟'이란 편액을 걸었다. 내가 듣고는 나무라는 말을 하였다.
"산방이 정말 좁쌀만큼 작습니까? 좁쌀만큼 작은데 7척이나 되는 처사의 몸뚱이가 들어간단 말이죠? 좁쌀은 좁쌀입니다. 방에다 비유하면 아주 작은 것이죠. 방은 방입니다. 좁쌀에다 비유하면 아주 큰 것입니다. 아주 작은 것을 가지고 아주 큰 것을 비유하는 게 너무 심하지 않습니까?"
어떤 사람이 말했다.
"그것은 불가의 말입니다. 불가에 '수미산을 겨자씨 속에 넣는다納須彌於芥子'라는 말이 있습니다. 겨자씨 속에도 수미산과 같이 큰 것을 넣을 수 있는데, 좁쌀 속에 어찌 7척의 몸을 넣을 수 없겠습니까?"

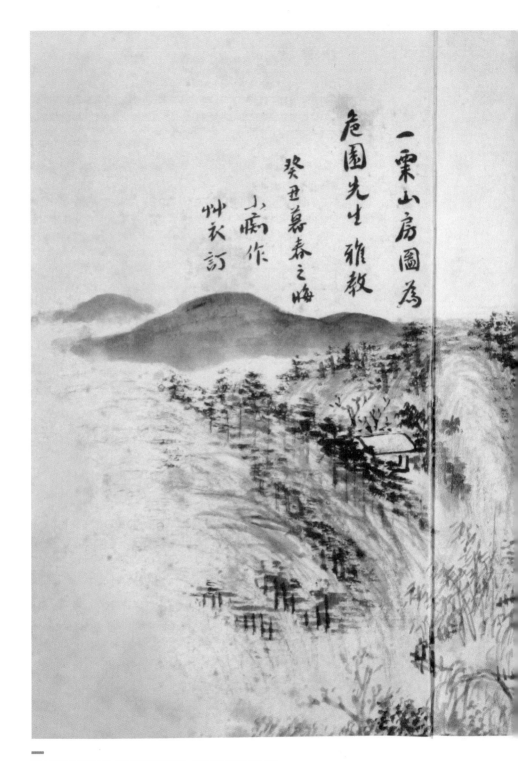

一粟山房圖爲

危園先生 雅教

癸丑暮春之晦

小痴作

艸衣訂

〈일속산방도〉, 개인 소장. 소치 허련이 황상에게 그려준 일속산방의 모습이다.

"처사는 불가가 아닙니다. 작은 것에 큰 것을 넣는 일에 어찌 불가의 허망한 이야기를 인용해야 한답니까?"

"그렇다면 장자莊子의 제물론齊物論을 이야기한 것입니다. 그는 '천지는 한 손가락이다天地一指'라고 했습니다. 천지를 손가락에 비유한 것인데, 산방을 좁쌀에 비유한 것보다 낫지 않은가요?"

"처사는 도가가 아닙니다. 큰 것으로 작은 것을 비유하는 데 어찌 도가의 허황함을 인용한단 말인가요? 우리 유가의 방식대로 해석해보겠습니다. 저 산방은 아주 작은 집입니다. 아주 작은 집을 가지고 아주 큰 집에 비유한다면, 그 작은 것이 좁쌀보다 낫지 않겠습니까? 이미 아주 작다고 했으니 그 집을 '일속'이라 하면 당연하지 않겠습니까? 그러나 그 방에 들어가보니 좌우에는 도서圖書와 제자백가의 책들이 있었습니다. 그 벽을 바라보니 사해四海의 세계世界 지지地誌였습니다. 이에 '일속산방' 안에 아주 많은 도서와 아주 큰 세계가 들어 있는 것을 알게 되었습니다. 아주 넓고 여유가 있으니 천하의 물건 중에 일속보다 큰 게 무엇이 있겠습니까? 이렇게 말하면 되는데 일속의 의미를 불가의 겨자씨나 도가의 손가락을 인용해 풀어야 되겠는지요? 결론적으로 말하자면 처사는 우리 유가의 사람이지, 불가나 도가의 학문을 연구한 사람이 아닌 것입니다."

'일속산방'은 '좁쌀만한 집'이란 뜻이다. 집이 아주 작다는 것을 말한다. 이 이름을 들은 사람들은 아마 그 이름이 불가나 도가에서 가져온 것이라 여겼던 모양이었다. 황상이 초의와 같은 승려들과 친분이 있었기 때문에 그런 생각을 가졌을 것이다. 그러나 김류는 좀더 현실적으로 풀이했다. 그의 방에 들어가 보았더니 좌우로는 도서와 제자백가의 책들이 수북하고, 벽에는 세계지도가 걸려 있었던 것이다. 즉, 그 조그만 방안에 온 세상이 다 들어 있었던 셈이다. 그러니 집은 작지만 사실 그 작은 방안에 온 세상이 다 들어 있으므로 세상에서 제일 큰 집이라는 설명이었다. 그것은 부처가 말한 "수미산을 겨자씨 속에 넣는다"는 의미였던 것이다.

은 자 가 사 는 법

—

그런데 사실 황상은 일찍부터 은거할 생각을 하고 있었다. 그래서 다산에게 그 방법을 묻기도 했다. 은거는 어떻게 해야 합니까? 다산은 그 조목을 하나하나 알려주었다. 마치 눈앞에 있는 사물을 설명하듯 아주 자세하다.

장소는 경치가 좋은 곳을 골라야 한다. 그러나 강을 낀 산은 시내가 있는 산만 못하다. 동네 입구에는 높은 암벽이 있고, 조금 들어가면 확 터져 눈이 즐거워야 복지福地라 할 것이다. 가운데 자리 좋은 곳에 초가집 서너 칸을 지어라. 나침반을 가지고 좌향坐向을 바로잡고 아주 정교하게 지은 다음 순창淳昌의 설화지雪華紙로 도배를 해라. 문미門楣에는 옆으로 길게 된 담묵의 산수화를 붙이고, 문 곁에는 고목槁木과 죽석竹石을 그려넣거나 짧은 시를 써넣어라. 방안에는 서가 두 개를 놓고 1300, 400권의 책을 꽂아라.『주역집해』『모시소毛詩疏』『삼례원위三禮源委』와 고서·명화·산경지지山經地志, 지리지, 그리고 천문학에 관한 책, 의약의 비결에 관한 책, 군대의 제도에 관한 책, 풀, 나무, 새, 물고기의 계보, 농사와 수리水利의 학설, 기보棊譜, 바둑이나 장기 두는 법을 적은 책·금보琴譜, 거문고의 악보 등에 이르기까지 갖추지 않은 것이 없어야 한다. 책상 위에는『논어』1권을 펴놓고 곁에는 질 좋은 배나무로 만든 탁자 위에 도잠陶潛·사영운謝靈運·두보·한유·소식蘇軾·육유陸游의 시와 중국의 악부樂府, 그리고 역대 시집 등 몇 질을 올려놓아라. 책상 밑에는 구리로 만든 향로 한 개를 두고 아침저녁으로 옥유향玉蕤香 한 잎씩을 피우며, 뜰 앞에는 향장響墻·가림벽을 설치하는데 높이는 몇 자면 된다. 담장 안에는 갖가지 화분을 놓는데, 석류·치자·백목련 같은 것을 각각 품격을 갖추어 놓되 국화는 가장 잘 갖추어야 한다. 48종의 갖가지 색깔을 갖추어야 겨우 구비되었다고 할 수 있다.

뜰 오른편에는 조그마한 연못을 파라. 사방 수십 보 정도면 되는데, 연못에는 연꽃 수십 포기를 심고 붕어를 길러라. 따로 대나무를 쪼개 홈통을 만들어 산골짜기의 물을 끌어다가 연못에 대는데, 넘친 것은 담장 구멍을 통해 채소밭에 흘러가게 해라. 채소밭을 가꿀 때에는 맷돌처럼 고르게 하여 마치 물이 고여 있는 것처럼 해야 한다. 밭두둑을 네모지게 나누어 아욱·배추·마늘 등을 종류별로 구분하여 심고 서로 섞이지 않게 하여야 한다. 고무래로 잘 고르고서 씨를 뿌려야 싹이 났을 때 보면 알록달록한 비단 무늬 같다. 이 정도는 돼야 채소밭이라 할 수 있는 것이다. 조금 떨어진 곳에는 호박과 고구마를 심어라. 채소밭 둘레에는 찔레꽃 수천 그루를 심어 울타리를 만들면, 봄과 여름이 바뀔 때 채소밭을 둘러보는 사람이 코를 찌르는 진한 향기를 맡을 수 있다. 뜰 왼편에는 사립문을 만드는데 쪼갠 대나무를 엮어 사립짝을 만들어라. 사립문 밖으로 언덕을 50걸음쯤 가서 산골 시냇가에 초가집 한 칸을 짓고 대나무로 난간을 만들어라. 초가집 주변에는 무성한 숲과 길게 자란 대나무들을 모두 그대로 두어 가지가 처마에 들어오더라도 꺾지 마라. 개울을 따라 100여 걸음쯤 거리에 100이랑쯤 되는 좋은 밭을 마련해두어라. 늦은 봄이면 지팡이를 끌고 밭두둑에 나가서 못자리의 새싹이 가지런히 파란 것을 보면 푸른빛이 사람을 물들여 한 점의 티

끝도 없게 만든다. 그러나 몸소 농사에 손대지는 마라. 또다시 개울을 따라 조금 떨어진 곳에 큰 연못 하나를 만들어두는데 둘레는 5, 6리가 되게 해라. 못 안에는 연꽃을 심고 거룻배 하나를 만들어 그 위에 띄워놓아라. 달 뜨는 밤마다 시인과 묵객을 데리고 배를 타고 퉁소를 불며, 거문고를 타면서 연못을 서너 바퀴 돈 다음 술에 취해 돌아온다.

그 연못에서 몇 리를 가면 작은 절 한 채가 있어야 한다. 그 안에는 이름난 승려 한 사람이 있어 참선도 하고 설법도 하는데, 시를 즐기고 술도 좋아하여 승려 계율에 구애되지 않아야 한다. 때때로 그와 오가면서 세상일을 잊고 지낸다면 즐거울 것이다. 집 뒤에는 소나무 몇 그루가 용이 휘감고 범이 움켜잡은 듯한 형상을 하고 있고, 소나무 밑에는 백학白鶴 한 쌍이 서 있어야 한다. 소나무가 있는 곳에서 동쪽으로 작은 밭 한 떼기를 마련하여, 인삼·도라지·천궁·당귀 등을 심고, 소나무 북쪽에는 작은 사립문이 있어서 이곳으로 들어가면 잠실蠶室 세 칸이 나오는데, 이곳에 누에 상자 7층을 마련해두어야 한다. 낮에 차를 마시면 잠실로 들어가 아내에게 송엽주松葉酒 몇 잔을 따르게 하여 마신 다음 아내에게 누에를 목욕시키고 실을 뽑는 방법을 가르쳐주고서는 서로 쳐다보고 빙긋 웃는다. 그런 다음에는 문밖에 임금이 부르는 전갈이 왔다는 소리가 들려도 빙그레 웃기만 하고 나아가지 않는다.

다산이 생각한 은거는 단순히 세상을 피해 숨어 사는 것을 말하는 게 아니었다. 그것은 세상을 떠나 자신만의 세상을 만드는 일이었다. 소통하기 힘든 세상 어쩔 수 없이 떠나지만, 그곳에선 자신이 원하는 세상을 만들어보는 것이었다. 임금의 부름도 여유 있게 거절할 수 있는 달관의 인생을 의미하는 것이었다. 다산은 황상이 은거의 방법을 물었을 때, 황상이야말로 은거에 적합한 인물이란 걸 이미 알고 있었던 것이다. 그리고 황상은 자신의 가르침을 절대 저버리지 않을 것이라 여겼다. 다산은 그 때문에 이토록 진지하고 자세하게 은거의 방법을 설명해주었을 것이다. 그런데 사실 이것은 정약용이 유배 시절 다산초당에서 이미 실행에 옮겼던 것이기도 하다. 이를 통해 은거는 아무렇게나 산속에 숨어 사는 게 아니라, 인생의 최고 수준에 오른 사람들이 꾸려가는 삶의 방식임을 다산은 강조했던 것이다. 그래서 추사도 시만 잘 짓는 게 아니라 최고의 은자라며 황상을 높이 쳤다. 황상은 벼슬자리 하나 얻지 못했던 시골 선비였다. 그러나 그는 19세기를 호령하던 조선 최고의 두 지식인을 스승으로 모시고 살았다. 그런 그의 서재 이름이 "좁쌀 하나만하다"는 의미를 담은 일속산방이었다는 것은 우리에게 시사하는 바가 적지 않다. 김류의 말대로 그의 집은 세상에서 제일 작은 '좁쌀'만했지만, 그의 서재에는 온 세상이 들어 있었던 것이다.

조희룡의 백이연전전려:

백두 개의
벼루가 있는 집

초등학교 딸아이가 벼루가 뭐냐고 물었다. 내 설명이 이어졌지만 이해가 되지 않는다는 듯 어떻게 사용하는지를 다시 물었다. 먹도 같이 설명하면서 사용법을 알려주자 신기하단다. 종이, 붓, 먹과 함께 문방사우의 하나로 수많은 문인들의 사랑을 받던 벼루는 이제 우리에게 그 이름마저 생소한 물건으로 전락한 듯한 느낌이다. 서예를 즐기는 일부 사람들에겐 여전히 중요한 문방구이지만, 학생들의 문방구 가게에선 인기 없는 물건으로 취급받고, 화방이나 골동품 가게의 진열장을 채우고 있을 뿐이다.

하지만 벼루에 먹을 갈아 글씨를 쓰고 그림을 그리던 조선시대 문인들의 벼루에 대한 사랑은 남달랐다. 하루도 벼루를 곁에 두지 않는 날이 없었고, 벼루 없이는 아무것도 할 수 없었다. 선비들은 평생 벼루와 함께 살다 갈 수밖에 없었다. 그중에서도 조희룡은 그야말로 벼루에 미친 사람이었다. 그는 서재 이름을 "백두 개의 벼루가 있는 시골집"이란 의미로 '백이연전전려百二硯田田廬'라 했다. 도대체 조희룡의 삶과 벼루는 어떤 연관이 있었을까? 그는 왜 그렇게 벼루를 좋아했을까?

밭을 대신하여 벼루를 갈다
—

청나라의 서화가인 금농金農 또한 벼루와 깊은 연관이 있었다. 그의 자는 수문壽門, 호는 동심冬心인데, 백이연전부옹百二硯田富翁이란 호를 사용하기도 했다. 그에게는 독특한 기호가 하나 있었다. 바로 벼루를 모으는 일이었다. 그는 시를 잘 지었을 뿐만 아니라 그림도 잘 그렸는데, 친구들은 그에게 돈을 모아 전답과 집을 장만하라고 권했다. 그렇게만 하면 곧 부자가 될 것이라고 했다. 그러나 그는 고개를 가로저으며 말했다. "나는 가난하게 살 운명일세. 어떻게 부자가 될 수 있단 말인가?" 그러고는 벼루를 짊어지고 사방을 떠돌며 그림을 그렸다. 그림을 팔아 돈이 생기면 벼루를 구입하곤 했다. 마침내 백두 개의 벼루를 수집하자 그는 자신을 백이연전부옹이라 불렀다. 백두 개의 벼루가 그에게는 밭과 같았기 때문에 이제 자신도 부자가 되었다고 생각한 것이다. 그는 염량세태 속에서 인심은 변해도 벼루는 변하지 않는다고 생각했다. 벼루는 군자를 가까이하고 소인을 멀리하게 하는 도구라고 생각했다. 그래서 그는 벼루를 자신의 가장 가까운 친구로 여긴 것이다. 사람들은 그런 그를 비웃었지만 그는 이렇게 말했다. "나는 평생 달리 좋아하는 게 없다네. 벼루만이 내 평생의 반려자일세." 조희룡은 바로 금농의 별호인 백이연전부옹을 차용하여 벼루를 좋아하는 자신의 서재 이름으로 삼았던 것이다. 백두 개의 벼루가 있는 시골집이야말로 평생 벼루에 미쳐 살았던 조희룡의 서재에는 가장 알맞은 이름이었을 것이다.

우봉又峯 조희룡趙熙龍, 1789~1866은 19세기 중인 문화를 선도한 대표적인 인물이다. 특히 추사 김정희1786~1856와 생몰 연대가 비슷할 뿐만 아니라, 추사체를 가장 핍진하게 구사했고, 노년에는 김정희의 일에 연루되어 유배길에 오르는 등 여러 면에서 추사와 닮은 인물이었다. 아니 닮으려고 노력했던 인물이다. 그에게 벼루란 어떤 의미였을까?

벼루라는 것은 먹을 가는 도구이지만 붓을 적시는 일만 하는 게 아니다. 옥처럼 따뜻하므로 이를 본받아 성품을 수양할 수 있고, 갈아도 닳지 않으므로 이를 본받아 양생養生할 수 있다. 그러니 벼루(硯)라는 한 글자는 내가 평생 동안 애용해도 될 것이다.

어찌 보면 벼루의 용도는 아주 단순하다. 글씨를 쓰기 위해서는 먹을 물에 풀어야 하는데, 벼루는 먹이 물에 잘 풀어져 글씨를 쓸 수 있도록 매개의 역할을 하는 것이다. 그러나 벼루에는 단순히 그런 기능적인 면만 있는 게 아니다. 벼루의 성질이 온윤溫潤하기 때문에 벼루를 사용하는 사람이 그런 벼루의 성정을 본받아 자신의 성품을 수양할 수도 있는 것이다. 뿐만 아니다. 벼루는 아무리 갈아도 닳아 없어지지 않는다. 벼루를 사용하는 사람은 이런 특성을 본받아 오랫동안 장수하며 살 수 있게 된다는 것이다. 얼마나 훌륭한 도구인가. 그러니 벼루 '연硯'자야말로 평생 아끼며 사랑해야 하는 글자인 셈이다. 조희룡은 바로 이런 벼루의 성격을 좋아했던 것이다. 그렇기 때문에 벼루는 그에게 매우 소중한 물건이었다.

벼 루 에   미 치 다
—

문인이 벼루를 가지는 것은 미인이 거울을 지니는 것과 같은 것이다. 평생 동안 가장 가까이 있으므로 거울은 진나라, 한나라 때 것이어야 하고, 벼루는 반드시 당송시대의 것이어야 한다. 이 말을 내가 의심했었는데 지난번 벼루를 입수하면서 깨우쳤다. 새로 만든 벼루가 아름답지만 고연古硯만 못하다.

그에게 벼루는 여인의 거울과 같은 것이었다. 여인이 자신의 모습을 꾸미기 위해서는 거울이 필요하듯이 문인도 평생 벼루를 자신의 곁에 두어야 하는 것이다. 그런데 거울은 진나라, 한나라 때의 것을 최고로 치듯이 벼루는 당송시대의 것을 최고로 친다. 새로 만든 벼루가 아름답기는 하지만 옛날 벼루(古硯)만 못하다는 것이다. 그는 특히 옛날 벼루를 아주 높이 쳤다. 그것은 자신이 직접 체험한 결과였다.

난을 그릴 때에는 반드시 아방궁阿房宮, 동작대銅雀臺, 미앙궁未央宮의 와연瓦硯을 사용하는데, 그것은 그 예스러움 때문이다. 예스럽지 않으면 그 뜻을 표현할 수 없다.

특히 조희룡은 난초를 그릴 때면 어김없이 옛날 벼루를 사용했다. 새로 잘 만든 벼루가 아니라, 오래된 기와 조각으로 만든 벼루를 좋아했다. 진한시대의 궁정인 아방궁, 동작대, 미앙궁 등에 사용된 기와 조각으로 만든 와연을 좋아했던 것이다. 천 년이 훨씬 지난 옛 기와로 만든 벼루에 먹을 갈아 그림을 그려야만 그 예스러움이 그대로 손끝을 통해 붓끝의 난초 잎까지 전달된다고 생각했기 때문이다. 예스럽지 않으면 제대로 자신의 느낌을 표현할 수 없었던 것이다. 그 때문에 그의 벼루 수집은 날로 늘어만 갔다.

서가書家가 좋은 붓 하나를 얻는 것은 무사가 보검 한 자루를 습득하는 것과 같고 좋은 먹 하나를 얻는 것은 군대를 통솔하는 사람이 배 천 척의 군량을 보급받는 것과 같고 몇 줄의 옛 필적을 얻는 것은 행군할 때 현녀仮女의 병부兵符를 차고 가는 것과 같다. 이것은 옛사람이 말한 것이다. 내가 어느 가게에서 옛날 징니연澄泥硯을 얻었는데 뒷면에는 '수사고전서지연修四庫全書之硯'이라 새겨져 있고 끝에는 기윤紀昀 두 글자가 서명되어 있었다. 먹을 갈아보니 매우 좋았으므로 어루만지느라 밥 먹는 것도 잊을 정도였다. 앞으로 어떤 물건을 얻더라도 여기에 비길 수는 없을 것이다. 기쁘기 그지없고 생각할수록 사치스러워 마치 유후留侯가 곡성노인轂城老人의 책을 얻은 것과 같았다. 내 이야기를 듣던 사람들이 크게 웃었다.

서예가에게 좋은 붓 한 자루는 무사의 보검과 같은 것이다. 좋은 먹 하나를 구하는 것은 전쟁에 나간 장수에게 수많은 군량미를 제공하는 것과 같은 것이다. 몇 줄 되지 않지만 옛날 필적을 구하는 것은 군대를 이끄는 상수에게 하늘이 병서兵書를 내려준 것과 같은 것이다. 바로 여기에 비길 만한 벼루를 조희룡이 얻었다. 그것은 진흙을 구워 만든 징니연이었는데, 뒷면에는 '수사고전서지연'이라는 글자와 함께 청나라 건륭 연간의 대학자인 기윤의 서명이 있었다. 사고전서의 편찬을 총괄했던 기윤이 사용했던 벼루라는 의미다. 조희룡은 무척 기쁜 나머지 재빨리 먹을 갈아보았다. 먹은 아주 잘 갈렸고, 조희룡은 이를 어루만지느라 밥 먹는 것조차 잊어버릴 지경이었다. 그는 자신이 기윤의 징니연을 구한 일을 한나라의 장량張良, 유후留侯이 곡성산轂城山에서 황석공黃石公으로부터 병법을 얻은 일에 비유했다. 장량은 그 일로 유방劉邦이 천하를 통일하는 데 일등공신이 되었는데, 조희룡이 바로 그 장량의 일에 자신의 벼루를 비유한 것이다. 사람들은 웃었지만 조희룡에겐 장량이 얻은 병서보다 더 가치 있는 벼루였던 것이다. 그는 다른 사람에게 좋은 벼루가 있다는 말만 들으면 온몸이 쑤셔 가만히 있질 못했다. 한번 사용해보고 싶었기 때문이다. 다음 편지는 벼루에 대한 조희룡의 애착이 얼마나 심했는지를 보여주고 있다.

완당 어른 댁에 환연環硯 하나가 있는데 아주 잘 만들어졌고 발묵發墨이 아주 빠르다고 들었습니다. 과연 그러한지요? 벼루는 온윤함을 으뜸으로 치는데 순전히 얼음처럼 미끄럽기만 한 것은 하품입니다. 그러나 제가 구한 것은 대개 이런 것들입니다. 한번 써보겠다는 뜻을 전달해주시면 좋겠습니다. 완당 어른께서 이 소식을 들으시고 호사스럽다고 질책하시면 형께서는 무슨 말로 대답하시겠습니까? 이 사람이 벼루에 벽癖이 있으므로 그에게 한번 써보도록 해야 그의 직성이 풀린다는 것이 대답의 제일 요체입니다. 형께서 잘 생각하시고 처리해주시는 게 어떻겠습니까? 껄껄!

어느 날 조희룡은 추사 김정희에게 좋은 벼루가 있다는 소식을 들었다. 하지만 한번 써보자고 부탁을 하고 싶어도 감히 그 말을 입 밖에 낼 수 없었다. 그는 친구인 안진석安晉錫에게 편지를 썼다. 완당 어른 댁에 둥근 벼루(環硯)가 하나 있다고 들었네. 먹이 아주 잘 피어난다더군. 벼루의 상품은 온윤한 것인데 내가 가지고 있는 벼루들은 미끈하기만 하지 별 볼 일이 없다네. 내 대신 부탁 한번 드려주게. 완당 어른께서 이 이야기를 들으시면 내가 호사스럽다고 나무라시겠지. 그러면 어떻게 대답하겠나. "조희룡 그 사람은 벼루에 벽이 있습니다. 좋은 벼루가 있으면 꼭 한번 써보아야 직성이 풀린답니다." 이렇게 대답해주게. 아마 추사와 아직 관계가 깊지 않을 때의 일이었는지도 모른다. 아무튼 조희룡은 추사의 벼루를 한번

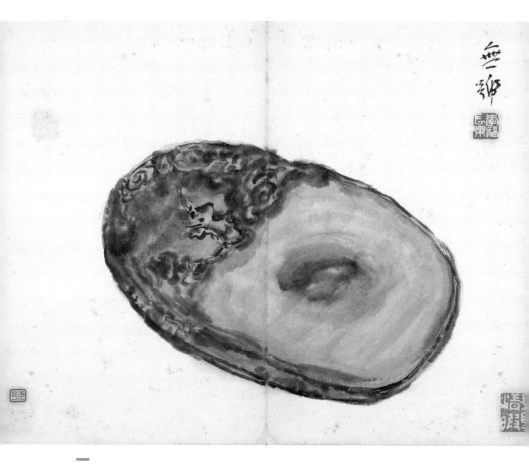

이한복(李漢福)이 그린 김정희의 벼루 그림, 수경실 소장. 조희룡은 김정희의 벼루를 탐내곤 했다.

써보고 싶어 친구인 안진석에게 아주 간절하게 부탁을 하고 있다. 벼루에 대한 그의 벽이 얼마나 깊은지를 알려주는 편지다.

야운野雲 주학년朱鶴年이 옛날 벼루 세 개를 비축하여 때때로 향을 사르고 차를 올려 제사를 지내면서 스스로 〈제연도祭硯圖〉를 그렸다. 황요포黃堯圃의 〈제서도祭書圖〉와 함께 색다른 볼거리다. 후대 사람으로 하여금 배꼽을 잡게 하지만 승냥이와 수달 같은 미물도 오히려 근본에 보답하는데 하물며 사람에 있어서랴? 책을 제사지내고 벼루를 제사지내는 뜻이 대개 여기서 나온 것이니 이런 것은 남겨서 후세 사람이 고사로 삼도록 하는 게 좋을 것이다.

주학년은 옹방강의 제자로 추사가 중국에 갔을 때 사귄 사람이다. 그는 추사를 몹시 좋아하여 추사가 귀국한 후에도 계속해서 편지를 주고받으며 자신의 그림을 자주 선물했다. 그런데 주학년에겐 특이한 습관이 있었다. 그는 섣달그믐날이면 반드시 벼루를 제사지냈다. 그러고는 스스로 그 모습을 그림으로 그렸다. 〈제연도〉가 그것이다. 청나라의 황비열黃丕烈, 자는 요포堯圃은 해마다 책을 제사지냈다. 그러고는 역시 그 모습을 그림으로 남겼다. 〈제서도〉가 그것이다. 유명한 장서가였던 황비열이 책을 제사지낸 것이나 벼루를 좋아했던 주학년이 벼루를 제사지낸 것은 우스운 이야기일 수도 있다. 어떻게 벼루나 책을 제사지낼 수 있단 말인가? 그러나 조희룡은 이를 이해할 수 있다고 말한다. 승냥이와 수달은 자신들이 잡은 짐승이나 물고기를 사방에 늘어놓는데, 그 모습이 마치 사람이 제물을 갖추어 제사지내는 모습과 비슷했기 때문에 옛날 사람들은 승냥이와 수달이 제사를 지낸다고 생각했다. 그러니 짐승들의 이런 행위에 비하자면 주학년이나 황비열의 행위도 이해할 수 있다는 의미이다. 어쩌면 조희룡 자신도 벼루에 제사를 지내고 〈제연도〉를 남긴 주학년의 행위에 동조하고 있었을 것이다. 그만큼 벼루에 대한 그의 애착은 강했다.

그러나 그의 벼루 수집은 그의 유배를 계기로 새로운 진기를 맞이한다. 추사 김정희와 이재 권돈인이 전례 문제로 안동김씨 가문과 공방을 벌였고, 이로 인해 유배를 떠나게 되었는데 김정희와 권돈인의 심복이라는 이유로 조희룡도 임자도에 유배를 가게 된다.

유배를 갔다 온 뒤로 단계연端溪硯, 중국 광동성 난가 산에서 나는 벼루과 흡주연歙州硯, 중국 안휘성에서 나는 벼루, 징니연과 고와연古瓦硯 등의 벼루가 모두 산일되어 남은 것이 없다. 다만 깨어진 벼루 하나만 남아 있어 지금 사용하고 있다. 섬세하고 윤기가 있으면서 발묵이 잘되기 때문에 이것을 아끼고 있다. 다만 온전치 못한 까닭에 사람들에게 버림을 받았다. 나는 벼루의 상을 보는 것은 구방고九方皐가 말의 상을 보듯이 해야 한다고 여긴다. '상연相硯'이란 두 글자는 내가 처음으로 만든 말이다.

깨 지 지   않 는   벼 루

———

유배에서 풀려나 집으로 돌아왔지만 집에 있던 벼루는 모두 흩어진 뒤였다. 오직 남은 것은 깨진 벼루 하나뿐이었다. 그렇지만 그 벼루는 아주 좋은 벼루였다. 깨진 벼루였기 때문에 사람들이 버리고 간 것이었다. 구방고는 말의 상을 아주 잘 보는 사람이었다. 말을 잘 보기로는 백락伯樂이라는 사람이 유명했지만 그는 진秦 목공穆公에게 자신보다 말을 더 잘 보는 사람으로 구방고를 추천했다. 그런데 구방고가 진 목공에게 보고한 말과 실제로 데려온 말은 그 암수와 색깔이 서로 달랐다. 진 목공은 실망했지만 백락은 구방고가 본 것은 말의 겉모습이 아니라 말의 천기라고 설명했다. 실제로 구방고가 이야기한 그 말은 천하의 좋은 말이었다. 이처럼 벼루를 볼 때도 구방고와 같이 마음의 눈으로 보아야 한다고 조희룡은 말하고 있다. 겉모습만 보고 버릴 게 아니라, 구방고가 말의 상을 보듯이 벼루의 상을 볼 줄 알아야 한다고 말한다. 그것이 바로 '상연'이라는 것인데, 이 말은 조희룡이 만든 말이라는 것이다. 그의 벼루에 대한 인식이 어느 정도였는지를 가늠할 수 있는 이야기다.

힘든 시기를 보내고 그렇게 아끼던 백두 개의 벼루가 모두 사라졌지만 조희룡은 전혀 개의치 않았다. 그에게는 구방고가 말을 보듯이 벼루의 상을 볼 수 있는 심미안이 있었기 때문이다. 그는 매화시경연梅花詩境硯이라는 벼루와 매화서옥장연梅花書屋藏煙이라는 먹을 사용하여 손수 붉은 매화를 그린 큰 병풍을 잠자리에 둘러놓고 지냈다. 그러고는 벼루와 함께 지나온 자신의 일생을 회고했다.

나는 벼루에 벽이 있어 벼루 수십 매를 수장한 적이 있었다. 그중에서 선화난정연宣和蘭亭硯, 기효람옥정연紀曉嵐玉井硯, 임길인풍자연林吉人風字硯 등이 가장 아름답다. 지금은 모두 없어져 남아 있지 않지만 애석하게 여기지도 않는다. 심하도다, 나의 노쇠함과 권태로움이여. 그러나 사람을 만날 때면 문득 벼루에 대해 논하면서 피곤한 줄 모른다. 눈앞의 벼루는 이미 없어졌어도 가슴속의 벼루는 아직 탈 없이 그대로 있음을 스스로 웃는다. 지금 난 한 포기, 돌 하나도 이 벼루에서 나온 것이다.

조희룡 간찰, 수경실 소장. 조희룡이 자신의 벼루를 빌려간 사람에게 돌려달라고 재촉하는 내용이 들어 있다. 그 벼루는 기윤이 사용하던 것이었다.

이제는 나이들어 젊은 시절 벼루를 찾아 헤매던 열정도 사라졌고, 평생을 모았던 벼루도 모두 사라졌지만 조희룡에겐 아무런 미련도 안타까움도 없었다. 그래도 사람을 만나 벼루 이야기만 나오면 힘든 줄 몰랐다. 그의 눈앞엔 벼루가 남아 있지 않았지만 평생 가슴속에 담아둔 벼루는 그대로 남아 있었기 때문이었다. 그림 속의 난초 한 포기, 돌 하나도 모두 그 마음속의 벼루에서 나왔던 것이다. 그래서 그는 청나라의 금농이 그랬던 것처럼 마음속에 백두 개의 벼루를 가지고 사는 부자였던 것이다. 조희룡의 서재 백이연전전려는 우리에게 묻는다. 우리는 가슴속에 어떤 밭을 담아야 하는 것일까?

이조묵의 보소재:

창조와
추종 사이

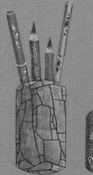

북학은 19세기 문화를 일군 힘이지만, 청나라 문물의 유입이 긍정적인 영향만 미친 것은 아니었다. 청나라 문물이 유입되면서 중국 것만을 최고로 여기는 풍조도 생겨났다. 특히 이조묵李祖默, 1792~1840은 당시 북학을 무조건적으로 추종했던 대표적인 인물이다. 그렇기에 그의 일생은 추사와 대비하여 살펴볼 만하다. 왜 그는 북학을 추종했으면서도 추사와는 전혀 다른 길을 걸었을까? 왜 전혀 다른 평가를 받았을까?

이조묵의 자는 강다絳茶, 호는 육교六橋, 본관은 전주全州다. 그의 부친은 이조판서를 지낸 이병정李秉鼎, 1742~1804이다. 정조는 이병정의 사람됨이 남들과 다르다는 의미로 '이암異菴'이란 두 글자를 써주고 그의 호를 삼기도 했다. 이병정은 쉰이라는 늦은 나이에 이조묵을 낳았다. 정조는 이병정을 축하해주었고, 이조묵이 마마를 무사히 넘기자 그 또한 축하해주었다. 그뿐만 아니라 이조묵이 잘 자라고 있는지 자주 관심을 보였다고 한다. 하지만 정조의 죽음과 부친의 죽음으로 이조묵은 제대로 벼슬길에 나아가지도 못했다.

그런데 흥미로운 점은 이렇게 성장한 이조묵이 옹방강 부자와 인연을 맺고 있다는 점이다. 옹방강과 옹수곤은 추사 김정희와 아주 깊은 교유를 했는데, 이조묵 또한 그들과 교유했던 것이다. 다만, 이조묵은 중국에 가서 그들을 만난 것이 아니라 편지를 통해 교유했다. 이조묵은 추사와 마찬가지로 시서화는 물론이고 금석고증학에도 깊은 관심을 가지고 있었다. 그러다가 옹방강의 아들 옹수곤에게 편지를 보내 교유를 시작했다. 당시 옹수곤은 조선의 금석문을 수집하는 데 몰두하고 있었다. 그런 사정을 알고 있던 이조묵은 옹수곤에게 신라新羅 진감선사眞鑑禪師 비문의 탁본을 보내주었다. 그러자 옹수곤은 그에게 친구 간의 우정을 상징하는 붉은 팥을 보내주었고, 이조묵은 점점 옹방강 부자와 깊은 교유를 나누게 되었다. 이런 과정에서 이조묵은 김정희가 옹방강을 존경한다는 의미로 자신의 서재를 '보담재'라 했던 일을 모방했다. 이조묵은 옹방강을 존경한다는 의미로 서재에는 '보소재'란 편액을 걸었고, 보소실寶蘇室이란 건물을 따로 짓기도 했다. 또한 자신을 소실학인蘇室學人이라 부르기도 했다. 1816년에는 옹방강에게 편지를 보내, 자신의 서재를 '보옹재寶翁齋'라 하고 '천제오운루天際烏雲樓'란 편액을 건 사실을 알렸다. 옹방강은 일찍이 소동파가 친필로 쓴 『천제오운첩』을 구하여 가지고 있었는데, 옹방강의 서재인 소재를 방문했던 추사를 통해 이 사실이 조선 지식인들에게 알려졌다. 이 소식을 전해들은 조선의 학자들은 그 글씨를 무척 보고 싶어했다. 이조묵 역시 그 이야기를 듣고 자신의 서재에 '천제오운루'라는 편액을 걸고 옹방강에게 『천제오운첩』의 사본을 보내달라고 부탁했던 것이다. 이를 본 옹방강은 기뻐하며 이조묵에게 『천제오운첩』의 사본을 보내주었다. 아울러 이조묵에게 시를 지어 보내주었다.

김군金君.김정희를 말함은 보담재란 편액을 걸었는데   金君寶覃扁

옹방강의 입장에서는 자신을 추종하는 조선의 학자들이 많아지는 게 싫을 리 없었다. 특히 이조묵이 금석고증을 아주 좋아하여 옹방강을 높이 떠받들자, 옹방강은 이조묵에게 편지를 보내 이렇게 말했다고 한다.

그대가 시서화에 뛰어나니 훗날 소재의 의발衣鉢을 전할 이는 참으로 육교六橋 한 사람뿐이로구나.

편지에서 말한 '의발'은 본래 수행하는 승려가 입는 가사와 식기인 발우를 가리키는데, 여기서는 스승이 제자에게 학문을 전수하는 것을 말한다. 그만큼 당시 이조묵은 옹방강 부자와 깊은 교유를 맺고 있었던 것이다. 옹방강의 아들 옹수곤은 이조묵에게 편지를 보내 내세에는 형제나 부부로 태어나기를 바란다고 했을 정도였다.

금석문의 수집과 연구

금석학에 대한 관심이 지대했던 이조묵은 수많은 탁본을 수집하고 연구했다. 그리고 이를 책으로 엮어 간행했는데, 바로 『나려임랑고羅麗琳瑯攷』다. "신라와 고려시대의 비문을 연구한 책"이란 의미다. 모두 7종의 비문에 대해 간략한 설명을 붙이고, 부록으로는 탁본 뜨는 비결을 수록했다. 오래된 옛 비석의 글자를 연구하기 위해서는 탁본을 뜨는 기술이 무엇보다도 중요했지만, 당시 조선에는 전문적으로 탁본을 뜨는 장인이 없

『나려임랑고』전사자본, 수경실 소장. 조선시대 금석학 저술로는 유일하게 간행되었다.

었다. 그 때문에 탁본을 제작하는 기술이 그다지 높지 않았다. 이조묵은 당시의 그런 상황을 감안하여 탁본 뜨는 비결을 책에 실었던 것이다. 이렇게 간행된 『나려임랑고』는 조선시대에 간행된 금석학 전문 연구서로는 유일한 것이다. 조선 금석학의 창시자라 할 수 있는 김정희도 시도하지 못한 업적이었다. 물론 이 책은 일곱 개의 비문에 간단한 해설을 붙인 것으로 추사의 업적에 미치지는 못하는 수준이지만, 그 시도만큼은 높게 평가해야 할 것이다. 당시 금석학 수집과 연구의 열풍이 어느 정도였는지를 단적으로 보여주는 사례라 할 것이다. 하지만 이조묵의 이런 행동은 그리 높게 평가받지 못했다. 당시 이런 행동은 단순히 중국 것을 좋아하는 사람의 이상한 취미 정도로밖에 평가받지 못했던 것이다. 이유원의 『임하필기』는 이조묵의 기이한 취미를 기록하고 있다.

267

육교 이조묵은 당벽唐癖, 중국 것을 좋아하는 병적인 취미이 있었다. 옹성원翁星原과 잘 지냈는데 해마다 사신이 갈 때면 많은 선물을 보냈지만 답례품은 적었다. 왕희지가 난정蘭亭에서 글씨를 쓸 때 왕희지의 붓에 눌려 죽었다는 파리를 겹겹이 싸서 보내준 일까지 있었으니 극에 달하였다 할 것이다. 옹성원이 육교와 만나고 싶어했지만 그럴 수 없자, 이조묵은 자신의 초상을 그려 보내주었다. 그래도 전신을 모두 보고 싶어하자 돌을 쪼아 형상을 만들어 역관에게 부쳐주었다. 역관들은 돈만 많이 받고서 요동의 시장에 가져가서 버려버렸다. 이로 인해 가산이 날로 줄어들었고 말년에는 집도 없어지고 말았다. 방 한 칸에 세 들어 살았는데도 곁에는 법화경法華經 한 질을 두었다. 대개 중국을 좋아하는 자는 많지만 가산을 탕진하기에 이른 것은 지나치다 할 것이다.

한마디로 이조묵은 세상물정 모르고 중국 것만 좋아하는 사람으로 비쳤던 것이다. 교유가 두터웠던 옹방강의 아들 옹수곤에게 자신의 모습을 보여주기 위해 돌로 형상을 만들어 보낼 정도였으니 그의 행동은 분명 지나침이 있었다. 더구나 왕희지의 붓에 눌려 죽었다는 파리를 종이에 겹겹이 싸서 보낸 일은 기괴스럽기까지 하다. 그 파리가 진품일 리 있겠는가. 그 파리를 받은 옹수곤은 얼마나 기가 막혔겠는가. 그렇게 세상물정 모르고 불필요한 물건을 사들였으니 그의 재산이 남아날 수 없었다. 해학海鶴 이기李沂가 1892년에 지은 이조묵의 전기가 『해학유서海鶴遺書』에 실려 전한다.

이조묵의 자는 사현士玄이며 본관은 연안전주의 오류이다이다. 그의 부친은 판서를 지낸 이병정이다. 이병정은 재산이 아주 많은 갑부였다. 죽을 때 이조묵에게 말했다. "네 관상을 보니 틀림없이 아비의 재산을 지킬 수 없겠구나. 네가 하루에 쓰는 돈이 10만 전을 넘지 않는다면 70살까지는 추위에 떨거나 굶주릴 걱정이 없을 것이다." 이조묵은 성격이 돈을 잘 쓰고 골동품을 좋아했다. 누군가 못 쓰게 된 거문고를 가지고 와서 "이것은 전에 공민왕이 연주하던 것이다"라고 말하자 이조묵은 비싼 값을 치르고 구입했다. 어떤 사람이 또 물건을 가지고 왔는데 종이로 수십 겹을 싼 것이었다. 열어보니 말라 죽은 파리였는데 "이것은 왕희지가 글씨를 쓸 때 파리가 붓끝에 모이자 눌러서 이렇게 된 것으로, 대대로 전해오면서 보물로 여기던 것이다"라고 말하자 이조묵이 역시 비싼 값을 치르고 구입했다. 그가 날마다 사용하는 돈이 모두 이런 종류의 것들이었다. 더욱이 술과 계집, 노름으로 10년도 안 돼 가산을 탕진했다. 당시 평안감사에게 일이 생겨 그곳에 가려고 돈을 빌렸다. 늙은 하인과 함께 주머니와 포대를 가지고 가는데 개성을 경유했다. 몹시 피곤하여 만월대 곁에서 쉬는데 하인이 갑자기 발을 뻗더니 울음을 그치지 않았다. 이조묵이 그 까닭을 묻자 하인이 말했다. "비천한 제가 일찍이 돌아가신 상공이 의주 부윤義州府尹이 되었을 때 따라갔는데, 이 길로 갔었습니다. 그때는 사람이며 말이 행렬을 지어 거리가 훤했습니다. 이제 몇 년도 되지 않아 다시 그분의 아들을 따라가는데 돈을 빌려서 이 길을 가고 있습니다. 지금 옛일과 비교해보니 어찌 가슴 아프지 않겠습니까?" 이조묵이 돌아보더니 나무랐다. "너는 만월대 주인의 꼴을 보지 못했느냐? 왕씨王氏가 삼한三韓을 통일하여 팔도를 소유하고 있었으니 그 부유함이 어찌 우리집과 비교가 되었겠느냐? 그렇지만 거친 풀밭이 되고 말았으니 그 처참함이 끝이 없어 나는 왕씨를 조문하려 하는데, 너는 도리어 나를 조문하느냐?" 마침내 일어서서 가버렸다. 후에는 남의 집에서 살다가 죽었다.

이병정은 재산이 많았지만, 자신이 죽은 뒤 아들이 그 재산을 제대로 지키지 못할 것을 예견했다. 그 때문에 죽음을 앞두고 돈을 아껴 쓰라고 신신당부했던 것이다. 하지만 낭비벽이 심했던 이조묵은 아비가 죽은 지 10년도 안 돼 그 많던 가산을 탕진하고 말았다. 주색과 노름, 그리고 가짜 골동품에 손을 댄 게 원인이었다. 멸망한 고려의 옛터를 바라보며 자신을 위로해보려 하지만, 하인에게조차 면박당하는 이조묵의 모습은 안쓰럽기까지 하다.

실 패 한 북 학 자

—

이조묵은 또 글씨 쓰기를 좋아했다. 평생 천 자루의 몽당붓을 만들 정도로 열심히 노력했다. 자신의 글씨에 대한 자부심도 대단했다. 하지만 아무도 그에게 글씨를 써달라고 하지 않았다. 그 역시 아무에게나 글씨를 써주지 않았다. 어쩌면 알아주는 사람이 없었다는 의미가 될 것이다. 그런데도 이조묵은 글씨 한 첩을 써서 상자에 갈무리하고는 이렇게 썼다.

공작새가 숲에 둥지를 틀 때엔 먼저 꼬리 둘 곳을 살펴보고, 금계金鷄는 자신의 광채를 사랑하여 물에 제 모습을 비춰보고는 죽는다고 하였다. 날짐승도 이렇거늘 하물며 사람은 말해 무엇하겠는가?

이조묵은 아무도 알아주지 않는 세상을 향해 소리쳐보지만 들어주는 사람은 아무도 없다. 그의 변명이 공허하게 들릴 뿐이다.

추사의 연행은 19세기 조선 학예에 커다란 변화를 일으켰다. 옹방강이

270

북학의 상징이 된 것도 추사가 그를 스승으로 받들었기 때문일 것이다. 한편 이조묵 역시 추사와 마찬가지로 옹방강을 스승으로 받들었고, 옹수곤과도 형제처럼 지냈다. 그런데 한 사람은 19세기 학예의 종장으로 군림했고, 다른 한 사람은 패가망신의 지경에 이르렀다. 추사는 청나라 학예를 흡수하여 새로운 문화를 창조했지만, 이조묵은 청나라 문물에 빠져 허우적거리다 아무에게도 인정받지 못하고 쓸쓸히 생을 마감했다.

　외래문화를 어떻게 수용할 것인가는 우리의 영원한 숙제다. 어떤 방식을 택하느냐에 따라 우리의 현재와 미래가 달라진다. 추사가 보여준 외래문화의 수용 방식은 그래서 의미가 있다. 또한 북학이라는 같은 길을 걸어갔던 추사와 이조묵의 삶이 우리에게 시사하는 바가 큰 것도 이 때문이다. 똑같이 옹방강을 스승으로 받들며 서재 이름도 비슷하게 썼지만, 추사의 보담재가 성공한 서재였다면, 이조묵의 보소재는 실패한 서재였던 것이다.

윤정현의 삼연재:

떠난 사람에 대한
기억

—

—

—

조선시대 문인 중에는 벼루를 좋아하고 아꼈던 사람들이 유난히 많다. 그 때문에 벼루를 가지고 서재 이름을 삼은 문인들도 많다. '백두 개의 벼루가 있는 시골집'이란 의미로 자신의 서재를 '백이연전전려'라 칭했던 조희룡의 이야기도 앞에서 살펴봤지만, 사실 백두 개의 벼루는 호사의 극치라 할 만하다. 대부분 문인들의 서재에는 그렇게 많은 벼루가 쌓여 있지는 않았다. 추사 김정희 또한 벼루를 좋아했고 많은 벼루를 소장하고 있었는데, 자신을 한때 삼연노인三硯老人이라 했다. 추사 말년의 제자 조면호趙冕鎬 역시 자신을 삼연노인이라 했는데, 그 연유를 이렇게 설명했다.

소동파는 일찍이 스스로 삼연노인이라 일컬었다. 지금 내 처소에는 벼루세 개가 있다. 하나는 곁에 두고서 자질구레한 일들을 기록하는 데 사용한다. 또하나는 남들이 가로 또는 세로로 초서나 예서를 써달라고 요청할 때 좀 큰 것을 사용하기 위함이다. 또하나는 내가 늘 남에게 편지를 쓰거나 시문을 쓸 때 사용하는 것으로 손에서 떼놓지 않는다. 나는 그래서 '삼연노인'이라 한다.

소동파는 일찍이 자신을 삼연노인이라 했다. 벼루 세 개를 가진 사람이라는 의미였다. 조면호는 자신도 벼루 세 개를 가졌다며 자신을 '삼연노인'이라 했다. 소동파를 따라한 것이라지만, 추사를 모방했다는 생각이 든다. 어쨌든 문인이라면 서재엔 늘 벼루 몇 개쯤은 있었던 것이다. 용도에 따라 조금씩 다른 벼루가 필요했기 때문이다. 이들과 동시대를 살았던 침계梣溪 윤정현尹定鉉, 1793~1874은 자신의 서재를 삼연재三硯齋라 했다. 윤정현은 삼학사三學士의 한 사람인 윤집尹集의 후손이자 정조가 아꼈던 문신 윤행임尹行恁의 아들로 예조판서 등을 지낸 문신이다. 특히 추사 김정희와 교유했던 명망 있던 학자였다. 추사가 남긴 글씨 '침계'는 추사의 대표작이기도 하다. 침계는 윤정현의 호인데, 그는 일찍이 추사에게 자신의 호를 예서로 써달라고 부탁했다. 하지만 추사는 30년 동안이나 윤정현의 부탁을 들어주지 못했다. 그것은 '침梣'자가 예서로 사용된 예가 없었기 때문이었다. 그렇다고 자기 맘대로 글자를 만들어 쓸 수도 없는 노릇이었다. 추사는 오랜 연구를 통해 중요한 사실을 알게 되었다. 그것은 북조北朝시대에도 자신과 동일한 고민을 했던 사람들이 있었는데, 그들은 예서로 사용된 예가 없는 글자의 경우 해서와 예서를 합체해서 썼다는 점이었다. 추사는 이를 근거로 '침'이라는 글자를 예서로 만들었고, 30년 만에 윤정현에게 그의 호인 침계를 써서 주었다. 지금은 간송미술관에 소장되어 있는데, 추사체를 연구하는 데 중요한 자료다.

추 사 와 의   인 연
—

추사와 관련된 이야기가 또 있다. 정조 임자년1792에 사신을 수행하여 연경에 갔던 박제가는 손형孫衡이란 사람을 만나게 된다. 손형은 박제가에게 숭정금崇禎琴을 선물했다. 이 거문고에는 '숭정무인년봉칙제태감신장윤덕독조崇禎戊寅年奉勅製太監臣張允德督造'라는 글자가 새겨져 있었다. 즉, 숭정 11년1638에 황제의 명으로 제작했으며, 태감太監 장윤덕張允德이 감독했다는 내용이다. 숭정 황제는 청나라에 멸망한 명나라의 마지막 황제였다. 그런데 윤행임의 선조인 윤집은 삼학사의 한 사람으로 끝까지 청나라에 저항했던 인물이다. 병자호란 당시 남한산성으로 피란을 갔던 조선 조정에서는 최명길崔鳴吉 등이 화친을 주장했는데, 윤집은 오달제吳達濟, 홍익한洪翼漢 등과 함께 상소를 올려 이를 반대했고, 끝내 청나라에 끌려가 갖은 고문을 받다가 사형당했다. 당시 조선 지식인들은 임진왜란 때 도움을 주었던 명나라에 의리를 지켜야 한다고 생각했다. 결국 윤집은 명나라의 숭정 황제를 위해 죽음을 택했던 것이다. 따라서 윤집과 명나라의 숭정 황제는 보이지 않는 끈으로 연결되어 있었던 것이다. 이런 사정을 잘 알고 있던 박제가는 귀국하자 윤행임을 찾아가서 말했다.

그대의 선조이신 충정공忠貞公. 윤집께서는 명나라 황제를 위해 청나라에 의해 죽임을 당했습니다. 그래서 그대는 평소 북쪽을 향해 앉지도 않고 청나라 사람의 조정을 밟지도 않기에 사람들이 함께 슬퍼했던 것입니다. 내가 일찍이 연경에 가서 중서사인中書舍人 손형을 찾아갔다가 현금玄琴. 줄 없는 거문고 하나를 얻었습니다. 이것은 명나라 황실의 물건인데, 그 사람이 곤궁해져서 더이상 소장하고 싶어하지 않기에 내가 가지고 돌아왔습니다. 이것은 그대 집에 두는 게 좋겠습니다.

윤행임 집안의 내력을 잘 알고 있던 박제가는 귀국하자 이 '숭정금'을

추사가 쓴 '숭정금실' 글씨. 간송미술관 소장.

윤정현의 부친 윤행임에게 선물했던 것이다. 윤행임에게는 특별한 의미가 있었을 것이기 때문이다. 하지만 훗날 이 숭정금은 추사 김정희가 빌려가게 되었고, 오랫동안 추사의 집에 남아 있었다. 그러다가 다시 윤정현이 찾아와 자신의 서재에 두었다. 추사 예서의 대표작 '숭정금실崇禎琴室'은 바로 이런 사연이 담긴 글씨다. 이처럼 추사와 윤정현은 깊은 교분이 있었다.

삼연재에 담긴 사연

윤정현은 왜 서재를 삼연재라 했을까? 윤정현이 지은 「삼연재기三硯齋記」에는 그 사연이 담겨 전한다.

서재 이름을 삼연三硯으로 지은 것은 잊지 못하는 생각을 담은 것이다. 글을 지어 기록하려고 하는데 집안 조카인 윤태승尹泰承이 명銘을 지어와 내게 보여주었다. 내 마음속의 일을 이야기한 글이었는데 마치 내가 스스로 말한 것 같았다. 그래서 붓을 던지고 말았는데, 그 내용이 다음과 같다.

윤정현이 서재를 삼연재라 한 것은 자신의 잊을 수 없는 생각을 간직하기 위해서였다. 잊을 수 없는 생각을 서재 이름에 담아두고서 매일매일 서재 편액을 바라보며 되새기고 싶었던 것이다. 그런데 집안 조카뻘 되는 윤태승이 삼연재에 관한 사연을 적은 글과 명을 지어와 읽어보니 자신이 하고 싶었던 이야기들이 모두 그 글에 담겨 있는 게 아닌가? 윤정현은 윤태승의 글을 인용하여 자신의 기문을 지었다. 삼연재에는 도대체 무슨 사

278

연이 있었던 것일까?

임신년1872 여름, 집안 어른이신 침계공梣溪公을 청량관清凉館으로 찾아뵈었더니, 공께서는 자리를 내주시고 벼루 세 개를 꺼내 보여주시며 말씀하셨다. "내가 이것을 가지고 내 서재 이름을 삼으려고 한다." 내가 조심히 받아들고 살펴보니 하나는 작고 둥근 벼루였다. 한나라 거울을 모방했는데 앞면은 평평하고 뒷면은 움푹 들어갔다. 가운데는 유紐, 손잡이를 만들었는데 봉鳳 두 마리와 기린 두 마리가 나열되어 있었다. 벼루집 뒤에는 헌종憲宗 임금의 어필로 '고경식古鏡式' 석 자가 있었다. 하나는 크고 네모난 벼루였는데, 연지硯池, 벼루못, 벼루의 앞쪽에 오목하게 팬 곳 안에는 구주九州를 상징하는 아홉 개의 기둥이 있고, 사방 가장자리에는 용 두 마리가 서로 장난치고 있었으며, 바닥에는 전서로 '임우창생霖雨蒼生'과 '선문각인宣文閣印'이 새겨져 있었다. 이것은 원정元正 연간에 만든 것이었다. 하나는 벼루가 두툼하고 높으며 네 구석에는 유상곡수도流觴曲水圖와 난정수계서蘭亭修禊序가 삥 둘려 있었다. 난정서 위로는 '선화삼년유월사일모륵宣和三年六月四日摹勒'이라 하였다. 벼루가 모두 예스럽고 기이하였다. 공께서 벼루가 좋은 것을 아낀 나머지 서재의 편액으로 삼았을 것이라 생각하였다.

1872년 여름, 윤태승은 윤정현이 살고 있던 청량관을 방문했다. 소동파는 일찍이 선비가 벼슬을 버리고 집으로 돌아가는 것을 먼 길을 여행중인 나그네가 서늘한 여관(清凉館)에 들어가 옷을 벗고 씻는 것에 비유했는데, 윤정현은 그 말을 좋아하여 자신의 집을 청량관이라 했다. 벼슬에서 물러난 윤정현은 청량관에 기거하면서 여생을 보내고 있었다. 어느 날 집안 조카뻘 되는 윤태승이 찾아오자 벼루 세 개를 꺼내 보여주면서 자신의

서재를 삼연재라 하기로 했다는 이야기를 건넨다. 윤태승이 받아든 벼루
는 헌종 임금의 어필이 새겨진 벼루, 용이 새겨진 벼루, 유상곡수도와 난
정수계서가 새겨진 벼루였는데, 모두 옛날 벼루였다. 벼루를 본 윤태승은
윤정현이 이 벼루들을 무척 좋아한 나머지 서재를 삼연재라 한 것이라고
여겼다. 그런데 그게 아니었다.

그런데 공의 안색을 바라보니 참담하고 슬퍼서 마치 가슴이 아픈 것 같았
다. 나는 외람되게 어째서 그러시냐고 여쭤보았다. 공께서는 말씀을 하시
려다 오열하더니 가슴을 어루만지며 진정시켰다. 이윽고 말씀하셨다. "이
것들은 모두가 헌종 임금께서 내부內府, 대궐 안에 진장珍藏, 진귀하게 여겨 잘 간직함
하시던 것인데, 임금께서 돌아가신 기유년1849 이후에 외부로 흩어져나온
것들이다. 그래서 비싼 값을 치르고 구입하기도 하고 골동품을 주고 바꾸
기도 하여 차례로 내 소유가 되었다. 아! 임금께서 돌아가신 지 어느덧 20
년이 되었다. 하얗게 머리가 센 외로운 신하가 선왕先王께서 감상하시던
물건을 얻게 될 줄 어찌 알았겠느냐? 이것들을 가슴에 안고 죽음으로써 임
금을 잃은 슬픔을 쏟아버리려 하였다." 말씀을 마치자 다시 가슴을 쓸어내
리며 진정시켰는데 눈물이 흘러 눈썹을 적셨다. 나는 손을 맞잡고 일어나
말씀을 드렸다. "헌종 임금께서 재위에 계실 때 저는 비록 한 번도 용안을
뵙지 못했지만, 15년 동안 그분의 덕택으로 살았습니다. 이제 공의 말씀을
듣고 나서 이 벼루를 보니 저도 모르게 눈물이 나고 피가 거꾸로 흐르는 것
같습니다. 하물며 공께서는 임금의 지우를 입어 가까이서 모시며 물고기
가 물을 얻은 듯한 기쁨을 누리시고 천지의 은혜를 입으셨기에 공께서 슬
퍼하시며 더욱 소중히 여기신 것이니, 어찌 그렇지 않겠습니까?" 예나 지
금이나 건물의 이름을 지을 때 어떤 사람은 자신이 숭상하는 것이나 좋아

하는 것을 가지고 하며, 어떤 사람은 산천이나 기물을 가지고 한다. 하지만 이 서재의 이름처럼 충신과 지사로 하여금 쓸쓸히 감개의 정을 불러일으키며, 효자와 후손들로 하여금 애경愛敬의 마음을 일으키게 하는 이름이 또 있겠는가? 명을 다음과 같이 짓는다.

벼루가 천상에 있을 적엔 묵향을 내뿜었고	硯在天上兮御墨香
공께서는 그 옛날 임금을 가까이서 모셨다네	公昔登侍兮邇龍光
벼루가 인간人間에 떨어지니 구름은 멀기만 한데	硯落人間兮邈雲鄕
공께서는 지금 벼루를 만지면서 눈물을 흘리네	公今摩挲兮涕淚滂
서재 이름에 '연'자 넣은 것은 그리움 때문이니	齋以硯名兮慕羹墻
공의 자손들은 잘 갈무리할지어다	宜公子孫兮謹守藏

헌종은 서화에 대한 애호가 남달랐기 때문에 벼루 또한 많이 수장하고 있었다. 윤정현은 그런 헌종이 살아 있을 때 곁에서 모시면서 인정받던 인물이었다. 그런데 헌종이 죽자 그 벼루들이 민간으로 흘러나왔다. 윤정현은 이 벼루들을 하나하나 구입하여 서재에 모셔두었던 것이다. 비싼 값을 치르고 구입하기도 했고, 자신이 가지고 있던 다른 골동품과 바꾸기도 했다. 윤정현이 이렇게 벼루를 구입한 것은 평소 자신을 아껴주던 헌종을 잊지 않기 위해서였다. 벼루를 보면서 헌종을 생각하기 위해서였다. 그런데 이제 서재의 이름마저 벼루 '연'자를 넣어 짓기로 했다. 세 개의 벼루가 있는 서재란 의미로 '삼연재'라 하기로 한 것이다. 대부분의 사람들은 자신이 아끼던 물건이나 산천, 또는 자신이 지향하고 추구하는 것을 서재의 이름에 붙이지만, 윤정현은 죽은 임금을 추모하는 마음을 담아 서재의 이름을 지었던 것이다.

윤정현 초상, 국립중앙박물관 소장. 윤집의 초상으로 전하고 있지만, 간송미술관에 전하는 이한철이 그린 윤정현의 초상과 동일한 것으로 보아 윤정현의 초상이 분명하다.

삼연재는 이제 그 모습을 찾을 길이 없다. 삼연재에 애장했던 헌종의 벼루도 종적을 감춘 지 오래다. 윤정현의 조카 윤태승이 후손들에게 "잘 갈무리하라"고 했던 부탁의 말도 소용없게 된 것이다. 하지만 삼연재에 담겨 있던 윤정현의 충심만큼은 지금도 느낄 수 있다. 삼연재에 들어가보지 않아도 옷깃을 여미게 되는 것 역시 그 때문일 것이다.

이상적의 해린서옥:

역관의
의리

예나 지금이나 외국어는 국가 간 외교에서뿐만 아니라 개인 간 교유에서도 중요한 의사소통 수단이다. 국가 간 교류가 활발해질수록 외국어가 중요해지는 것도 당연한 일이다. 조선시대에도 예외는 아니었다. 조선시대 초기에는 명나라와 외교가 긴밀해지면서 중국어가 중요한 외교 수단이 되었고, 임진왜란으로 나라가 어지러워졌을 때에도 중국어는 명나라와의 중요한 외교 수단이었다. 당시만 해도 별도의 역관이 있었지만 사대부 출신 중에도 중국어에 능숙한 문신들이 있었다. 그러나 청나라가 건국되고 명나라가 멸망하면서 조선은 청나라의 무력에 무릎을 꿇게 되었고, 청나라의 문화를 미개한 오랑캐의 것으로 치부하고 철저히 배격했다. 당연히 중국어에 대한 관심이 줄어들었고, 중국어에 능숙한 사대부들도 사라져버렸다. 그러나 시간이 흐르면서 청나라를 배워야 한다는 자성론이 고개를 들면서 청나라는 점점 배움의 대상으로 변모해갔다. 중국어에 대한 관심이 늘어났고, 역관이 중요시되었다.

실제로 정조는 등극하자마자 규장각을 세우고 청나라로부터 막대한 서적들을 수입하여 나라의 기틀을 새롭게 다져나갔다. 많은 역관들이 필요했고, 연행의 시대가 되면서 역관들의 중요성도 커져만 갔다. 그중에서 대표적인 인물이 우선 이상적이다.

문 화 의   중 개 자

—

이상적李尚迪, 1804~1865은 자가 혜길惠吉, 호는 우선藕船이다. 본관은 우봉牛峯이며 대대로 역관을 지낸 집안에서 태어났다. 그 역시 어려서부터 역관에 뜻을 두었고, 23세 되던 1825년에 한학중국어으로 역과에 합격했다. 이후 그는 1829년을 시작으로 12차례에 걸친 연행을 통해 명실상부한 조선의 대표 역관이 되었다. 특히 그는 이전의 역관들과는 달리 문학적 재능이 뛰어나 연경의 문인들로부터 인정받는 시인이기도 했다. 헌종은 그의 시를 즐겨 읊었는데, 이상적은 이를 자랑스럽게 여겨 자신의 문집을『은송당집恩誦堂集』이라고 했다. 임금이 자신의 시를 읊어준 것을 자랑스럽게 여긴다는 의미로 지은 것이었다. 그리고 그의 문집『은송당집』은 그의 생전에 청나라 친구들의 도움으로 연경에서 간행되었다. 당시 조선에서는 생전에 자신의 문집을 간행하는 일 자체가 거의 없었다. 이상적 이전에는 남공철의 문집이 간행된 일이 거의 유일한 사례에 속할 정도였다. 그럼에도 그의 문집이 중국에서 간행된 것은 그만큼 이상적의 교유 관계가 광범위하고 단단했다는 것을 의미한다.

중국의 문인들은 이상적을 단순한 통역관으로 상대하지 않았다. 이상적이 누구보다도 뛰어난 시인이자 외교관이란 것을 그들은 잘 알고 있었기 때문이다. 그중에서도 장요손張曜孫, 1808~1863은 이상적과 아주 친밀했다. 그는 '해내존지기海內存知己, 천애약비린天涯若比鄰'이라는 두 구절을 도

장에 새겨 이상적에게 선물했다. 이 두 구절은 본래 당나라 시인 왕발王勃이 친구를 사천四川의 임지로 떠나보내며 지은 시의 일부다. 해내海内는 중국을 의미하고 지기知己는 자신을 알아주는 친구를 말한다. 천애天涯는 하늘 끝처럼 아주 먼 곳을 말하며, 비린比鄰은 이웃집을 의미한다. 이 말을 정리하면 "세상에 나를 알아주는 친구가 있으니, 하늘 끝 멀리 떨어져 있어도 이웃에 있는 듯하네"라는 의미다. 장요손은 이상적을 자신의 지기로 표현하며 끝없는 우정을 도장에 새겨 선물했던 것이다. 이상적은 귀국한 다음 이 두 구절에서 '해린'이란 두 글자를 가져다가 자신의 서재 이름으로 삼았다. '해린서옥海隣書屋'이란 이름이 이렇게 해서 탄생했다. 이상적의 서재 해린서옥은 그야말로 청조 문물이 조선으로 유입되는 창구 역할을 했다. 수많은 청나라의 서책과 편지, 서화와 금석문이 이상적의 해린서옥을 거쳐 조선으로 유입되었던 것이다. 『임하필기』에 실린 이야기 한 토막은 당시의 분위기를 잘 전하고 있다.

강희제가 글씨를 잘 쓰는 조신朝紳들에게 구경九經을 나누어 쓰게 한 다음 출판하여 보배로 여겼다. 심암心庵 조두순趙斗淳이 이름난 역관이었던 이상 적에게 이를 구해오도록 하였다. 이상적은 서점과 조정 관리들의 집안을 널리 수소문해보았지만 가진 사람이 없었다. 돌아올 무렵 한 사람이 팔려 고 하였지만 질이 맞지도 않는데 700은銀이나 호가했다. 이상적은 사가지 고 올 수 없었다. 그냥 돌아와 조두순에게 이 사실을 말했더니, 조두순은 '700은은 늘 있는 것이지만 이 책은 언제나 있는 것이 아닌데!'라며 혀를 찼다.

당시 책을 구하는 일은 돈만으로 해결할 수 있는 문제가 아니었다. 수 많은 시간과 노력을 들여야만 가능했기 때문이었다. 조선의 사대부들은 그 사실을 잘 알고 있었기 때문에 역관들을 통해 서적을 수입해왔던 것이 다. 그중에서도 이상적은 연경에 막강한 인적 네트워크를 구성해놓고 연 경을 외교뿐만 아니라, 학술·문화의 교류 장소로 삼았다. 이상적이 연경 에 가면 수많은 학자들과 문사들이 모여들어 그를 반겼고, 그가 귀국하면 아쉬워했다. 이상적은 단순한 역관이 아니라 조선과 청나라 문화의 매개 자였던 셈이다. 그의 외교력은 당시 모두가 인정했고, 국가에 중요한 일 이 있을 때마다 그는 연경으로 향했다. 그 때문에 12차례나 연경을 왕래 했던 것이다. 그리고 역관으로서 그의 역할은 그의 제자들을 통해 조선 말기까지 이어졌다. 조선 말기 중요한 시기마다 등장하는 역관들 중 이용 숙李容肅, 오경석吳慶錫, 김석준金奭準 등은 그의 대표적인 제자들이다.

〈 세 한 도 〉 를 받 다

—

이러한 이상적의 뒤에는 추사 김정희라는 든든한 배경이 있었다는 것
또한 잊어서는 안 된다. 추사는 1809년 연행을 시작으로 연경의 문인들
과 교유를 계속하고 있었다. 비록 단 한 차례의 연행에 불과했지만 연경
의 문인들은 추사를 잊지 않았고, 해마다 이어지는 사행을 통해 추사는
중국 학계의 움직임을 손금 보듯 훤히 꿰뚫고 있었다. 그리고 그 중심에
는 역관들이 있었다. 이상적은 그중에서도 단연 독보적인 존재였다. 연경
에 만들어놓은 그의 인적 네트워크는 어느 누구도 넘볼 수 없을 정도로
막강했다. 추사는 언제나 이상적을 통해 당시 연경의 학술과 문화의 흐름
을 파악했고, 이상적은 추사의 그런 심정을 누구보다도 잘 알고 있었다.
제주도에 유배중이던 추사 김정희는 이상적에게 아무런 힘이 되어줄 수
가 없었다. 하지만 이상적은 어렵게 구한 서적들을 제주도에 있는 추사
에게 보내주곤 했다. 추사는 이에 감격한 나머지 〈세한도歲寒圖〉를 그리고
끝에 그 사연을 적어 이상적에게 보내주었다.

지난해 『만학집晚學集』과 『대운산방문고大雲山房文藁』 두 가지 책을 보내주더
니, 올해에는 하장령賀長齡의 『경세문편經世文編』을 보내왔다. 이들은 모두
세간에 늘 있는 것이 아니라 천만 리 먼 곳에서 구입해온 것이다. 여러 해
걸려 손에 넣은 것으로 단번에 구할 수 있는 책들이 아니다. 게다가 세상의
풍조는 오직 권세와 이권만을 좇는데, 그 책들을 구하기 위해 이렇게 심력
을 쏟았으면서도 권세가 있거나 이권이 생기는 사람에게 보내지 않고, 바
다 밖의 별 볼 일 없는 사람에게 보내면서도 마치 다른 사람들이 권세나 이
권을 좇는 것처럼 하였다.

태사공太史公은 "권세나 이권 때문에 어울리게 된 사람들은 권세나 이권이 떨어지면 만나지 않게 된다"고 하였다. 그대 또한 이런 세상에 살고 있는 사람인데 권세나 이권으로 나를 대하지 않았단 말인가? 태사공의 말이 틀린 것인가?

공자께서는 "날씨가 추운 겨울이 되어야 소나무와 잣나무가 늦게 시든다는 것을 알게 된다"고 하였다. 소나무와 잣나무는 사시사철 시들지 않는다. 날씨가 추워지기 전에도 소나무와 잣나무이고 날씨가 추워진 뒤에도 여전히 소나무와 잣나무인데, 공자께서는 특별히 날씨가 추워진 뒤의 상황을 들어 이야기한 것이다. 지금 그대가 나를 대하는 것은 이전이라고 해서 더 잘하지도 않았고 이후라고 해서 더 못하지도 않았다. 그러나 이전의 그대는 칭찬할 게 없었지만 이후의 그대는 성인의 칭찬을 받을 만하지 않겠는가? 성인이 특별히 칭찬한 것은 단지 늦게 시든다는 곧고 굳센 정절貞節 때문만이 아니다. 날씨가 추워지자 마음속에 느낀 바가 있어서 그런 것이다.

아! 서한西漢시대처럼 풍속이 순박한 시절에 살았던 급암汲黯이나 정당시鄭當時 같은 어진 사람들의 빈객賓客도 권세에 따라 많아지기도 하고 줄어들기도 하였다. 하비下邳 사람 적공翟公이 문에 방문榜文을 써서 붙인 일은 절박함의 극치라 할 것이다. 슬프구나!

추사가 이상적에게 그려준 〈세한도〉는 구하기 힘든 책을 청나라에서 구해다가 제주도에 유배중인 자신에게 보내준 것에 대한 보답이라 할 수 있다. 그렇게 어렵게 구한 책들을 당시의 권력자들에게 바쳤다면 출세길도 열리고 보다 나은 삶을 살 수도 있었을 텐데 굳이 바다 밖 먼 곳에서 유배중인 자신에게 보내줬으니 그 고마움을 무엇으로 보답할 것인가. 이상적의 앞길에 아무런 도움도 줄 수 없는 처지이고, 그를 도와줄 아무런 방법도 없었다. 추사는 그저 그림 한 폭 그려 그 고마움을 표시할 수밖에 없었다. 이상적은 1년 전에 이미 운경惲敬의 시문집인 『대운산방문고』와 계복桂馥의 『만학집』을 추사에게 보내주었다. 그런데 이번에는 하장령의 『경세문편』을 보내온 것이다. 여기서 추사는 다시 『논어』의 한 구절을 떠올린다. 「자한子罕」편에 나오는 '세한연후지송백지후조歲寒然後知松柏之後彫'라는 구절이다. "날씨가 추운 겨울이 되어야 소나무와 잣나무가 늦게 시든다는 것을 알게 된다"는 말이다. 사실 소나무와 잣나무의 잎은 사시사철 지는 법이 없다. 언제나 푸른 잎을 자랑한다. 그렇지만 사람들은 봄이나 여름, 그리고 가을까지만 해도 그 차이를 잘 모른다. 겨울이 되어 다른 나뭇잎이 모두 지고 나서야 소나무와 잣나무의 잎이 나중에 시든다는 것을 알게 되는 것이다. 공자 역시 그랬던 것이다. 날씨가 추워지고 나서야 잣나무와 소나무를 보고 마음속에 느낀 바가 있어 그랬던 것이다. 이상적도 마찬가지였다. 추사 자신이 제주도로 유배 오기 전에도 이상적은 자신을 무척 잘 대해줬다. 연행을 가면 언제나 자신을 위해 수많은 책들을 구해다주었고, 새로운 정보를 제공해주었다. 그렇게 보고 싶던 완원의 『황청경해皇淸經解』를 가져다준 사람도 바로 이상적이었다. 그런데도 추사는 이상적에게 별다른 고마움을 느끼지 못했다. 다른 사람들도 자신을 이상적처럼 잘 대해주었기 때문이다. 그런데 상황이 달라졌다. 머나먼 바다 건너 제주도로 온 뒤 사람들은 추사를 이전처럼 잘 대해주지 않았다. 심지어는 소식을 끊기도 했다. 하지만 이상적은 추사가 유배중임에도 이전과 변한 게 없었다. 어렵게 구한 책들을 여전히 보내주었고, 청나라의 새로운 소식을 끊임없이 전해주었다. 추사는 여기서 깨달았다. 공자가 왜 겨울에 소나무와 잣나무의 잎이 늦게 시든다고 말했는지 말이다. 겨울이 되어서야 소나무와 잣나무의 잎이 푸르다는 것을 깨닫듯이, 유배객 신세가 되어서야 이상적의 고마움을 새삼 깨달았던 것이다. 우선! 그대는 진정 송백과 같은 사람이구나. 이상적은 추사가 보내온 〈세한도〉를 보고서 눈물을 흘렸다. 자신의 절개를 무척 높게 평가한 추사가 오히려 고마웠던 것이다. 그는 〈세한도〉를 잘 포장하여 연경으로 가져갔다. 그곳의 친구들에게 자랑하고 싶었던 것이다. 연경의 친구들은 〈세한도〉와 추사의 글을 보고서 이상적의 고결한 인품과 절개에 다시 한번 감격했다. 그러고는 앞다투어 글을 지어 이상적의 의리를 칭송했다. 이상적은 귀국 후 〈세한도〉를 해린서옥에 갈무리했다. 지금은 국보 180호로 지정된 〈세한도〉가 당시에는 해린서옥의 가장 중요한 보배였다.

추사는 사마천 『사기史記』의 「급정열전汲鄭列傳」을 인용하여 글을 맺는다. 급암과 정당시의 열전에 붙인 사마천의 평이다.

급암과 정당시 같은 어진 사람들도 세력이 있을 때에는 빈객이 열 배가 되었다가 세력이 없어지면 흩어졌는데 하물며 보통사람들이야 어떻겠는가? 하비현下邳縣의 적공은 이런 말을 했다. 처음에 적공이 정위廷尉가 되자 빈객들이 문을 메울 지경이었지만, 벼슬을 잃게 되자 문밖에 새그물을 칠 수 있을 정도로 찾는 사람이 적었다. 적공이 다시 정위가 되자 빈객들이 찾아가려고 하였다. 그러자 적공은 그 문에다 이렇게 써붙였다. "한번 죽었다 한번 살아나봐야 사귀는 정을 알게 되고, 한번 가난해졌다 한번 부유해져봐야 사귀는 태도를 알게 된다는데, 나는 한번 귀해졌다 한번 천해졌더니 사귀는 정이 드러났다." 급암과 정당시 또한 그랬다 할 것이다. 슬프구나!

급암과 정당시는 모두 훌륭한 인물들이었다. 그렇지만 이들에게 세력

'해내존지기, 천애약비린' 인장

이 있을 때에는 빈객들이 몰려들었어도 세력이 없어지자 빈객들도 흩어졌다. 태사공은 여기서 하비현 적공의 이야기를 끌어온다. 그가 정위의 벼슬에 오르자 그의 집 앞은 빈객들로 가득했다. 그러다가 벼슬을 잃자 문밖에 새그물을 칠 수 있을 정도로 사람의 왕래가 뜸해졌다. 이후 적공이 다시 정위가 되자 사람들이 다시 그를 찾아가기 시작했다. 그러자 적공은 문 앞에 이렇게 써 붙였다.

한번 죽었다 한번 살아나봐야 사귀는 정을 알게 되고, 한번 가난해졌다 한번 부유해져봐야 사귀는 태도를 알게 된다는데, 나는 한번 귀해졌다 한번 천해졌더니 사귀는 정이 드러났다.

정치판의 염량세태를 적나라하게 표현한 말이다. 한번 죽었다가 다시 살아나봐야 상대방의 진심을 알게 되고, 한번 가난해졌다가 한번 부자가 되어봐야 상대방이 어떻게 처신하는지 알게 된다는데, 적공은 정위 벼슬을 했다가 그 자리에서 물러나보고서 사귀는 정을 알게 되었던 것이다.

사람들이 왜 자신의 집 앞에 가득했었는지 그 진심을 알게 되었던 것이다. 그런 사람들을 다시는 만나고 싶지 않았던 것이다. 어찌 적공만 그런 생각을 했겠는가. 급암과 정당시 또한 같은 말을 했을 것이다. 그러니 김정희라고 다를 게 있었겠는가. 그 역시 마찬가지라는 말이다. 얼마나 슬픈 현실인가. 김정희는 마지막 부분을 '비부悲夫!'라는 말로 마무리 했다. 사마천이 「급정열전」의 마지막에 썼던 바로 그 문구였다. 사마천의 심정을 추사는 가장 현실적으로 느끼고 있었던 것이다. 그런 추사에게 이상적은 정말 시류에 초연한 송백과 같은 인물이었던 것이다.

이상적의 해린서옥은 19세기 청조 문화 수입의 전초기지였다. 해린서옥이 없었다면 추사가 온전하게 존재할 수 있었을까. 추사도 왕발의 시를 읊조리며 언제나 이상적을 생각했을 것이다. 추사가 제주도에 유배되어 있어도 이상적은 언제나 추사의 이웃에 살고 있는 듯이 행동했기 때문이다. "세상에 나를 알아주는 친구가 있으니 하늘 끝 멀리 떨어져 있어도 이웃에 있는 듯하네."

조면호의 자지자부지서옥:

언제나
모른다는 것을 안다

―

―

―

대팽두부과강채大烹豆腐瓜薑菜
고회부처아녀손高會夫妻兒女孫

   추사 김정희가 말년에 쓴 대련對聯의 구절이다. 이를 우리말로 풀어보면 다음과 같다.

최고의 요리는 두부, 오이, 생강, 나물
최고의 모임은 부부, 아들, 딸, 손자

   대련이란 대구가 되는 한 쌍의 글귀를 써서 기둥에 거는 것으로, 영련楹聯이라고도 부른다. 시문과 글씨를 함께 감상하기 좋게 만들어진 새로운 예술 양식인 대련은 청나라 때 본격적으로 유행하기 시작했다. 추사는 이 새로운 양식의 예술을 청나라에서 수용하여 당대 최고의 작가로 이름을 날렸다. 청나라 학자들도 추사의 대련을 앞다투어 얻고자 했다. 그런 그가 세상을 뜨던 해에 쓴 작품이 바로 이것이다. 추사의 최고 명작이지만

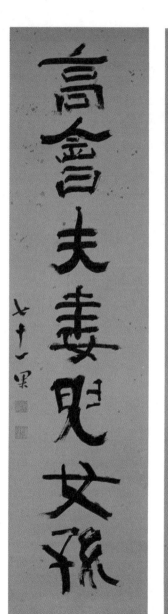

김정희가 쓴 '대팽고회' 대련. 간송미술관 소장.

참으로 단순한 내용이다. 추사는 말년에 왜 이렇게 단순한 글귀를 남겼을까. 추사는 이 글귀를 쓴 다음 여백에 다음과 같은 기록을 남겨두었다.

이것이 시골 서생에겐 제일가는 즐거움이다. 최고의 즐거움이란 허리춤에 큰 황금 도장을 매달고, 사방 한 길이나 되는 밥상에 시첩侍妾이 수백 명이나 딸린 것이겠지만, 이런 맛을 누릴 수 있는 사람이 몇이나 되겠는가?

살면서 권력과 부를 싫어할 사람이 어디 있겠는가? 하지만 그런 것을 누릴 수 있는 사람은 얼마나 되겠는가? 왕실의 일원으로 한평생을 부족함 없이 살았던 추사였지만, 정쟁에 휘말리면서 말년의 삶은 그리 평탄치 못했다. 두 번씩이나 유배객 신세가 되었고, 그렇게 일흔을 넘긴 추사는 과천에 살면서 어린아이들을 가르치며 생의 마지막을 준비하고 있었다. 그런 그에게 최고의 요리는 무엇이었을까? 최고의 모임은 무엇이었을까? 부부와 아들딸, 손자가 모여 두부, 오이, 나물을 함께 나누어 먹는 그 즐거움이야말로 인간이 누릴 수 있는 최고의 즐거움임을 죽음을 앞둔 추사는 누구보다도 깊게 느꼈던 것이다.

추 사 의   말 년   제 자

추사가 제주도 유배에서 돌아온 뒤 아주 아끼던 제자가 한 명 있었다. 바로 조면호趙冕鎬, 1803~1887다. 조면호의 자는 조경藻卿, 호는 옥수玉垂, 이당怡堂이며, 본관은 임천林川이다. 그는 5000편이 넘는 시를 남긴 19세기 대표 시인이며, 추사 김정희의 말년 제자로서 추사 예서의 맥을 이은 대표적인 인물이다. 그가 이처럼 추사의 사랑을 받으며 제자로 성장한 데에는 두 집안의 관계가 크게 작용했다. 조면호의 장인이 이서李墅, 후에 이묵李黙으로 개명한 듯하다인데, 그가 바로 추사의 양부인 김노영의 사위이자 추사의 자형姊兄이었다. 따라서 조면호는 추사의 생질서甥姪壻가 되었던 것이다. 추사는 젊은 시절, 자형인 이서와 아주 가깝게 지냈다. 조면호가 그런 자형의 사위였으니, 추사의 입장에선 얼마나 사랑스러웠겠는가.

조면호의 집안은 경화세족은 아니었지만, 혼인을 통해 경화세족과 밀접한 관계에 있었다. 조면호는 1837년 진사가 되었지만 관직에는 큰 뜻이 없었다. 대과에 합격하지 못하고, 이후 음직으로 몇 군데 지방관을 역임했다. 1847년에는 전라도 순창 군수가 되었고, 1848년에는 평양 서윤平壤庶尹이 되었다. 하지만 평양 서윤으로 재직하던 중 관리 감독의 소홀을 이유로 파직당하고 만다. 이를 계기로 조면호는 추사의 문하에 나아가 배움의 기회를 얻게 된다. 특히 추사로부터 예서에 관해 많은 가르침을 받는다. 이를 통해 조면호의 글씨는 상당한 수준에 이르게 된다. 조면호가 써서 보내온 편액을 보고 추사는 놀라움을 금치 못했다.

'안경강광루雁景江光樓'예서 편액에 대해서는, 압록강 동쪽우리나라에도 이렇게 기이한 작품이 있으리라고는 생각지도 못했네. 나 자신이 40년 동안 여기에 힘을 쏟았다고 생각했는데, 나도 모르게 눈을 크게 뜨고 뒤로 물러났다네. 곧 자리 한쪽에 붙여두고 끊임없이 칭송했네.

제자가 더욱 열심히 정진하도록 북돋우기 위해 약간의 과장을 보태긴 했지만, 추사가 조면호의 글씨를 얼마나 높이 평가했는지 알 수 있다. 추사의 칭찬을 받은 조면호가 얼마나 열심히 예서를 공부했는지 알 수 있는

조면호가 쓴 예서, 수경실 소장. 추사는 조면호의 예서를 높이 평가했다. 조면호의 예서는 조형미가 뛰어나다.

일화가 있다.

요즘 생활은 날마다 '이당怡堂' 두 글자 편액을 구하여 사방 벽에다 걸어두는 것이다. 위사韋史 학사가 말했다. "예서 한 글자에 하루를 더 산다고 했지." 대개 예서로 글자를 구하는 생활을 조롱한 것이지만, 내가 어찌 그만두리오?

조면호는 사람들을 찾아다니며 예서로 자신의 호인 '이당'을 써달라고 해서 이를 자신의 서재 벽에 붙였다. 그러자 이종사촌인 위사 신석희申錫禧가 조롱했다. 예서 한 글자를 구하면 하루를 더 산다고 하는데, 얼마나 오래 살려고 그러느냐는 조롱이었던 것이다. 하지만 조면호는 아랑곳하지 않았다. 이러한 노력 덕분인지 조면호의 예서는 상당한 경지에 이르렀다. 이후 1856년 추사가 세상을 떠난 뒤, 조면호는 1857년 의성 현령에 부임한다. 하지만 조면호는 또다시 암행어사의 탄핵을 받는다. 부정한 돈을 받았다는 죄목이었다. 어쩌면 그에게 지방관은 처음부터 어울리지 않는 직업이었을 것이다.

노년에 깨달은 인생

얼마간의 유배생활을 마치고 서울로 돌아온 조면호는 자신을 '자지자부지선생自知自不知先生'이라 불렀다. "자신이 모른다는 것을 자신은 안다"는 의미였다. 조면호는 그런 자신의 서재를 '자지자부지서옥自知自不知書屋'이라 하고는 서재 기문을 지어 자지자부지서옥의 모습을 세밀히 묘사해놓았다.

세 칸짜리 집 밖에는 굽 높은 나막신 한 켤레, 문양 없는 짚신 한 켤레가 있고, 곁에는 문양 있는 대지팡이 하나가 세워져 있다. 안에는 대나무로 만든 삼태기가 걸려 있고, 코가 짧은 호미 하나가 난간에 있다.

서재를 밖에서 본 모습이다. 세 칸짜리 오두막집 밖으로 굽 높은 나막신 한 켤레와 짚신 한 켤레만 놓여 있고, 그 곁에는 대지팡이 하나가 세워져 있다. 그리고 대나무로 만든 삼태기 하나와 닳아서 코가 짧아진 호미 하나가 걸려 있다. 완연한 시골집의 모습이다.

집 안에는 북쪽으로 나무를 쪼개 만든 의자 하나, 연蓮을 씻는 질그릇 하나가 놓여 있다. 또 약간 남쪽으로는 어린 매화 하나, 노매老梅 하나, 잎을 뽑아들고 꽃망울을 머금은 화분에 담긴 수선화 일곱 그루가 밖으로 고개를 내밀고 있다. 오른쪽으로는 낡은 그림과 글씨로 이루어진 작은 병풍 하나가 둘러 있다.

방안에는 나무를 쪼개 만든 의자가 있고, 매화와 화분에 담긴 수선화가 밖으로 고개를 내밀고 있다. 병풍 하나가 있는데, 낡은 그림과 글씨로 되어 있다. 사치스런 분위기는 조금도 찾아볼 수 없다.

남쪽 한구석에는 나무로 만든 작은 탁자가 있고, 그 위에는 명나라 선덕宣德 연간에 만든 화로 하나, 한나라 때의 기와 하나, 큰 대나무에 좀먹은 자국이 연달아 있는 구종裘鍾, 붓을 꽂아두는 필통 하나, 옛날 먹 둘, 새로 만든 먹 하나, 작은 산탁필散卓筆, 송나라 때 이름 있는 붓 하나, 그 밖에 이런저런 털을 이용하여 만든 새 붓과 낡은 붓이 모두 일곱 자루, 악찰惡札. 아무렇게나 갈겨쓴 편지 스무

조각이 놓여 있다. 왼쪽에는 십삼경十三經, 중국의 열세 가지 경서을 넣은 큰 책함 하나, 역사책을 넣은 책함 하나, 당송대의 시문을 넣은 책함 네 개가 있고, 아래로는 꽃돌로 만든 통筒 하나에 먼지떨이 하나가 꽂혀 있다. 또 왼쪽으로는 질그릇 하나, 철망이 없어진 풍로 하나, 자기로 된 사발 하나가 있다. 그 남쪽으로는 작은 목판 하나와 나무옹이로 만든 표주박 하나가 있다. 안에는 사기로 된 수저 하나가 있고, 그 곁으로는 월요越窯, 중국 절강성의 청자를 만드는 가마의 비색秘色 자기 하나와 이주伊州에서 나는 석뢰石礧, 돌로 만든 단지 하나, 작은 잔과 받침대 하나가 있다. 북쪽 벽에는 고검古劍 하나가 걸려 있고, 북서쪽에는 긴 거문고 하나, 양금洋琴 하나가 있다. 또 서쪽으로는 상죽湘竹, 얼룩무늬가 있는 대나무으로 만든 통筒 하나가 거문고 곁에 있다.

그래도 조면호의 서재에는 여러 가지 문방구와 골동품이 여기저기 널려 있었다. 값나가는 물건은 없어 보이지만, 구색은 갖추고 있었다. 명나라 선덕 연간에 만들었다는 화로와 한나라 때의 기와는 진품일 리가 없다. 운치를 돋우기 위해 가져다두었을 것이다. 붓을 꽂아두는 필통인 구종은 좀먹은 자국이 남아 있다. 멋을 부린 작품이다. 먹과 붓도 있다. 하지만 좋은 것은 없다. 아무렇게나 쓴 글씨 조각 스무 개가 널려 있다. 명색이 선비다보니 경서와 역사책은 갖추어놓았다. 게다가 당송시대의 문장은 늘 보는 책이다보니 가까이 두었다. 표주박이나 도자기도 좋은 것은 아니지만 운치 있게 배치해두었다. 벽에는 고검 하나를 걸어두었고, 거문고와 양금도 세워두었다. 모두가 고풍스런 맛을 살리기 위한 소품들이다.

동쪽으로 꺾어들면 겨우 한 자나 되는 작은 책상 하나가 있고, 그 위엔 돌도장 12방과 붉은 인주를 담은 합盒 하나, 작은 구요九曜, 해 모양으로 둥글게 만든 것

하나, 산에서 나는 차 반 상자, 안식향安息香 다섯 자루가 있다. 가운데에는 짚으로 만든 자리 하나와 해진 양탄자 하나가 깔려 있고, 위로는 소나무 목침 하나, 뒤에는 오동나무 등받이 하나, 앞에는 파란 주머니 하나가 있다. 주인이란 노인네는 아무런 힘 없이 백발이 성성하여 그 사이에서 누웠다 앉았다 하며, 언제나 모른다는 것을 안다고 여기며 혼자 즐거워한다. 마침 내 서재에 '자지자부지서옥'이란 편액을 걸었다.

조그만 책상 위에는 돌 도장 12방과 붉은 인주를 담은 인주함이 놓여 있다. 차와 향도 필수품이다. 방 한가운데에는 짚으로 만든 자리와 다 해진 양탄자를 깔았다. 그리고 목침과 등받이도 가져다놓았다. 눈에 보일 듯이 묘사된 조면호의 서재는 작지만 옛 풍취가 그대로 전해온다. 그 속에서는 시간을 희롱하는 백발의 노인이 누웠다 앉았다 반복한다. 그러고는 모른다는 것을 안다고 생각하며 혼자서 즐거워한다. 조면호의 서재 '자지자부지서옥'의 모습이다.

조면호의 서재는 겉보기엔 볼품없다. 하지만 선비들이 부릴 수 있는 모든 멋과 사치가 가득한 서재다. 조선 후기 지식인들이 꿈꾸던 서재의 모습이기도 하다. 추사의 말년 제자 조면호는 추사 일생의 가장 중요한 순간을 곁에서 지켜보며 그의 삶을 동경했다. 그의 삶에 추사의 그림자가 일렁이는 것도 그 때문이다. 자지자부지서옥에도 추사의 그림자가 드리워 있다. 추사가 말한 최고의 모임을 열고 최고의 음식을 나눌 만한 바로 그런 서재의 모습이다. 알듯 모를 듯한 '자지자부지自知自不知'라는 말은 조면호의 서재를 더욱 운치 있게 만든다. 인생의 멋의 의미를 다시 한번 생각하게 한다.

전기와 유재소의 이초당:
아주 특별한
공동 서재

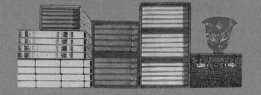

조선시대 선비의 서재란 개인의 독서 공간이자 사색의 장소였고, 창작의 공간이자 교유의 마당이었다. 지극히 사적인 공간이었기에 아무나 쉽게 들이지 않았다. 그리고 그곳엔 아무리 가난한 선비라 해도 최소한의 서책과 문방구는 갖추고 있었다. 그것은 그들의 양식이자 서재가 존재하는 이유였기 때문이다. 그런데 그토록 사적인 공간을 두 사람이 함께 공동으로 사용한 사람들이 있었다. 바로 전기와 유재소다. 이들은 모두 추사 김정희의 문하에서 그림과 글씨를 공부했던 인물이다.

여 항 인 의   공 동 서 재

전기田琦, 1825~1854는 본관이 개성開城, 자는 이견而見 또는 위공瑋公, 호는 고람古藍 또는 두당杜堂이다. 김정희 문하에서 서화를 배웠으며 약포藥鋪를 운영했다. 조희룡은 여항인들의 전기를 모은 『호산외사壺山外史』에서 고람에 대해 다음과 같이 기록했다.

훤칠하게 잘생겼으며 풍기는 분위기가 그윽하고 고풍스러워 마치 진당晉唐 시대의 그림 속에 나오는 인물의 모습과 같다. 그의 산수화는 스산하면서도 간결하고 담백하여 원나라 사람들의 오묘한 경지에 필의筆意가 이르렀는데, 원대元代의 그림을 배우지 않고도 그 시절의 경지에 도달한 것이었다. 그의 시는 기이하고 깊은 맛이 있으며 대개 남이 말한 것은 말하지 않았다. 그의 감식안과 필력은 우리나라의 수준에 머무른 것이 아니었다. 나이 겨우 서른에 병으로 집에서 죽었다. 고람의 시화는 당세에 짝이 없을 뿐 아니라 전후 100년을 두고 논할 만하다.

조희룡은 자신보다 훨씬 후배인 전기를 이토록 높이 평가했다. 그림은 물론 글씨와 시에 이르기까지 천재적 재능을 보여주었기 때문이다. 서른의 젊은 나이에 요절하고 말았지만 그의 재능이 얼마나 뛰어났는지는 짐작하고도 남는다.

유재소劉在韶, 1829~1911는 본관이 강릉江陵, 자는 구여九如이며 호는 학석鶴石, 형당蘅堂, 소천小泉 등을 사용했다. 전기, 김수철金秀哲, 허유許維, 이한철李漢喆, 유숙劉淑, 조중묵趙重默 등과 함께 추사 김정희의 문하에서 교유했다. 유재소는 무과에 합격하기도 했으며, 훗날 대원군의 겸인으로 활동하기도 했다. 특히 그의 부친 유명훈劉命勳은 정조시대 규장각 서리로 이름 높았던 여항시인 박윤묵朴允默의 사위이자 추사의 전담 장황사였다. 추사의 대표작 〈난맹첩蘭盟帖〉은 바로 유명훈에게 그려준 것이다. 흥미로운 것은 전기와 유재소의 관계다. 똑같이 추사의 문하에서 서화를 익혔던 이들은 특별히 가깝게 지냈다. 근세 최고의 감식을 지녔던 오세창吳世昌의 부친 오경석吳慶錫, 1831~1879이 남긴 글에는 이들의 관계가 잘 나타나 있다.

고람과 학석은 금란지계를 맺었다. 고람은 '두당 형'이라 불렸고, 학석은 '형당 아우'라 불렸다. 또 똑같이 '이초당二草堂'이란 당호를 사용하였다. 이초二草는 두형杜蘅을 가리킨다. 당시 고람이 약포를 운영했기 때문에 그 의미를 부여했던 것이다. 언제나 약을 싸고 남은 여백의 종이에 서화를 그린 다음 '특건약창特健藥窓'이라 관지欵識하였다. 이것은 옛사람들이 상품의 법서法書, 전범이 될 만한 명필의 글씨를 모아 인쇄한 책에 표제로 쓰던 말에서 따온 것으로 아주 운치 있는 것이었다.

특 효 약 을   파 는   가 게

—

유재소는 고람을 '두당 형'이라 불렀고, 전기는 유재소를 '형당 아우'라 부르며 같은 서재를 함께 사용했다. 그 서재의 이름은 '이초당'이었다. 이초란 두형을 가리키는 말인데, 이것은 한약재의 이름이었다. 당시 고람은 한약재를 판매하는 상점을 경영했기 때문에, 이 약재의 이름에서 한 글자씩 가져다가 호를 삼고, 당호를 이초당이라 했던 것이다. 더욱이 전기는 약재를 포장한 다음 종이 여백에 '특건약창'이라 써넣었다. '특건약特健藥'이란 옛사람들이 서화를 감상하면서 최상품의 서화에 특건약이라 써넣은 데서 유래한 말로, 특효약이란 의미다. 최상의 서화는 사람의 병을 바로 낫게 해주는 특효약과 같다는 말이다. 옛사람들은 서화를 감상하면서 심신을 다스리고 정신을 맑게 했기 때문에 서화 감상을 하나의 치료약처럼 여겼다. 고람은 여기서 힌트를 얻어 약재를 포장한 다음 그 여백의 종이에 그림을 그리거나 글씨를 써넣고 특건약창이라 써주었던 것이다. '특효약을 파는 가게'란 의미일 게다. 포장지 속의 약재는 몸의 병을 낫게 하

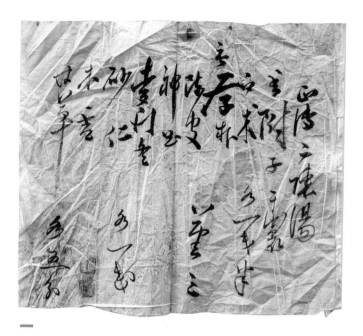

고람 전기가 쓴 약방문.

고, 자신의 서화는 마음의 병을 낮게 한다는 의미가 담겨 있는 것이다. 약
포는 고람이 생계를 꾸려나가는 중요한 수단이었다. 그 때문에 자신의 약
포를 경영하는 데에도 상당한 신경을 썼다.

간청드립니다. 귀댁의 약 재료는 권씨의 가게에서 들여다 쓰는 것으로 알
고 있는데, 그 가게가 이미 문을 닫았다고 들었습니다. 혹시 제 가게로 옮
겨 사용하실 수 있겠는지요? 외람되게 고명하신 분을 번거롭게 해드려 죄
송하고 부끄럽습니다. 옛 시에 이르기를 "가난하면 친구에게 누가 되어 면
목面目이 날로 미워진다"했는데, 오늘의 제 모습입니다.

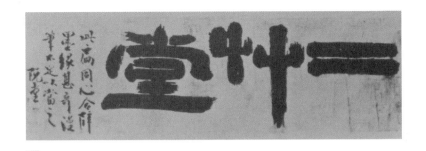

추사가 쓴 '이초당' 편액 글씨. 소장처 미상.

어쩔 수 없는 생활인의 모습이다. 추사는 이런 두 사람의 우정을 위해 손수 예서로 이초당이란 편액을 써주었다. 그러고는 편액 끝에 다음과 같이 적었다.

이 편액은 한마음으로 서재를 같이 쓰는 묵연墨緣이 아주 기이하여 붓을 놀린 것인데 걸어두기엔 맘에 들지 않는다. 완당.

이들은 이런 인연으로 서재에 서책을 쌓아두고 함께 읽고 함께 관리했다. 또한 서책에는 두 사람이 함께 소장한다는 의미의 인장을 찍기도 했다. 일종의 공동 관리였던 셈이다. 이초당에는 추사의 제자답게 구하기 힘든 책들이 가득했고, 서화가 넘쳐났다. 사람들은 이들의 서재를 구경하고 싶어했지만 아무나 들이지 않았다. 책을 빌려달라고 하면 두 사람이 맘에 드는 사람들에게만 대여해주었다.

서 화 중 개 상

—

특히 고람은 감식안이 뛰어나 그에게 서화의 중개를 부탁하는 경우도 많았다. 고람은 그런 계기로 서화를 감상하며 안목을 넓혔고, 안목이 넓어질수록 감정을 부탁하는 사람도 늘어났다. 뿐만 아니라 동료들의 그림을 중개해주기도 했다.

부탁하신 북산北山 김수철金秀哲의 〈절지도折枝圖〉는 빨리 완성될 수 있도록 하겠습니다. 이 사람은 그림을 빨리 잘 그리기 때문에 지연될 염려는 없습니다. 북산의 병풍 그림을 어제야 찾아와 제 거친 붓으로 화제를 썼습니다. 높으신 안목에 차지 않을까 걱정입니다.

북산 김수철이 그린 그림에 자신의 글씨로 화제를 써달라고 요청하는 경우도 있었던 모양이다. 대부분의 화가들이 글씨에는 취약했지만 고람은 그림은 물론 글씨도 뛰어났기 때문이다.

조금 전에 그림 파는 사람을 만나 말씀하신 가격을 이야기했더니 그 사람이 여덟 폭을 쪼개서 팔지는 않겠답니다. 게다가 다시 가져온 세 폭은 그중에서 더욱 좋지 않은 것이므로 본래대로 가져오는 것이 좋겠다고 합니다. 보내신 돈은 그대로 돌려드립니다. 지난번 그곳에 이 말을 전해주시고 다섯 폭을 찾아와 보내주시기 바랍니다. 자질구레한 일로 번거롭게 해드렸습니다.

여덟 폭 모두 볼만한 게 없는데, 전체를 구입할 필요가 있겠습니까? 호사

오른쪽은 고람 전기가 그린 약재창고 그림 〈한북약고漢北藥庫〉. 왼쪽은 혜산(蕙山) 유숙이 그린 〈이형학산상二兄鶴山相〉, 국립중앙박물관 소장. 1849년에 한 화면에 그린 합작도다.

의 취미가 깊은 것을 알겠습니다. 껄껄! 가격은 본래 온 사람이 먼저 40냥을 불렀는데, 여러 차례 흥정하여 24냥으로 하였습니다. 흥정을 다시 하기는 어렵겠지만 물어는 보겠습니다.

이처럼 그림의 매매를 직접 중개하기도 했던 것이다. 이는 그의 감식안이 뛰어났기 때문에 가능했던 일이다. 또 두 사람은 중국 연경의 명사들에게도 이름이 알려졌다. 일찍이 중국의 정조경程祖慶은 오경석에게 편지를 써서 두 사람에게 깊은 관심을 보였다.

귀국에서 그림 잘 그리는 사람의 그림 중에서 제가 본 것은 그대와 전기, 유재소의 그림입니다. 그 밖에도 적지 않을 텐데 그분들의 그림을 보내주시어 제 안목을 넓혀주십시오. 전기, 유재소 두 사람의 작품은 참으로 명작입니다. 존경의 마음을 전해주시기 바랍니다.

그런데 이 두 사람이 함께 이룬 가장 큰 업적은 『예림갑을록藝林甲乙錄』이란 기록을 후대에 전한 일이다. 1849년 여름, 제주도 유배에서 풀려난 추사는 서울에 머물고 있었다. 이때 추사의 문하를 출입하던 여항 지식인들은 자신들의 실력을 추사에게 평가받기로 했다. 글씨를 평가받기로 한 묵진墨陣, 글씨 쓰는 사람들 모임 8명과 그림을 평가받기로 한 회루繪壘, 그림 그리는 사람들 모임 8명은 각각 자신들이 쓴 글씨와 그린 그림을 보이며 추사에게 평가를 요청했다. 이때 고람 전기와 형당 유재소는 양쪽에 모두 참여했으므로 실제 참여 인물은 14명이었다. 추사는 이들의 그림과 글씨 하나하나에 대해 가감 없는 평가를 내렸다. 그리고 그해 가을 국화 그림자가 쓸쓸해진 이초당에서 형당 유재소는 추사의 평가를 정리하여 책으로 만들었

고, 고람 전기는 이를 기록으로 남겼다.

쾌청한 가을날 차를 마시며 길게 시를 읊조리다 옛 상자 속에서 완당공께서 서화를 품평한 종이 몇 장을 찾았다. 이것은 내가 지난여름 이 책 속의 사람들과 실력을 겨뤘던 것으로 나 스스로 한때 호기로운 일이라 생각했던 것이다. 가져다 읽어보니 말은 간단하지만 의미는 깊었으며 경계하고 이끌어주시는 말씀이 무척 조곤조곤하여 잘한 사람은 더욱 앞으로 나아갈 수 있게 하고, 잘 못한 사람은 깨닫고 고칠 수 있게 하였다. 그 원인을 규명하는 데까지 이르러 그릇된 것을 바로잡아 모두가 잘못된 길을 포기하고 제대로 된 문경으로 나아가게 하였다. 비유하면 팔공덕수八功德水, 불교에서 여덟 가지 공덕을 갖추고 있다 하는 물에 사람들이 목욕하면 모두가 깨끗해지는 것과 같은 것이다. 우리 완당공께서 주신 은혜가 많지 않은가? 마침내 구여유재소에게 기록하게 하고 서문에 몇 자 써서 동지들에게 보인다.

이초당에서 스승인 추사의 비평에 대한 고마움과 함께 자신들의 호기로운 모습을 기록으로 남기던 전기와 유재소의 모습이 손에 잡힐 듯하다. 하지만 얼마 뒤 전기는 스승인 추사보다 앞서 세상을 뜨고 말았다. 서른 해의 짧은 생애였다.

이초당은 조선 역사에서 그 유례를 찾기 힘든 공동 서재였다. 더욱이 당시 서화 유통의 중심지로서 19세기 학예의 종장 추사 김정희가 편액을 써준 곳이다. 그랬기에 이초당을 떠올리면 두 사람의 우정뿐 아니라, 한 시대 문화의 향기도 느낄 수 있다. 이제 이초당은 자취를 감추었고, 추사가 써준 편액도 사진만 남아 있을 뿐이다. 어딘가에서 무사하기만 바랄 뿐이다.

서재에 살다
조선 지식인 24인의 서재 이야기

1판 1쇄 2014년 12월 29일
1판 4쇄 2016년 6월 13일

지은이 박철상
펴낸이 염현숙

기획·책임편집 구민정 | 편집 오경철 | 독자모니터 김경범
디자인 이효진 이주영 | 마케팅 정민호 이연실 정현민 김도윤 양서연
홍보 김희숙 김상만 이천희
제작 강신은 김동욱 임현식 | 제작처 더블비(인쇄) 경원문화사(제본)

펴낸곳 (주)문학동네
출판등록 1993년 10월 22일 제406-2003-000045호
주소 10881 경기도 파주시 회동길 210
전자우편 editor@munhak.com | 대표전화 031) 955-8888 | 팩스 031) 955-8855
문의전화 031) 955-1933(마케팅), 031) 955-2671(편집)
문학동네카페 http://cafe.naver.com/mhdn | 트위터 @munhakdongne

ISBN 978-89-546-3418-2 03900

www.munhak.com